RICHARD TUCK

リチャード・タック 著

小島慎司・春山習・山本龍彦 監訳

眠れる主権者

もう一つの民主主義思想史

THE SLEEPING SOVEREIGN

The Invention of Modern Democracy

勁草書房

THE SLEEPING SOVEREIGN
by Richard Tuck

リチャード・タックは、主権と統治の区別の歴史と、民主主義思想の発展におけるその重要性を描き出す。タックが示すのは、この区別が一七世紀および一八世紀の政治に関する論争の中心だったということであり、この区別がボダン、ホッブズ、ルソーの政治思想についての新たな解釈を提供するということである。法理論と政治思想史を統合することで、彼は、憲法上の人民投票に関する一つの近代史をも初めて提示し、人民投票の歴史におけるアメリカ合衆国の重要性を示している。本書は、リチャード・タックが二〇一二年にケンブリッジ大学で行ったジョン・ロバート・シーリー記念講義が基になっており、思想、政治理論、政治哲学の歴史に関心のある学生と研究者の関心を惹くことになるだろう。

リチャード・タックは、ハーヴァード大学の政治学フランク・G・トムソン教授である。著作に *Natural Rights Theories*（Cambridge University Press, 1982）、*Hobbes*（Oxford University Press, 1989）、*Philosophy and Government 1572–1651*（Cambridge University Press, 1993）、*The Rights of War and Peace: Political Thought and the International Order from Grotius to Kant*（Oxford University Press, 1999）、*Free Riding*（Harvard University Press, 2008）などがある。彼はホッブズとグロティウスの著作のスタンダードな版の校訂者でもある。

序文

本書は二〇一二年五月に私がケンブリッジ大学で行ったシーリー記念講義の増補版である。ケンブリッジ大学歴史学部のジョン・ロバートソン〔John Robertson〕とリチャード・フィッシャー〔Richard Fisher〕、そしてケンブリッジ大学出版社には、講義への招待と、その出版について継続した助力と助言を与えてくれたことについて感謝したい。講義の内容に大幅な加筆修正を行ったけれども、もともとの構造は維持することにした。すなわち「ジャン・ボダン」、「グロティウス、ホッブズ、プーフェンドルフ」、「一八世紀」、「アメリカ」という四つの章である。ただし、結論の章を付け加えて、講義内容のもつ一般的な意義のいくつかを若干展開した。

本書のタイトルは、一六四二年のトマス・ホッブズ『市民論』の長い一節からとられている。そこでホッブズは、民主的な主権者と眠っている君主という一貫したアナロジーに体系的に取り組んだ。この一節については第二章で詳しく議論する。注目すべきことに、これは私たちが民主主義についてどのように考えうるかについての、古代の共和国が消滅した後の政治理論の著作において見出される初めての十分な説明の一つである――ホッブズはイングランド国王の主権を擁護することに主に関心をもっていたという事実にもかかわらず。そこでホッブズは、民主的主権者は、統治に関する日常的な仕事にはまったく関わる必要がないと論じた。民主的主権者は、自分たちに代わって誰が統治すべきか、そして統治者が一般的にどのように振る舞うべきかを決定することのみであり、それが終われば影に退くのである。あたかも君主が就寝する前に、君主の代わりに統治すべき高官を任命するように。統治——すなわち、裁判も含めてあらゆる種類の事柄について決定するために、日常的に市民が集会を行うという古代の民主主義における主要な活動は、実は民主主義の活動である必要はまったくないのである。

ホッブズの著作によくみられるように、これはわかりやすい図像的なイメージである。しかしホッブズ自身は、これを理論的な可能性として読者に提示しただけである。こうした思想をきわめて重視した人物はジャン・ジャック・ルソーであった。それどころか、ルソーによる主権と統治という区別を無視することによって、我々は、ルソーが近代の政治の現実の要請をどの程度受け入れていたかについて、大きく見誤っていたと私は主張したい。近年のルソーの読者の多くが考えていることとは反対に、ルソーは、古代の民主主義は近代社会の適切なモデルではないと考えていた。近代社会では、すべての市民による日常的な政治参加は実現不可能なのである。しかし、ルソーは、近代社会が民主主義でありうるのは、民主主義がいわばホッブズ的なものである場合だと強く考えていた。我々は、統治すること（governing）は政府（a government）の行動を許容することと同じではないことを認めなければならないだろう。同時に、近代国家の多数の有権者が、基本的な立法を可決できるような何らかの仕組みを見つけなければならないことも認めなければならないだろう。選挙された代表者というだけでは、（ルソーによれば）民主的な主権者の行動とみなされるのには十分ではない。そしてルソーの後継者たちがこの基本的な立法権力を制度化するための適切な手段を模索していくのであるが、これが私の主題の大半を占める。

したがって、主権と統治の間の区別に関するルソーのさまざまな議論こそが、本書の中核を形成するものであり、私はその議論から過去を顧み、将来を見通すのである。第一章で私は、ルソーから、主権と統治の間の区別が最初にあらわれた、一六世紀のフランスの理論家ジャン・ボダンの著作に遡行する。そして第二章では、ホッブズによるこの区別の使い方と、それが当時の人々の間に巻き起こした対立を議論する。第三章は明示的にルソーと、(私の主張によれば)この領域におけるルソーの思想を、フランス革命において、憲法を人民投票にかけることによって現実の憲法制定に応用した人々を扱う。この人民投票において、主権者である人民は実際に真の立法者として振る舞い、その後は統治の活動から手を引くことができるのである。ホッブズについていえば、この思想には強固な反対論が存在した。この主題について論じる多くの最近の著述家とは異なり、私は、偉大な憲法理論家であるアベ・シィエスを、主権と統治の区別が革命期の諸憲法において制度化される態様の敵対者として扱い、ジロンド派の政治家たちを(この点における)真のルソーの後継者として扱っている。第四章も引き続き憲法制定の主題となるが、ここでは独立したばかりのアメリカ共和国における憲法制定が扱われている。そこでは(私の主張によれば)、少なくとも邦のレベルでは、人民主権の人民投票モデルへの〈フランスと〉同様の依拠が見られるだろう。私の考えでは、連邦レベルにおいても、主権の行為と統治の行為の基本的な区別を反映するようなかたちで新たな憲法典を構想しようとする試みが存在した。そして、上述のように、結論の章を追加し、この物語が現代の憲法思想にとってもつ含意を素描した。

シーリー記念講義に加えて、私は、この主題のいくつかについて、イェーナ大学、イェール・ロースクールの法理論ワークショップ、ロンドン大学クイーンメアリーでの人民主権ワークショップ、そしてハーヴァード大学でのサフラ・センター講義で論じた。これらに招待してくれたこと、また、きわめて有益な助言をしてくれたことについて、イェーナ大学のアレクサンダー・シュミット〔Alexander Schmidt〕、イェール大学のスコット・シャピーロ〔Scott Shapiro〕、クイーンメアリーのリチャード・バーク〔Richard Bourke〕とクエンティン・スキナー〔Quentin Skinner〕、ハーヴァード大学のラリー・レッシグ〔Larry Lessig〕に感謝したい。他の多くの同僚や学生たちは、本書の草稿を読んだり、上記の講義に出席したりして、私に見解を伝えてくれた。名前をあげると、ブルース・アッカマン〔Bruce Ackerman〕、ダンカン・ベル〔Duncan Bell〕、セイラ・ベンハビブ〔Seyla Benhabib〕、アン・ブレア〔Ann Blair〕、アナベル・ブレット〔Annabel Brett〕、ダニエラ・カマック〔Daniela Cammack〕、グラハム・クルール〔Graham Clure〕、グレッグ・コンティ〔Greg Conti〕、アラン・クロマティ〔Alan Cromartie〕、ノア・ダウバー〔Noah Dauber〕、ジョン・ダン〔John Dunn〕、カトリーナ・フォレスター〔Katrina Forrester〕、ベン・フリードマン〔Ben Friedman〕、ブライアン・ガーステン〔Bryan Garsten〕、マーク・ゴールディ〔Mark Goldie〕、アレックス・グレヴィッチ〔Alex Gourevitch〕、マーク・ハニン〔Mark Hanin〕、キンチ・ホークストラ〔Kinch Hoekstra〕、ダンカン・ケリー〔Duncan Kelly〕、李昇鎬〔Sungho Kimlee〕、マダヴ・コースラ〔Madhav Khosla〕、ジェームズ・クロッペンバーグ〔James Kloppenberg〕、ツィン・イェン・コー〔Tsin Yen Koh〕、メリッサ・レーン〔Melissa Lane〕、アダム・ラボヴィッツ〔Adam Lebovitz〕、ダニエル・リー〔Daniel Lee〕、マイケル・レズリー〔Michael Lesley〕、カルーナ・マンテナ〔Karuna Mantena〕、マイケル・メンチャー〔Michael Mencher〕、アイザック・ナキモフスキー〔Isaac Nakhimovsky〕、デイヴィッド・ランシマン〔David Runchiman〕、マグヌス・ライアン〔Magnus Ryan〕、ポール・セーガー〔Paul Sagar〕、ソフィ・スミス〔Sophie Smith〕、マーク・ソモス〔Mark Somos〕、マイケル・ソネンシャー〔Michael Sonenscher〕、ソフィ・タック〔Sophy Tuck〕、ジェームズ・タリー〔James Tully〕、ナミタ・ワヒ〔Namita Wahi〕、ダニエル・ウィクラー〔Daniel Wikler〕である。特にレズリーとカマックには、典拠について手助けしてもらった。

広範囲にわたる助力と詳細な助言について、とりわけ三人に感謝したい。一人はハーヴァード大学の同僚であるエリック・ネルソン〔Eric Nelson〕である。彼の一八世紀のアメリカに関する著作は、いくつかの点で興味深く私の著作に沿っていることがわかった。また、彼は最終稿を読んでコメントをくれた。もう一人は、私の以前の指導学生であり、現在はイェール・ロースクールの准教授であるデヴィッド・グレウォル〔David Grewal〕である。彼は草稿に可能な限りコメントを付してくれ、また、継続した助力とインスピレーションの源であり続けてくれた。しかし三人目には、悲しいかな、もはや直接感謝を伝えることができない。それはイシュトファン・ホント〔Istvan Hont〕である。彼はケンブリッジのカレッジでの古くからの友人であり、私の考えていることについて、常に私自身よりも深く理解していた。彼の死去する前月も私は本書の主題について彼と話していた。彼は二〇一三年三月二九日に死去した。本書は彼のために捧げられる。

眠れる主権者

目次

目次

凡例

一　本書は Richard Tuck (2016). *The Sleeping Sovereign: The Invention of Modern Democracy*, Cambridge University Press の全訳である。

一　カッコの使用規則は以下のとおりである。

「　」　引用符、論文名に用いる。

『　』　書名、引用符内引用符に用いる。

〈　〉　訳者による補足をする際に用いる。

（　）　原著で用いられている（　）記号をこのカッコで処理する。

［　］　原著で用いられている［　］記号をこのカッコで処理する。

一　原著の（　）記号を反映した（　）とは別に、必要と判断した場合は原語を（　）内に示した。また、本文中に登場する人名は初出時にその英字表記を〔　〕内に示した。

一　強調を表す原文中のイタリック体は、本文右側に傍点（「・」）または「　」を付して示した。ただし、外来語であることを表すイタリック体については、特別な処理は施していない。

一　原著の注は（1）、（2）……などの番号を付し、巻末に示した。また、訳注は［i］、［ii］……などの番号を付し、本文見開きの左側に示した。

一　原著では引用の後にインデントがない場合が多いが、日本語の文章の通例に従い、一字下げを行っている。

一　引用文の転記ミスや典拠表示のミスなどが原著中にいくつか見られた。これらの軽微なミスについては、気づいた限りで修正している。

凡　例

一　原著に引用された著作ですでに日本語訳のあるものについて、訳文を引用したり翻訳にあたって参照したりしたものは〈　〉で邦訳の頁数を示した。ただし、邦訳を特に参照していない場合はこの限りではない。また、引用に際しては表記や表現を改めた箇所がある。参照した邦訳書は以下のとおりである。他に参照したものがある場合は、訳注などでその旨を記した。

ルソー

桑原武夫・前川貞次郎訳『社会契約論』(岩波書店、一九五四)

『政治経済論』阪上孝訳『ルソー全集　第五巻』(白水社、一九七九)

『コルシカ憲法草案』遅塚忠躬訳『ルソー全集　第五巻』(白水社、一九七九)

『ポーランド統治論』永見文雄訳『ルソー全集　第五巻』(白水社、一九七九)

『山からの手紙』川合清隆訳『ルソー全集　第八巻』(白水社、一九七九)

ホッブズ

水田洋訳『リヴァイアサン(1)-(4)』(岩波書店、一九五四—一九八五)

本田裕志訳『市民論』(京都大学学術出版会、二〇〇八)

高野清弘訳『法の原理』(筑摩書房、二〇一九)

グロティウス

一又正雄訳『戦争と平和の法(一)~(三)』(厳松堂、一九五〇—一九五一)

モンテスキュー

野田良之・稲本洋之助ほか訳『法の精神(上)・(中)・(下)』(岩波書店、一九八九)

シィエス

稲本洋之助、伊藤洋一ほか訳『第三身分とは何か』(岩波書店、二〇一一)

第一章　ジャン・ボダン

ルソー〔Jean-Jacques Rousseau〕は、ジュネーヴで『社会契約論』や『エミール』に対してなされた攻撃から両著作を守るために一七六四年に書いた『山からの手紙』の第八書簡において、「今日に至るまで、民主的国制〈Constitution démocratique〉は十分に分析されてこなかった。民主的国制について語ってきた者は皆、それについて知らないか、関心がないか、または、誤った観点からそれを論じることに関心をもっていた。主権者〈souverain〉を政府〈gouvernement〉から十分に区別した者はいなかった[1]」と述べた。ルソーのここでの含意は——『社会契約論』や『山からの手紙』の別の箇所でも明確にされていたことでもあるが——市民たちが定期的に集会を開いて、自らの社会を管理し（administer）、そのすべての案件に関する政策判断を行うという古代の民主政は、ルソーが唱道するような民主政にとっては適切な模範とならない、ということであった。古代の民主政は、「統治（政府、government）」と「主権（sovereignty）」を区別せず、日常的な政策問題とその社会の組織化に関わる根本的な決定の両方を、民主的な集会に管轄させていたからである。ルソーは、この考え方に反対し、自らの民主政が、根本的な法的構造に影響する主権の行為に限定され、統治——そこには開戦のような決定さえも含む——の方は、理論的にいえば、民主的性格をもたないことになろう、と述べる（ルソー自身は貴族政を好んでいた）。『社会契約論』でルソーは、このような民主政を「共和政」と描いており、それはまさに、民主政がよく知られた概念で、民主政といえば民主的な統治を備えているに違いない、という含意があるのを避けるためでもあった。しかし、ルソーは、『山からの手紙』では、この種の共和政を指すのに、進んで「民主政」の語を用いた。また、第九書簡では、近代世界では、市民たちが古代の市民たちほどの時間や関心を統治に寄せることができず、このような区別のおかげで、民主政を再登場させることができるのだ、ということを明確にした（正確には、『社会契約論』自体で述べていたところよりも明確にした）。ルソーによれば、ジュネーヴのような規模の都市においてさえ、古代の政治は再生できなくなった。すなわち、

古代人はもはや近代人の模範にはならない。あらゆる点で違うのだから。とりわけジュネーヴの皆さん、あなた方は持ち場を守り、前に掘られている淵を隠すために示された高いものを望もうとはしてはなりません。あなた方はローマ人でもないしスパルタ人でもない。アテネ人でさえもない。あなた方にふさわしくないこうした偉大な名前はおいておきましょう。あなた方は、私的な利益、仕事、取引、もうけをいつも気にして忙しい商人、職人、ブルジョアなのであって、自由でさえも、難なく獲得して安全に保有するための道具だと考えてしまう人々なのです。

この状況はあなた方に固有の公理を要求します。あなた方は古代人ほどに暇ではなく、彼らほど統治に絶えず関わることもできない。しかし、統治を彼らほど継続的には監視できないというまさにその事実によって、統治の陰謀を見つけたり統治の濫用に備えたりするのがあなた方にも容易なように統治が設計される必要があります。あなた方が利益を得るのに必要な公的な努力のすべては、あなた方にとって費用のかかることであり、あなた方が喜んでするものではないからこそ、余計に容易にな

されるべきなのです。というのも、それらから逃れようとすることは、自由であるのを止めようとすることだから。親切な哲学者は述べています、「選ばなければならない。用務に耐えられない者は、隷従に休みを見出す他ない」と。[2]

『山からの手紙』において、ルソーは主に、ジュネーヴのような小都市にさえ古代の民主的な統治が適用できないことに関心があった。近代の商業の状況からすると、市民は、たとえ集会で会うことができたとしても、古代の政治が必要としていたように、ほぼ継続的にそれを行うことはできないのだから。しかし、『ポーランド統治論』（一七七二年）では、ルソーは、主権者と政府という同じ区別を使って、市民が集まることが物理的に不可能な、大きな近代国家のために国制の再編成を提案している。[3] ルソーの目には、この区別は、民主的な政治が大きな商業国家に移植される場合に、まさに不可欠だとみえたのは明らかである。彼の著作の初期の読者たちは、その重要性に気づいていた。テュルゴー〔Anne-Robert-Jacques Turgot〕は、ヒューム〔David Hume〕への一七六七年の書簡でルソーについて書いたが、そこでは、『社会契約論』について、「この本の本質は、主権者と政府の的確な区別です。しかし、その区別は我々に啓発的な真理を明らかにしてくれます。いかなる政府のもとにあろうとも、人民の主権が不可譲であるという観念が、永久に正しいのだとわかった気がします」[4] と述べている。同様に、ピエール・サミュエル・デュポン・ド・ヌムール〔Pierre Samuel Du Pont de Nemours〕は、『社会契約論〔初版〕』の写しに次のように書いた。「この本の功績は、この優れた用語法〔*nomenclature*〕、つまり、ルソーが主権者に与えた的確で正しい概念、それから、それと政府との区別にこそある。この功績は非常に偉大で、ジャン＝ジャックに、ジャン＝ジャックだけにふさわしい政治的エコノミーの学の一部である」[5]。

大半の近代国家においては、人民投票のような手続が憲法のような根本的な立法を承認するのに用いられるのに対して、選挙された一つまたは複数の議会が根本的ではない立法を行う。先の理論は（後に見るように）そうしたデフォルトとなった憲法構造に対応しており、それが提示されるには、二つの新しい考え方が必要であった。二つともルソーに見出すことができる。一つは、主権者と政府が区別され、そして、その違う次元ごとに異なった種類の立法がふさわしい、という考え方である。この考え方は、本書の主要な主題となろう。もう一つは、よりわかりにくいが、それでも民主政についての新しい思考方法を創造するのに大きく役立つものである。すなわち、それは、民主的な活動を、社会に対して拘束力があるものは何なのかについての究極的な判断に限定し、集合的審議の過程を民主政から大幅に除外することが可能であるし、望ましくさえある、という考え方であった。この除外は、近代の多くの民主政論者にとって、驚くべきことであろう。彼らにとっては（古代の集会についての、理想化された、多くの点で非歴史的な像に倣って）彼らの集合的な決定について相談し論議する市民たちの活動が民主的政治の中心的性質をなす。しかし、近代国家は民主的でありうるというルソーの主張の一部は、民主的市民の主要な行為が投票であり討議ではない、というものである。実際、ルソーは『社会契約論』において、理想的な民主的契機とは、「適切な情報を与えられた人民が審議を行うときに、市民が互いに連絡をとることをしないならば」というものであろうと指摘しており、続けて、互いに連絡をとるという活動こそが、彼のいう「部分的結社」を生み出しかねず、ひいては国家を堕落させかねないと述べる。[6] ルソーの場合とほぼ同じく、この点は、後に見るように、遡ってホッブズ〔Thomas Hobbes〕にも見出すことができる。よく知られているとおり、ホッブズは、審議する集会を非難したが、審議しない民主政ならば国家を組織する合理的な方法でありうると認めることにはやぶさかではなかった。[7]

近代国家において生じた古代の民主政への批判は、主として（いわば）ロジスティクス面に関わるものとしてなされてきた。近代国家の市民が一堂に会することは物理的にできないし、その時間もみつけられない、というわけである。しかし、批判としてこのことをいうにあたっては、集まるのは立法について討議をするためだ、ということが暗に前提とされている。だからこそ、代表の選出（これは何といっても大半の西洋諸国で五〇〇年以上統治の基礎構造であった）は民主政の行為とはみなされていなかった。社会の審議・立法活動は、これらの代表だけに限られていたからである。[8] 市民全体の活動における討議の要素はわずかであるか、存在しなくともよいのだということ、そして、民主的主権（democratic sovereignty）の重要な行為がその性質上まれに行われることが認められると、近代の環境で民主政を再建し、市民全体に選挙だけでなく立法をしてもらうという道が開かれることになった。後に見るように、そうする機会は、大西洋の両岸で、ルソーの直後の世代によって活かされた。

ルソーは、『山からの手紙』で、誰も主権者と政府の区別を行って民主的な国制を解釈してこなかったと主張しており、他方で、『社会契約論』では、第三編でのこの区別についての長い議論について「注意深く読むことが必要である」と警告を発していた（その含意は、この議論がなじみのないもので、理解するのも難しいということである）。しかし、実際には、ルソーは、自らがこの区別を行った最初の人ではない、さらには、民主政の問題にそれを応用した最初の人でもない、ということに十分気がついていた。「統治は、しばしば主権者と混同されてきたが、その媒介者〔ministre〕に過ぎない」という第三編第一章における彼の言は、実際は、混同されないこともあったことを示唆している。ただ、（後に本書でも見るように）約一世紀の間、主要なヨーロッパの政治理論家たちは、この区別を無視するか、明確に拒絶していた。そのため、ルソーが、自らがこの区別を大々的に用いたのが革新的であると考えたのは、不合理だとはいえない。そして、私が思うに、ルソーが民主政を擁護する文脈でこの区別を蘇らせたのは偶然ではない。この点も後に見るとおり、この区別と民主政との結びつきこそが、当初の拒絶につながったからである。

実は、この種の区別の重要性を初めて主張したのは、同時代人や継承者たちがよく理解していたとおり、一五六〇年代から七〇年代に執筆をしたボダン〔Jean Bodin〕であった。この区別は、ボダンの主権論の中心的な特徴であり、一般にそうである以上に、近代におけるボダンの読者を戸惑わせてきたものであろう。というのも、ルソーが用いたことからもわかるように、この区別は、通常はボダンが作ったとされる「絶対主義的」理論よりも、近代民主政治の擁護に適しているからである。しかし、後に見るように、この区別を定式化したときのボダンの目的はルソー的な民主政治の擁護ではないのだが、それでも、ボダンは、そう思われてきた以上にルソー的な民主政治に好意的であり、さらには、ボダンの実際の目標は、我々がしばしば考えてきたほどには「絶対主義的」ではない。ボダンが、基本的には、絶対的な君主権力を構築することよりも、フランスの高等法院の独立や地位を擁護することに関心をもっていたことは私がこれから論じることになろう。[9]

区別が最初に登場したのは、一五六六年の『歴史を平易に知るための方法』の、国制（*status Rerumpublicarum*）に充てられた長い第六章においてであった。[10] これまで述べられてこなかった点だと思うが、この章は、アリストテレス『政治学』の第三巻から第八巻までに対するかなり整然とした、かつ、根底的な批判として構成されている。ボダンは、これらの巻において、国家の性質についてのアリストテレスのさまざまな議論に取り組んで、それを体系的に論破していった。[11] 章の冒頭あたりで、ボダンは、アリストテレスは主権、*summum imperium* を定義しえず、ただ、「国家の統治」、*Republicae administratio* を描いたにとどまると述べた。[12] このような *summum imperium* と *administratio* との間の用語上の対照は、その後、ルネサンスおよびルネサンス以降の時代のラテン語のテキストにおいて、「主権者」と「政府」の間の区別を描く標準的な方法であり続けることになる。

ボダンが何をいおうとしていたのかを理解するためには、アリストテレス『政治学』が「主権」という言葉をある仕方で使っていることをボダンが十分に意識していたことを思い出す必要がある。すなわち、アリストテレスは多くの箇所で、ポリスの一部が κύριον（「支配的（dominant）」と訳してよかろう）であると述べており、この支配的部分を指してしばしば *πολίτευμα* という用語を使う。たとえば、第三巻第七章では「都市の支配的部分［κύριον τῶν πόλεων］である *πολίτευμα* が一人、数人または多数の手になければならない」（1279a25）というのである。また、アリストテレスは、二箇所で、*πολίτευμα* とは *πολιτεία*（これはジョウェット版以降「constitution」と訳されることが多い）である、それと同じ意味であると述べている。[13] アリストテレスに対してボダンが反対しているのは、アリストテレスが主権という概念をもたなかったからではなく、都市において「支配的」であるとは何を意味しているのかについてアリストテレスが明晰ではなかったからである。ボダンは第六章で次のように述べている。

［アリストテレスは］最高の支配権（*summum imperium*）――彼自身のいう κύριον πολίτευμα や κυρίαν ἀρχή であり、国制（*Reipublicae status*）がそこに存することになる――をどこでも定義していない。もっとも、国家（*Respublica*）には全部で三つの部分がある、一つは審議、もう一つは高官の選任、最後は裁判である、と彼が述べるときに、それをするつもりであったと考えるべきだということを除けばの話だが。[14]

この最後の指摘は、『政治学』第四巻第一四章、1297b38を参照したものである。実際、そこでアリストテレスは、いかなる国制にも三つの「要素（μόρια）」がある、「審議的要素（τὸ βουλευόμενον）」、「高官に関わる」（περὶ τὰς ἀρχάς）要素、「裁判権をもつそれ（τὸ δικάζον）」である。アリストテレスは続けて、τὸ βουλευόμενον が「開戦・講和について、同盟締結について権限をもっている（κύριον である）。それは法律（laws）を可決し、死刑、追放や没収を科し、高官を選任して、その会計を監査する」という。しかし、アリストテレスは、これらの権限を二つの「要素」に分配することもできると考えていた。こうした権限のうち十分な量が仮に人民全体に属しているという場合に限るのならば、国制は民主的といえよう。それゆえに、「特定の人が特定事項につき権限をもっている場合――たとえば、人民全体が開戦・講和について決定し、検査を行うが、それ以外のすべてのことについては高官が規律を行い、その高官が投票やくじで選ばれるという場合――には、貴族政かポリテイア〔πολιτεία〕である」[15]（1298b5）。したがって、ボダンが（彼の見方からすると）アリストテレスが、τὸ κύριον であることの典型的な特徴が何なのか、いかなる権限が必ず主権者に属するべきなのかについて明確な説明を行っていないと非難するのは、理にかなっていた。

アリストテレスがこれらの一節で何を言おうとしていたのかを突き止めることがいかに難しかったかは、ボダンの生きた時代に使われた『政治学』のラテン語版における、鍵となる概念 πολίτευμα がさまざまに翻訳されたことにあらわれていた。特徴的なことに、ムールベーカのギヨーム〔William of Moerbeke〕は、中世における標準的な翻訳で、πολιτεία と πολίτευμα を原語のままで（*politia* と *politeuma* というように）残し、そうすることで解釈問題を避けた。しかし、アクィナス〔Thomas Aquinas〕は、第三巻の（部分的な）注釈において、いくぶん正確に、*politeuma* は「都市（*civitas*）における支配身分〔*ordo dominantium*〕を意味する」と述べた。[16] しかしながら、アリストテレスの意図についてのこうした具体的な理解は、ユマニストの最初の『政治学』翻訳、つまり、ブルーニ〔Leonardo Bruni〕によって失われた。ブルーニは、*πολίτευμα* を *regimen* と訳し、*πολίτευμα* は「都市の支配的部分である」という第三巻第七章におけるアリストテレスの指摘を、「*regimen* は都市（*civitas*）の権力と裁定〔*potestas et arbitrium*〕である」というように表現した。[17] その後、*πολίτευμα* の近代の標準的な訳語が一五四二年のエトルベのジャック〔Jacques-Louis d'Estrebay〕の『政治学』の新訳においてあらわれた。この翻訳の序文では、ムールベーカやブルーニの翻訳のラテン語力の乏しさが非難されている。エトルベは、新訳において、一貫して *πολιτεία* を *respublica* と、*πολίτευμα* を *administratio* と訳した。たとえば、第三巻第六章では、「最高の権威〔*summam authoritatem*〕を有しているものは何でも、あまねく都市（*civitas*）を統治し〔*administrat*〕、その統治〔*administratio*〕が国家（*respublica*）である」という。[18] その後、*administratio* ないし‘government’は、一五四〇年代から現在に至るまで、*πολίτευμα* の訳語として最もよく見られるようになった。[19]

　しかし、ボダンが述べているように、近代国家において、アリストテレスが国制（constitution）の要素としてあげた諸作用を含む統治（administration）が、主権者ではないことが明らかな人々や制度の手に残された場合も多い。とりわけ、「国家について審議する権利は〔議会にいるような〕市民にも与えられたし、裁判〔*iurisdictio*〕は〔陪審員団にいるような〕身分のきわめて低い人にも与えられた。ゆえに、これらは、主権〔*summum imperium*〕に関係がないのである[20]」。ボダンによれば、統治（*gubernatio*）とは「命令、勅令やそれらの執行」に関わるものすべてである。たとえば、元老院が開戦の決定をし、その長（*princeps*）がそれを宣言し、兵士がそれを執行する。裁判においては、市民である裁判官ないし審判人も決定し、政務官（高官）が命令し、執達吏（*apparitor*）が執行する（ボダンは、ローマの審判人（jury）手続のことを考えていた)[21]。

しかし、これらの活動はいずれも、とりたてて主権的だといえる権力の行使ではない。ボダンが『方法』の第二版で論じているように、それは、政府の高官やその他の構成員を選任する権利と最高の立法の権力である。「高官に権限を与えまたは奪うことができたり、法律を制定しまたは廃止することができたりするのは誰なのか、つまり、市民一人なのか、市民の一部分なのか、または、市民の大部分なのかを、いかなる国家においても探究するべきである。この点をつきとめてしまえば、統治類型は簡単に理解される[22]」。『方法』では、一〇年後の『国家論[23]』ほどには立法としての主権に力点を置いていないなどとよくいわれるが、実際には、両著作は主権者の主たる権能は、立法する権利と高官を選任する権利だと考えている。実際、ボダンは『国家論』第二巻第七章でこの定義を逐語的に繰り返した。「国家類型を決める［iuger un estat］にあたり問題となるのは、高官や官職者が誰なのかを知ることではなく、主権をもつ者、官吏を任免し、万人に法律を与える者が誰なのかを知ることだけである[24]」。

ボダンは『国家論』において、これが政治学においてまったく独創的な発明であると考えたことを明らかにした。「国家と統治の間には明確な区別がある。これは、［ラテン語版では「私が知る限り（quantum intelligere potuimus）」が加わる］これまで誰も気づいてこなかった政治の原理［フランス語では secret de police］である[25]」。ボダンは、数頁後に同じ主題に戻り、その独創性について詳しく語っている。

このことを考えたのは私一人であろう、また、古代にも近代にも、国家を論じた者がこの意見を述べたことはまったくなかった、とおそらくいわれるであろう。それはそのとおりであろう。しかし、この区別は、各国の国制を理解するのに必要であると思われる。そうでないと、通念にも、また常識にも反して、民主政の国家を貴族政だと考えたり、また貴族政の国家を民主政だと考えたりするような、アリストテレスが陥った無限の誤りの迷宮に入り込むことになろう。このような、確かな根拠のない原理に安んじて依拠することなどできない。……この誤りからは、すべての類型を混合した国家があるかのような考えも生まれてしまう。この考えが誤りであることはすでに私が論証したとおりである。[26]

『国家論』におけるボダンの *status Reipublicae* や *estat* の用語の使い方を考慮に入れると、(これらの一節だけで考えれば、または、『方法』では異なる用語で似た議論をしていたことを見落とすならば)ボダンは、近代的意味での国家——統治の背後または上位にある抽象的な存在——と統治それ自体との間で区別を行っているのであって、主権的立法者と政府との間でルソーが行うことになる区別とは同じではない、と思うかもしれない。しかし、ボダンはまず区別を行った後で、次のように述べている。

君主政的な国家が、それにもかかわらず、民主政的に統治される〔*gouverné populairement*〕ということはありうる。君主が身分、高官職、官職、報酬を万人に対して平等に、その高貴さ、富、徳にかかわりなく、開放している場合がそうである。君主政は、貴族政的に統治されることもありうる。君主が身分や便益を高貴な者、徳ある者、富ある者に限定している場合がそうである。同様に、貴族政国家〔*seigneurie*〕が、名誉や報酬をすべての人民に平等に分配して民主政的に統治されることもありうるし、それらを高貴な者、富ある者に限定することで、貴族政的に統治されることもありうる。統治においてこのように多様であるために、国制〈*estat d'une Republique*〉はその統治や行政とは異なっているのだということを理解することなく、国家が混合的でありうるなどと思ってきた人々は、誤解してしまった[27]。

そして、さらに先の箇所では、民主的主権についてもこの図式で説明する。

カヌレイウス法（*Lex Canuleia*）〈紀元前四四五年。貴族・平民間の婚姻の禁止を廃止した。〉までのローマのように、市民の大多数［*pluspart des citoyens*］が主権を有しており、人民が官職、報酬、便益を貴族にのみ与えているという場合には、国家は民主政的だが貴族政的に統治されるということになろう[28]。

したがって、ボダンが関心をもっていた区別がまさにルソーの区別、つまり、よく知られたボダン流の主権的立法者と、主権者に整えられた行政または政府との間の区別であったことは明らかである。別の言い方をすると、ボダンが考えていた主権者は、具体的な制度的特徴を備えており、単一の個人か、個人からなる集団であった。フランスのシャルル九世が近代の抽象的な意味での国家ではないのと同じく、ボダンの主権者も国家ではなかった。

主権者と政府との革新的な区別が、ボダンが同じく革新的だとする主権という考え方と密接に結びついていたのは当然である。すでに見たように、ボダンは、「［区別を理解しないという］この誤りからは、すべての類型を混合した国家があるかのような考えも生まれてしまう。これが誤りであることはすでに私が論証したとおりである」という。つまり、ボダンの主権論の中心的な主題である、混合政体の不可能性は、彼の目には、この区別を理解するかどうかに依存していた。同じことが、ボダンの主権概念のもう一つの重要な特徴である永続性についてもいえる。著名な第一巻第八章の、主権を論じるまさに始めの箇所[29]で、ボダンはそれが永続的であると定義し、その結果として、根底にある主権の所在と、統治上の権力が個別の時点でとりうる形態を区別しようとした。そこでボダンが述べているように、

私は、この権力は永続的であると述べた。一人の人または複数の人々が、一定期間、与えられた絶対的な権力を保持するが、その期間が過ぎると、ただの私的な臣民となるということがありうるからである。彼らは、権力にある間さえも、自らを主権的君主であるとはいえない。人民なり君主なりが権力を取り戻すまでの間、その権力の受託者や管理者［*depositaires, & gardes*］であるに過ぎない。人民や君主のほうが常に合法的な占有者であり続けるからである。[30]

これの、最も目を引く例であり、かつ、ボダンがその後すぐに言及するものは、ローマの独裁官である。これらの公理を主権の基礎づけに用いたことで、我々は、次の結論を出すことができよう。ローマの独裁官も、スパルタの軍司令官〈Harmoste〉も、テサロニケの取締官〈læzimnete〉も、マルタでアルクス〈Archus〉と呼ばれる者も、フィレンツェのバリア〈Balie ancienne〉も――彼らの任務はすべて同じであるのだが――、王国の摂政も、そして、国家の案件を処理する絶対的な権力を限られた期間だけ有する他の受託者や高官も、主権をもたないのである。もっとも、初期の独裁官については、当時、［独裁官からの］提訴はなく、他の官職は停止させられていたのだから、完全な権力［*toute puissance, summum ius*］をもっており、可能な限りの最善の形式で（つまり、古代ラテン語がいう最上

の法律によって（*optima lege*）それを有していたとはいえようが、それでも同じことがいえる。……だから、独裁官は、多くの人が書いてきたように［*comme plusieurs ont escrit, ut plerique putarunt*］君主や主権的高官［*Magistrat souverain, summum magistratum*］だということはなかったように思われる。[31]

「多くの人」に含まれる最も重要なものに、独裁官が最高の権力（*summa potestas*）を有していると述べた、『学説彙纂』そのものに書かれているポンポニウス〔Pomponius〕があるが、[32]それ以外にも、ルネサンス期の著作者たちもあげられる。たとえば、トマス・エリオット卿〔Thomas Elyot〕は『統治者論』において、独裁官について「主権者」であって「国王のもつ本来の権威と主権を有している」と描いていたし、（おそらくボダンは一番に頭に浮かべていたであろうが）クリシュトヴ〔Josse Clichtove〕はルフェーヴルの『アリストテレス政治学概論（*In Politica Aristotelis Introductio*）』の注釈において、独裁官職について、五つの支配の方法（*modi regni*）のうちの一つであって、全体の物の最高の権威（*totius rei summam authoritatem*）をもっており、時限的であるという点においてのみ他の種類の国王職と異なると述べていた。[33]後の主権と統治の区別の使用から見ると、独裁官についてのボダンの議論は、非常に予兆的である。というのも、束縛のない君主権――まさに「国王のもつ本来の権威と主権」――を有する支配者が、実際には主権者ではなく、むしろ民主的な権力に服することもあるからである。第二章で見るように、独裁官の性質は、近代の民主政の可能性を論じる上で、すぐに中心的な主題となった。

さらに、このような文脈では、ボダン自身が君主政の擁護を主張することも、明らかに難しかった。ボダンは、主権が永続的でなければならず、独裁官のような時間的に限られた支配者は、その権限がいかに広範であっても、また、その官職の任期がいかに長くとも、主権的ではありえないとの主張に立っている。

そのため、九年または一〇年間「絶対的な権力」を握った初期アテナイ共和国のアルコン（archons）であっても、主権的と呼びえなかった[34]。しかし、ボダンは、このことによって君主政は厄介な状況になることを知らねばならなかった。第八章での説明によると、確かに、民主的または貴族的な主権者は、集会が死ぬことがないために、用語の完全な意味で永続的である。しかし、君主が永続的であるのは、生きている限り権力をもっているという意味でのことに過ぎない。そのように考えないのならば、ボダンが認めているように、「世襲的な君主はほとんどいないのだから、……主権的な君主はほとんどいないことになろう。とりわけ、選挙によって王位についた者は主権的ではないことになろう」[35]。したがって、選挙による独裁官と選挙による君主の違いは、前者の任期の終了日があらかじめ知られているのに対して、後者のそれはそうではないというだけになってしまう。さらには、ボダンは、ともすれば永続的な主権的君主はほとんどいないことになると語ったが、同様に、ポーランド、さらには――何よりも――神聖ローマ帝国のように、選挙君主政が歴史的に貴族政に転じがちであるということも繰り返し述べた。まさに、国王が死ぬ度に選帝侯たちが主権を要求したからである[36]。第二章では、ボダンの永続性の説明の不十分さを、後世の読者たちが非難し、ボダンのような主権と統治の区別全体に疑義を差し挟んだり（グロティウス）、それに手を加えて、より満足のいくものではあるが、選挙による君主政にとってさらなる脅威となるようなものに作り替えたり（ホッブズ）したことを見ることになろう。

ボダンの主権論のこれらの側面――すなわち、主権と統治の区別と混合政体の不可能性の結びつき、および、主権は永続的であると理解されなければならないという主張――はいずれも、「主権」を統治権力の実際の活動から引き離すという同じ効果を有していた。ボダンによれば、我々がこれまで政治的権力だと想定してきたところに、実際に権力が存しているわけではない。すなわち、我々が、日常的には、ある種類の国王や会議体にあれこれ命令されており、それらの命令から我々を守ってくれる他の制度に訴えられないけれども、こうした他の制度に正統性を与えるような別の種類の権力が、これらの構造の背後に隠れており、長い時間の後に初めて明るみに出る、ということがあるかもしれない。ボダンはこの点を、『国家論』における「法律」（*leges, lois*）と勅令（*edicta, edits*）の間の区別についての長い議論において、指摘している。[37]「法律」は主権者の行為であるが、「勅令」は（形式的には法律に似ているとしても）高官の行為であって、主権者の法律に必ず服しなければならない。たとえば、「勅令」が、その高官の任期の間のみ効力をもつとされることがある。また、ほとんどの点で法律のようであるが、ローマやヴェネツィアの元老院のように主権者によって統制されうる機関によって発せられるとされることもある。

これの最も重要な例であり、民主政の擁護のために（再び）広く用いられていくことになるものが、共和政最盛期と元首政期の両方についてのローマの国制である。もちろん、ユマニストの政治理論においては、ローマが混合政体であったということが標準的には説かれており、宗教改革後の政治的論争においては、ローマの国制が、近代ヨーロッパの混合的（だと考えられる）国制にとっての模範として、繰り返し引き合いに出された。一五五〇年代にはボダンとは独立して、この考え方には疑問が示され始めていた。とりわけグルーシー〔Nicholas Grouchy〕は、ローマの民会（*comitia*）についての優れた本で、次のように論じている。

> 国王の権力に類するものが執政官に見られ、貴族の権力が元老院に見られるとしても、人民がすべての高官や元老院に対して権威を有しているので、国家の主権〔*omne imperium, omnem maiestatem illius Reip.*〕は人民の手にあったといえる。[38]

しかし、ボダンは、こうした歴史についての学識を一般的な政治理論に結びつけ、ローマの民主的な特徴を彼の語りの中心に置いた。端的に、ウェスパシアヌス〔Vespasianus：六九―七九（在位）〕の時代までの元首政下のローマも、なお民主政である、なぜなら「元首政は、各人に命令しうる長が存在する民主政または貴族政に過ぎない[39]」からだ、とまでいうのである。アウグストゥス〔Augustus：前二四―後一四（在位）〕は、国内で実権を握ったが、しかし、と、ボダンは目立つ一節で次のように述べた。

ここでは、見かけ〔*simulatio*〕ではなく事物そのもの〔*reipsa*〕を探究しなければならない。というのも、国家において非常に大きな権力をもった〔*plus in Republica potest*〕者が主権〔*summum Imperium*〕を有すると考えられるが、権利に関しては〔*de iure*〕、あるものではなくあるべきものに目を向けるべきだからである。ゆえに、元首政は貴族政や民主政に過ぎず、そこでは、多数のうちの一人が位階（dignity）において際立ってはいるが、主権〔*maiestas*〕は人民ないし貴族の手にあるのである[40]。

ゆえに、独裁官と同じく皇帝も、主権者と考えることはできなかった。すなわち、ローマは――原則として――初期の法秩序がいつでも蘇りうるような民主政でありつづけた。

しかしながら、独裁官と皇帝についてのこれらの指摘は、ヨーロッパの君主政についての一六世紀、一七世紀の論争の文脈では、危ないものであったし、民主政に対するボダンの態度は、通常思われているよりも微妙なものであった――ホッブズ（そして、実はルソーさえも）と同様に、ボダンの主たる異論は、不安定でせん動が生じやすい民主的な統治に向けられていたのであって、民主的主権には向けられていなかった[41]――としても、ボダンが『方法』と『国家論』の両著作を書いた目的が、近代フランスの君主政を敵から擁護することにあったことを否定するのは、その意図をねじ曲げることになってしまうであろう。それゆえに当然生じる疑問は、なぜそのような計画の結果、ボダンがこの区別に至ったのか、なぜこの区別を重視するのか、である。

ボダンの政治理論に対する従来の解釈は、三〇～四〇年前の多くの本や論文におけるジュリアン・フランクリン〔Julian Franklin〕の仕事[42]に支配されていると思われる。それらにおいて、フランクリンは、『国家論』におけるボダンが、全身分会議や裁判所などの、王権を制限するために用いられた「国制上の」権威の伝統的な源に役割を与えないようにする立法的絶対主義の理論を構築しようとした、と論じた。フランクリンが見たところによると、ボダンは、国制において他のすべての諸要素に対して立法という唯一の源が優位していると主張することで、宗教戦争における敵対勢力に対して王権の優位を主張することに成功したが、その代償として、主権が分割できないというまったく説得力のないドグマを展開することになった。これは、非常にアメリカ的な――あるいは、近代アメリカ的な、というべき――見方である。実際のところ、多くの著作で、フランクリンは、アメリカ連邦憲法を、ボダンの中心的な主張と彼が見たものに対する適切な反駁であるとみなしており[43]、驚くべきことに、ボダンの理論の他の側面についてはほとんど注意を払っていない[44]。この解釈の重要な部分は、『方法』が非常に立憲主義的だったという主張であった[45]。そして、次のようにいう。

一〇年後、『国家論』の公刊とともに、この立場は捨てられた。しかし、『国家論』の絶対主義は、あまりに混乱しており、また、強引なものであって、『方法』の見方の自然な結果であるとはみなしえない。それはむしろ、ボダンの知的経歴においてだけでなくフランスやヨーロッパにおける一般的な動向においても、突然の、しかも大部分は確かな根拠のない逸脱であった[46]。ゆえに、『国家論』の開いた新境地が「絶対主義」理論を生み出したのであり、何が新しいかは『方法』と『国家論』を比較することでわかる。

先程述べたように、大まかにいえば、これらは、ボダンの政治理論についての、いまだに遭遇する想定である。実際に遭遇する場合にはこう想定されている、というべきかもしれない。というのも、この二〇年くらいは、『自然の劇場（*Theatrum Universae Vitae*）』やとりわけ『七賢人の対話』のようなボダンの他の著作に、最も多くの注意が払われており、『方法』や『国家論』は横へ置かれていたからである。しかし、もし立法的絶対主義からボダンの理論全体へと、特に主権・統治の区別へと視線を移すならば、標準的な解釈は非常に疑わしいものに思えてくる。

まず、『方法』と『国家論』の対照はそれほど明瞭なものには思われない。というのも、主権と統治の区別と永続性の強調のいずれも、最初に『方法』に見出されるべきものだからである。『国家論』の登場のわずか四年前、ボダンは彼が取り組んでいた新しい仕事との相互参照と思われるものを付して『方法』の新版を公刊したが[47]、『方法』の正規の版と思われるものはボダンの生涯の間、発刊され続けた。ラテン語の『国家論』にも『方法』への相互参照は含まれている[48]（状況は、むしろ、ホッブズの『市民論』と『リヴァイアサン』の間の関係に似ている）。さらには、すでに示唆したように、予断なく両者を読むならば、『国家論』における立法的主権の説明でさえ、『方法』における説明とそれほど違うものではない。『方法』の議論はより簡潔なものであるが、同書が（これからすぐに述べるとおり）高官を選任する主権者の役割を重視していることに加えて、すでに見たように、ボダンは、主権者が最高の法源でなければならないと認めていた。これに対して、ボダンは、『国家論』でも同じように、高官の選任に中心的な役割を与えていた。ボダンは、ある意味ではおよそ主権的権力は立法的な特徴を有しているとはいうものの、「法律という語は非常に一般的なもの」で他の「主権の権利」、なかでも高官を選任する権利は、別個に特定されるべきであることも認めていたのである。[49] 両著作の間の広範な類似性については、私はより多くのことを語ることができるが、それをすべて説明してしまうと、いまの主題からはあまりに遠く離れてしまうことになろう（本章末尾の詳解を参照）。

『方法』の政治的部分の中心的関心はフランスの統治における高等法院の特別な役割を擁護する議論にあり、それが、同書が「立憲主義的」として読まれてきた理由でもあった。ボダンは、一五六一年から一五六二年までパリの高等法院付きの弁護士であった。彼が一五八〇年の『魔女論』での献辞において述べたように、「国王の法律学校」において「私の人生の最も良い時間」を過ごし、「信じがたいほどの喜びと便益を得た」[50]。フランスの歴代国王とその高等法院との関係は、複雑微妙なことで知られていた。すなわち、国王の行為は、通常は、高等法院に登録されることにより裁判所で有効とされる。国王が行為を変更しようとするのに高等法院が反対だという場合に、登録手続は、国王への高等法院からの建白（remonstrances）を伴うことがありえた。こうした建白は、いかにも一般的な裁判原則を引用しているが、国王の提案の帰結として生じかねない「不都合」に衆目を集めることもできるものでもあった。[51] 最終的には、国王は、勅命状（*lettre de jussion*）によって、高等法院の要望に反してでも登録を強制することができたが、この権限を頻繁に用い過ぎると、体制の崩壊につながりかねない。国王は、そのようなことをしたくなかった。というのも、手続が与えてくれる法的な専門的知識の高さからも（一定程度は）政治的な同意からも、国王は利益を得ていたからである。現任の官吏が認めた者を大半の構成員とする高等法院の構成員資格に対して、国王が有していた権力は少々限定されていた。しかし、高等法院は、結局は国王の諮問機関であり、その構成員（標準的には自らを、国王の *maiestas*（つまり、ボダンの用語でいう主権）の「代理」であって[52]、イギリスと違って人民のそれではないとみなしていたところに特徴がある）は、個別の国王の希望に反してでも君主政の利益を守ることを自らの任務と考えていた。そのことが最も顕著にあらわれたのが、王国領土の譲渡を中止させて、将来の君主のために領土を守ろうと絶えず努力したところである。

『方法』のまさに冒頭で、つまり、実際に国家の歴史を論じるよりもかなり前に、ボダンは、「法律を宣言することと、立法について協議することは別である。後者は元老院の、前者は人民、君主など主権をもつ者のすることとである[53]」と述べた（パリの高等法院はその賞賛者からはフランスの元老院とみなされるのが普通であった）。そして、第六章でフランス史を扱った際には、ボダンが常に主題としたのは、高等法院の重要性や独立性であった。こうして、彼がいうには、「我々の王権の形態」の好評ぶりは、「ドイツ、イタリア、スペインの諸国から外国の国王や君主が、神聖な避難所（asylum）のようにフランスの元老院に多数集まってくる[54]」という事実によって、民事事件において最もよくあらわれる。パリの高等法院が〔神聖ローマ皇帝〕フリードリヒ二世〔Friedrich II：一一二二―一二五〇（在位）〕と〔教皇〕インノケンティウス四世〔Innocentius IV：一二四三―一二五四（在位）〕との間のナポリをめぐる紛争を裁定したのが、一つの例である。ボダンは「さらに、市民と同じく国王もその法律や命令に同意する」のだといい、ルイ一一世〔Louis XI：一四六一―一四八三（在位）〕とシャルル七世〔Charles VII：一四二二―一四六一（在位）〕が、自らの希望を高等法院が覆しうると認めたことを称揚した。

なるほど、君主が国家におけるすべての報酬の裁定者であることは君主政の偉大な秘密〔*magnum ar-*

canum］であるが、君主も罰則を科すことはできず、こうした不愉快な任務を高官に委ねている。それによって、君主は皆に愛され、誰からも恨まれない者のままでいられ、裁判官に有罪とされた実力者たちも、君主には責任がないのだから、君主に対しては腹を立てない、ということが生じる。大部分が第三身分からなる最高法院は、偏りない命令によって貴族や実力ある臣民の力を抑圧し、最上位者と最下位者を見事に調和させる。これらの裁判所には、市民的秩序、法律、慣習、さらには国家［*respublica*］全体の安全がかかっているのだから、そうした裁判所の位階を転覆させようとする者は、国家を破滅させようとしているのである[55]。

そして、人民による統治がフィレンツェでとってきた進路にボダンが反対するのは、主として、元老院が存在しないからであった。「これは精神を欠いた身体と等しい。というのも、国家が安全かどうかは元老院次第だからである[56]」。

高等法院の権威と実践的な独立性に対するまさに同じ擁護は、『国家論』にも見出せる。この例は多数あるが、最も目を引き意義深い例は、法律と契約との間では重要な違いがあるという（とりわけ中世後期の教会法学者に対抗する）議論である。そして、次のようにいうのである。

主権的君主は、相手方が臣民であろうと外国人であろうと、自らが結んだ契約に［裁判所で、つまり、単に道徳的にとどまらない形で］拘束される。というのも、君主は、臣民にとっては、彼らが互いに結んだ合意や双方向的な義務の保証者であるからこそ、君主は自らの行為を正しく評価するべきだからである。ゆえに、パリの高等法院は、一五六三年三月に、国王シャルル九世に対して、国王は正しく行動するべきであるから、陛下は、自身と聖職者との間の契約を、聖職者の同意なしに、一方的に破ることはできないと書いている。[57]

ここでは、高等法院が一五六四年三月一一日[58]に発した建白が参照されている。その建白は、シャルル九世が教会に義務づけた支払いが、一五六一年にポワシーでなされた課税についての教会との契約（「ポワシーの契約」）に反して、王国領土の買戻しに使われていないと抗議するものであった。しかし、ボダンが読者に伝えなかったこととして、国王の勅命状が、支払いはスイスとの同盟を維持するのに必要であったと回答したこと、および、高等法院が譲歩して、支払いを認めたことがある。[59]ゆえに、実際には、この挿話の教訓は、国王の意思は契約を覆すことができた、というものであって、ボダンがあえて引くのを控えた教訓といえよう。

旧教同盟を支持した[60]時期にも続いていたボダンの並々ならぬ高等法院の擁護を考えると、我々は、ボダンの主権者と政府の区別の真の論点が何か、そして、フランスのアンシャン・レジームに特徴的な国制上の配置から生じたのがなぜなのかを理解することができる。議会（女王・国王を含んでいる）が主権者であり政府でもあると主張しうるイングランドとは異なって、フランスでは高等法院の最高性を主張しても現実的には納得が得られなかった。高等法院は明らかに主権的な団体ではなかったのである。しかし、他方において、高等法院は、主権的君主の命令を実施するだけの代理人（agents）に過ぎないわけではなく、（ボダンの説明によれば）決定にあたっては非常に高度の自律性を有していた。とりわけ、上級審であった高等法院の判決には上訴ができなかったのである。国王と高等法院の微妙な均衡は、高等法院は国王の代理人であるということで表現しうるようなものではなかった。高等法院がそうではなかったということこそ体制の要点であったからである。しかし、同時に、高等法院は、国王と同等だとか、国王の主権を何らかの意味で共有する者だ、とはみなしえなかった。ボダンの偉大なところは、高等法院が主権的君主の活動とは異なるものに携わっており、実践における高等法院の相対的独立性は、国王が領主であること（suzerainty）に疑いを投げかけるものではなかった、と考えた点にある。国王の果たす作用は、内容については（理想的には）高等法院が決定した法律に権威と正統性を与えること、および、罪責については裁判官が決定した犯罪者の処罰に権威を与えることにある。このように読むと、『方法』は、一五五〇年代および一五六〇年代に王室が高等法院に示した敵意、とりわけ、一五六〇年代に大法官ミシェル・ド・ロピタル〔Michel de l'Hopital〕が高等法院に向けて行った一群の演説[61]に対するボダンからの応答であると見るのが素直であろう。

ボダンは、その著作における重要性がしばしば誤解されたローマ法での有名な論争にも、この論法を適用している。ボダンは、『方法』と『国家論』の両方において、ローマ法学の用語、純粋支配権（*merum imperium*）の意味と、高官が自らの権利として一種の支配権（*imperium*）を有しているか、それとも君主から委任されたに過ぎない権力を有しているか、についての一二世紀の法学者アーゾ〔Azo〕とロテール〔Lothair〕の間の論争に注意を向けた。この議論の歴史は、ギルモア〔Myron Gilmore〕の *Argument from Roman Law in Political Thought 1200-1600*（Harvard University Press, 1941）の主題となった。それをここで繰り返すことはしたくないが、私が強調したい要点は、ボダンの手法の際立った特徴は、論争の両当事者に敵対的であるということである。ボダンの立場は、政府は主権者の代理人にとどまらないというものであった。政府は、主権者から、まさに機械的に法律を執行することではなく、自らの裁量を行使することを認められている。しかし、ボダンの主権の説明においては、これが、必然的に支配権（*imperi-*

um）に参与することである、とはいえなかった。というのも、支配権（*imperium*）とは、裁判や審議などのようなものを含むわけではなかったからである。主権的権力とは、高官を選任することであって、高官がすることではなかったのである。したがって、この古い論争についてのボダンの立場は、主権についての彼の考えから単純に導かれることであった。ボダンは、この論争が意味をもっていたのは、高官が行うすべてのことは主権者が行おうとしていることなのであると考える主権的権力についてのアリストテレス的研究手法を共有する人々の間でだけであることを理解していたのである。

私としては『国家論』のほうが議論は明確だとは思うものの、ボダンはこのローマ法の問題を、『方法』（主権についての節で中心的に扱われている）と『国家論』の両方でほぼ似た用語で論じている。[62] さらに興味深いことに、ボダンは、争点が複雑になっているのは次の事実のためだ、と（ラテン語版に付け加えられた一節で）述べた。

ギリシアやイタリアの諸国のような民主政的かつ貴族政的な国家［*imperii*］において、人々が何よりも追い求めたのは、高官が法律に可能な限り縛られているため、高官が、たとえ希望したとしても、自らに割り当てられた役割からほんの少しも逸脱できないようになっていることであった。古代人は、我々の時代の人々よりも、そう追い求めていたのである。［フランスのような］国王の君主政［*potestas*］のもとでは、それは正反対である。というのも、刑事裁判所ではすべての刑罰が、民事裁判所では債務に関わるすべての決定が［*in priuatis id quod cuiusque interest*］、高官の判断に委ねられている。[63]

ゆえに、古代国家と異なり、近代国家では、高官が、主権者ではなく主権を分有してもいないのに、広い裁量をもつことが認められていた。近代国家は、主権的権力から統治が分離されている非常に顕著な例であった。ここにおいて、ボダンは、古代国家と近代国家という重要な区別についてのルソーの考え方に接近してさえいる。

この種の理論は、フランクリンが立憲主義の模範とみなしたお決まりの混合政体論よりも、多くの点で、真に「立憲主義的」である。ボダンにおいては、主権の根本的な所在が説明されている。しかし、これは、それ自体必ずしも、社会の政治構造の主要な特徴を決め、社会の政治活動に正統性を与える主権の根本的な所在ではない。ルソーが理解しており、ボダン自身も意識していたと思われるように、これは、とりわけ近代の民主政的国家に適した理論である。しかし、ボダンが分析しようとしたように、重要な政治的決定が君主自身によって行われない、大まかには立憲主義的といえる君主政を分析するのに用いることもできる。実際、それがボダンの著作の初期の大半の読者の反応であった。すなわち、ボダンの主権論は――彼の著作の「絶対主義的」解釈から予想されるところに反して――君主権力の増大に不安を覚えていた読者に歓迎された。こうした反応は、『方法』と『国家論』の両方で主たる標的として選ばれたものが――アリストテレスを別にすれば――イタリアの共和主義者たち、なかでもマキャヴェリ〔Machiavelli〕であったという事実によって促進されることとなった。第一巻第八章と『国家論』で暴君放伐を論じた章（第二巻第五章）の両方で、ボダンは、暴君に対する抵抗を擁護する著作を、特定することなく論難してはいるものの、主たる標的が同時代の抵抗権論者たちであるということはなかったのである。[64]

我々が知っている最初の反応は、ジュネーヴのカルヴァン主義者グラール〔Simon Goulart〕のものである。グラールは、『国家論』のフランス語版が一五七七年にジュネーヴで出版されるように手配した人物で、この出版は彼が著作に基本的に賛成しているからこそ行った計画であったとされる[65]。そのグラールは、ボダンを「非常に多くの箇所において正しいことをいう者[66]」として賞賛しながら、ジュネーヴの国制についてのボダンの見方を訂正する序文を付け加えた。ルター〔Martin Luther〕とカルヴァン〔Jean Calvin〕が暴君的な君主に対する反乱に反対していたとボダンがいう〈初版でそのように述べていた〉のは誤りだ、というのである。グラールは、省略なしで［スパルタの監督官］エフォロイについてのカルヴァンの有名な言及を引用し〈カルヴァン『キリスト教綱要』第四編第二〇章第三一段落を参照〉、暴君に対するこの種の国制上の抵抗を支持したことを示す。フランス語の『国家論』の一五七八年パリ版に付された書簡体の序文で、ボダンはむっとした調子でこれに応答し、自らは「国庫の権利や王権を拡張すべきだと書く人々の意見」に反対していたのであって、主権的国王が人民に選出されなければならないとか退位させられうるとかいったより急進的な主張に対しては、ただ敵対的であると強調した[67]。ボダンはまた、フランス語の『国家論』の後の版の関連箇所には、カルヴァンについての議論を加えた。すなわち、カルヴァンは、エフォロイについての考察において、「正しい君主政では［*en la droite Monarchie*］、自らの主権的国王に攻撃したり抵抗したりすることも、国王の生命や名誉に危害を加えることも、決して合法的ではない、と述べている。というのも、カルヴァンは、民主政的［populaires］または貴族政的国家について語っていたに過ぎないのだから[68]」。もちろん、カルヴァンは、エフォロイのような制度の例に近代身分議会も加えているが、ボダンはこの点を単に〈そして特徴的なことに〉省略してしまっている。

グラールに対するボダンの応答が明確にしているように、ボダンは、高等法院を擁護し、国王に契約を守らせられると主張することによってこそ、「この危険な時代に」「人民の利益」を擁護することができると考えた。また、自らとグラールは、いずれもボダンが論難していた極端な抵抗権論に反対しているのだから、本質的に同じ側にいるとも考えた。これが状況を誤解するものではないことは、『国家論』の初期の利用を見ることでも裏づけられる。最も顕著な例として（そして、私が『哲学と統治』で論評した点でもあるが）、フリースラント人の法律家で一五七九年のケルン和平会議のオランダ側代表でもあったアルバダ〔Aggaeus van Albada〕は、会議での交換文書の一五七九年公表版への注釈において、『暴君放伐論』、ベザ〔Theodore Beza〕の『高官の権利について』（カトリック過激派のフィクラー〔Johann Baptist Fickler〕が発行した版）、さらには、他の「モナルコマキ」のテキストと並んで、フランス語版『国家論』からも、差し支えなく引用していた[69]。アルバダは、近代にはほとんど注意を集めてこなかったボダンの思想の一側面である、隣国君主の内戦へ武力干渉を擁護する議論[70]、および、君主は民事的に契約に拘束されるという主張に強い関心を示した。同じような関心を、ボダンの著作の初期における他の利用のされ方からも見て取ることができる。一般に、ボダンは、一七世紀の遅くに至るまで「絶対主義」の理論家として扱われていない、というのが公正であろう[71]。

ボダンの理論について提起されるべき最後の問題は、彼が独自性を主張しているところに関わる。すでに見たように、ボダンは『国家論』で、主権者と政府の区別を「これまで誰も気づいてこなかった」、「このことを考えたのは私一人であろう」と述べた。実際のところ、この点は、どの程度まで正しいのであろうか。そもそも、ボダンには、この種の大雑把な主張をしがちなところがあるからである。しかし、この点については、ボダンのいうことは概ね正しいようである。同時代のユマニスム的なアリストテレス主義者が、このような区別を行っておらず、実際にも、すべての政治的権威をボダンの用語でいう「統治」として明示的に取り扱っていた、と主張する点では、確かにボダンは正しいのである[72]。一見するとボダンに似たことを述べる伝統に、中世後期および初期近代のスコラ学の伝統がある。そこでは、「人民」が君主政的構造も含めた政治制度を創造するが、そこからは切り離されている、という主張はありふれたものである。これならばボダンの区別と同じ考え方であると考えられそうである。「人民」というのがボダンのいう主権者で、政治制度がボダンのいう政府に当たるというわけである。しかし、これは、ボダンの念頭にあった区別ではまったくない。第一に、ボダンの区別は、形式的にいえば、三つの類型の主権者に対して中立的である。すなわち、人民とちょうど同じように君主も、奥に潜む主権者になることはでき、実際――すでに見たように――それがボダンにとっては実践的に最も重要な例であった。このことはスコラ学者には当てはまらなかった。つまり、彼らは、およそ政治的結合についての基本的な事実として、それがある意味では構成員の創造したものであると述べたのであって、国王や貴族はボダンが考えたような仕方で統治の奥に潜むことはできないことになるのである。

この形式的な中立性は、ボダンとスコラ学者との間の第二の違いに結びついている。すなわち、ボダンの主権者は法律を制定し政府を任命する能力を認められた、現実の（actual）明確な立法者でなければならない、ということである。スコラ学者のなかでそのようにいおうとする人はほとんどいなかった。「人民」が制度をいかに創造するのか、「人民」自身が制度的構造の一部であるのか否かについての、スコラ学者の説明はほとんどすべて曖昧であった。よく見られる考え方は、一六世紀初めのスペインのスコラ学者ヴィトリア〔Francisco de Vitoria〕が『政治権力論』で描いたものである。ヴィトリアは、「この種の権力の質料因は、自然法・神法によれば国家（*respublica*）それ自体である」と述べる。ただし、「この権力は多数（multitude）によって行使できず……ゆえに、権力の行使〔*potestatis administratio*〕は権力を管理しうる〔*curam gererent*〕一人または複数の人々に委ねられる必要があるのだから」、権力は、「主として、国家が代理人として権力を委ねた国王に存する」というのである。[73] この説明では、いかなる国制構造であろうと、すべての政治社会は、人民〔*populus*〕または国家〔*respublica*〕が生み出したのだけれども、人民または国家がそうしたのは、自らが政治的な権威の明確な場所になりえなかったからである。人民または国家はいかなる明確な構造の奥にも存在しているが、それ自体が明確な構造だというわけではない。これは、もちろん、非常に理解しにくい描写であった。「多数」が権力を行使しえないのなら、その「多数」はどのように君主に権力を「委ねる」ことができたのだろうか。ヴィトリアらの著作者たちは、いかなる制度的過程が必要なのかを詳らかにしようとしなかったし、できなかったのである。[74]彼らはまた、社会にある他の制度が上位にはないという意味で、国王や他の統治者が最高の支配権〔*summum imperium*〕や最高の権力〔*summa potestas*〕を有するといって憚らなかった。たとえこの残余的な権力を人民全体に与える場合であっても同じである。

この種の思索を表現する自然な方法に、権力の制度が人民を「代表する」というものがある。これは、とりわけ、ブラック〔Antony Black〕が研究したような一五世紀の公会議主義者たちが使った言葉であるが、中世後期には広く見られた。たとえば、ダイイ〔Pierre D'Ailly〕は、普遍教会における権力の完全性〔*plenitudo potestatis*〕は、効果がその原因に存する、つまり、教会が制度を生む、という意味では、教会に存するが、それは、見られた諸物が鏡のなかに書き取られるように〔*ut res visa dicitur esse in speculo*〕、教会の代表者としての公会議に存する、と述べた。[75]こうした公会議主義者のなかで、最も顕著で、近代的なことをいうように思われる論者は、教皇を教会の代表であると分析したセゴヴィアのヨハネス〔John of Segovia〕である。

教皇は、私的ではなくなり、公的な人となる。教皇は、いわば教皇自身が切り離された単位ではなくなり、単位としての人民であるかのように装う〔*induit*〕。その結果、教皇は、誰か一人ではなく多数という人（person）を担い、代表する〔*gestare sive representare personam multorum*〕。……人民の支配者・長とされたのが誰であっても、以前のように自身にとって有用なのは何かを追い求めるべきではなく、万人に有用なのは何かを追い求めるべきであるという点で、彼は、私的な人を脇に置いて、公的な人を引き受ける。彼は私人であり、そして、法的擬制によって、公人でもあるのである。[76]

代表が、人民が実際に支配者を選んでいなくともそこに体現されている（embodied）という少し漠然とした意味――我々が通常、「観念的（virtual）」代表と呼ぶもの――を含む場合には、それは、ボダン的な主権とその統治との関係とは非常に異なっていた。第二章で見るように、この考え方は一七、一八世紀の政治思想において再生し、重要な役割を果たすことになる。そして、実際、少し異なった形態において、我々の時代にも残存している。

しかしながら、スコラ学の伝統に属する著作者が「現実的（actual）」代表――いかなる正当な政治社会（civil society）でも、人民が立法者を選びうる制度化された手段をもたなければならないという考え方――を語ることも可能であった。多くの人々が考察してきたように、観念的代表は現実的代表よりも中世後期のテキストでははるかによく議論されているが、しかし、例外もある。とりわけ、有名な「普遍的協和について」（一四三三年）におけるクザーヌス〔Nicolas of Cusa〕は、およそ教会の支配者は正統性をもつためには選出されなければならない、と論じた。[77] この考え方ならば、主権者は政府すなわち高官を選ぶことができなければならないというボダンの主張とそれほど変わらない。しかし、この考え方は（中立性の論点を描くとしても）主権者が高官を選ぶだけでなく最高の立法権ももたねばならないという（『国家論』において明確に始められたが、すでに見たように、少なくとも一五七二年版の『方法』でも明らかであった）ボダンの展開させた立場からはまだ大きく異なっている。こうした中世の著作者たちは、後の民主政批判者たちと同様に、近代国家（または、教会のような複雑で近代的な制度）では人民による立法は不可能だ、立法者が選出されるとしてもそれが「人民」の政治への関わりの最大限である、と考えていた。いずれにせよ、こうして、ルソー、コンスタン〔Benjamin-Jean-Joseph Constant〕、シィエス〔Emmanuel Joseph Sieyès〕などの著述家にとっては、代表は近代的な（つまり、古典時代以後の）発明である、と省みて述べることが可能になったのである。[78]

もちろん、中世には、古代の都市国家のように活動できるほどに十分に小規模な共同体の実例が、特にイタリアには、存在した。そして、そうした共同体に焦点を合わせた理論家たちは、立法権が人民集会に与えられていると考察し、それがアリストテレスの考え方に近いのだと（正しく）みなした。この最も有名な例はパドヴァのマルシリウス〔Marsiglio of Padua〕である。彼は、人民は人間的立法者〔*legislator humanus*〕であり、主権的立法権に等しいものをもち、法律の執行者として活動するに過ぎない元首〔*principatus*〕を選任するのだと考えた。このため、マルシリウスが代表という用語を用いることはほとんどなく、（一世紀後の）彼に最も似た追随者セゴヴィアのヨハネスは、人民が物理的に集会できるのならば、代表は破綻するであろう、と明言した。

全人民が集会し、長自身がいうことに反することを主張または希望するならば、真実そのものは擬制よりも好ましいから、当然、人民のほうが優位するであろう。この人民が複数の人だというのが真実であって、実はただ一人の人である長自身が、代表することで多数だとみなされているのは、擬制なのだから[7]。

実際、ブラックは、セゴヴィアが小さな民主的共同体を理想化する点でルソーを先取りしていたという（ただし、セゴヴィアは（マルシリウスやルソーと異なり）、このような集会がない場合には代表が政治的決定を行う手段であるべきだ、と考えていたようである）。確かに、マルシリウスやセゴヴィアは、それ以前の大半の著述家と比べると、近代民主政の考え方に近づいている（ボダンやルソーが彼らを読んだという証拠はないというべきであろうが）。しかし、もう一度繰り返せば、ボダンやルソーが、根本的な立法と根本的でない立法や政治決定の間で行った区別のようなものを、マルシリウスやセゴヴィアが行うことはなかった。マルシリウスに関する限り、人間の立法者〔*legislator humanus*〕は立法を独占し、元首〔*principatus*〕は裁判官に過ぎなかった（もっとも、マルシリウスは、世襲君主が通常は立法権を有していることを認めておらず、元老院の長〔*princeps*〕の範疇に含めているが）。したがって、マルシリウスの政治理論は、自身がそう強調するように、アリストテレスのそれに非常に近く、ある意味では、後であれば民主的統治と呼ぶであろう、古代の都市国家か、または、近代イタリアの都市国家のような田園風景であった。これに対して、ボダンは、主権者と政府の区別を、アリストテレスやこのような共和政を批判するものとして、近代の標準的な（主に）大規模な国家を論じる文脈で提示している。ボダンの見方によると、これらの論者は皆、師であったアリストテレスと同じ間違いをしたわけなので驚くべきことではない、近代国家の固有の理解はボダン自身の新しい分析で始められるに過ぎないのだ、ということになろう。

詳解

本章で述べたように、私は、『方法』とりわけその一五七二年版と、『国家論』との間の違いが、これまで（少なくとも最近五〇年ほどの間）考えられてきたよりも小さなものであると考えている。もし我々が、『国家論』と異なり明確に「立憲主義的」だとこれまでみなされてきた『方法』の特徴を考えるならば、それは、四つの主張に要約できる（『国家論』では主権の指標が立法的最高性という一つしかないというやや異なる点を除く。この点が『方法』からの大きな変化であるとしても（私としてはそうではないと考える理由をすでに示したが）、この点そのもので『国家論』が『方法』よりも「絶対主義的」になるわけではない）。第一の主張は、『方法』において、ボダンは、戴冠時の誓約が暴君ならざる君主に対して法に従って統治するように拘束する、と考えていたというものである。第二の主張は、フランス国王は、三身分の同意なしに、「支配権全体に固有の法律〔*leges totius imperii proprias*〕」[80]とボダンが呼ぶ根本法を破りえなかったということである。第三の主張は、国王は市民の私的所有権に対する一般的な権利をもっていないということである。第四の主張は、国王は自らの法律に拘束されているということである。[81]

これらを順番に検討しよう。第一に、フランス国王が行っていた誓約についての『国家論』の説明は、『方法』におけるそれと大きく異なることを述べるものではない。[82]『国家論』において、ボダンは、国王が誓約によって以前の国王の法律を守るように拘束されるのだという考え方（『方法』ではこの考え方を考察していなかった）に反駁しようとした。ボダンは、フランス国王の宣誓にはそのようなものが含まれていない、と簡単に論証したのである。宣誓は、むしろ、法律と正義によって統治するという一般的な約束をしているのである。ボダンは、『方法』と非常によく似た用語でこの宣誓を称揚した。第二に、ボダンは、フランスの根本法が全身分の同意なしに変えられない、と考え続けた。ボダンがそのことを明確にしたのは、『国家論』公刊の一年後、一五七七年にブロワでの全身分会議に出席した代議員として王国領土の譲渡（ボダンの著作や活動で常に問われる主題である）に反対したときであった。「いわゆる王国の基礎的な所有権については、人民に属しているのであり、ゆえに、もし地方がその代議員に明示的な指示をしていたならば、人民が恒常的な譲渡に同意をなしうるのであり、それ以外はありえない[83]」というのである。

第三に、この個別の国制上の制約が両著作において同一であることは一般に認められている。第四点であるが、ボダンは『方法』において、国王が自らの法律に拘束されるのは、その法律が公正〔*aequus*〕であり続ける場合だけである、そうでなければ、法律を定めた者は法律よりも上位にいなければならない、と述べている[84]。しかし、これは、ボダンが『国家論』で、主権的君主は「自ら守ることを約束・宣誓した法律が正しくなくなったのならば、臣民の同意がなくとも、その法律の適用を免れる〔deroger〕ことができる[85]」と述べているのと変わらない。

そして何よりも、『国家論』には、ボダンが一〇年前に打ち出したのと同一の、フランス君主政における高等法院の役割の積極的な擁護が含まれている。ボダンは、根本法が存在することを繰り返し述べているが、ラテン語版ではいまやそれらを「王国の状態やその基礎に関わる」*leges imperii* と呼び、「王位に付加・結合されているので、君主もその適用を免れることはできない[86]」のだとした。これらの *leges imperii* には、とりわけサリカ法と王国領土の無欠性が含まれていた。もっとも、ボダンがいまや明確にすることになったように、領土には国王の土地だけでなく国家の官職が含まれていた。第三巻第五章でボダンは、高官職つまり *munus magistratuum* は、*Respublica* に属する（*proprium sit*）のか、君主に属するのか、そうではなくて、高官自身に属するのか、という問題を提起した[87]。ボダンの答えは、高官の任命〔*creatio*〕（フランス語では *la provision*）は君主に属するけれども高官職は *Respublica* に属するのであって、ちょうど王位の譲渡に必要なように、官職の譲渡（つまり、それについての世襲的な権利を与えること）には全身分の承認が必要だ、というものであった。全身分による同意がない場合には、高等法院は、譲渡を妨害することができた（特に第六巻第二章での議論を参照）。

こうした根本法の地位は、ボダンの読者をしばしば悩ませてきた。主権よりも上のものが全身分に存していたことを示唆するように思われるからである。しかし、これについての最も良い考え方は、根本法を、ボダンが「国王的な」君主政と「家長的な」君主政との区別と結びつけることである。「家長的な」君主政（*monarchia regalis* と *unius dominatus*）の間で行った根本的な区別と結びつけることである。

が「臣民に対して自らに服するように求めるように、自らは自然法に服することとし、臣民は国王の奴隷である。国王が「臣民に対して自らに服するように求めるように、自らは自然法に服することとし、各人にはその自然的な自由と自らの財産に対する所有権を認める」場合には、「国王的な」君主政があらわれる。「敵の国を正当に征服した」家長的な君主が「その敵に、自由、自己の所有権と財産の所有権を返してやる」場合には、この「国王的な」君主政が生じよう[88]。臣民が自ら有しているものに所有権をもっているのは重要な事実である[89]。たとえば、ボダンは繰り返し、個人の所有権を必ず尊重する必要があるからこそ、王国領土が譲渡不可能であると説明する。

そのため、君主は自らの臣民に課税をしたり、その財産を没収する方法を探したりするべきではない。すべての人民や君主は、公産〔domaine public〕が神聖なもので、契約によるにせよ時効によるにせよ譲渡不可能でなければならないということが、一般的で明白な法律であると考えなければならない[90]。

他方で、サリカ法は、端的に人に対する支配権を与える自然法の帰結とされていた[91]。そのため、ボダンによれば、（フランス国王が、たとえば、もし臣民が奴隷だというのであれば無意味になるはずの民事訴訟制度を認めることで行ったように[92]）自然法に従って統治し、臣民の所有権を尊重することを約束した国王は、国王よりも制度的に上位にあるものがいない場合であっても、必然的に限られたことしかなしえなかった。臣民の所有権があるのだから、国王がそれを臣民から奪う前に同意が必要になるので、全身分が関わっていた（ただし、ボダンによれば、戦争や重大な必要の場合には例外である。このときは、同意なしの課税が正当であった。実際のところ、ボダンは、これが、税金が取り立てられるべき唯一の時点であると考えていたようである[93]）。

（ここでもしばしばいわれてきたことと異なって）ボダンが、『国家論』では、自由な臣民を奴隷の地位に格下げしようとする君主に対して暴力的に抵抗することが正当化されうるとさえ論じる傾向にあったことを付け加えるべきであろう。第三巻第七章では、ボダンは、その過酷な統治ゆえに一三七九年にヘント市民たちが反乱を起こすに至ったフランドル伯ルイ二世〔Louis de Male〕について語る。反乱が鎮圧された後、市民たちは「進んで慈悲と許しを乞うた」が、ルイは、「それを受け入れず、彼らに対して、首に端綱をくくりつけて市を出て許しを乞いに来いというような、自由な人民にはおよそ受け入れられない非常に厳しい条件を突きつけた」。市民たちは拒絶し、次の反乱で伯を倒した。

したがって、自暴自棄になった臣民ほど勇ましい者はおらず、古代ローマの元老院議員が述べていたように、必要な戦争ほど正しいものはない。市民たちは、刑罰が避けられなかったことに加えて、死よりも悪質な恥辱を受けねばならなかった。名誉ある人間にとって、恥辱は常に、死そのものよりも恐ろしいのである。[94]

このような確信は、ボダンが「全国的な反乱は反乱と呼ぶべきではありません[95]」と述べて一五八〇年代後半の旧教同盟支持に転向したことの背景にあった。ボダンは『国家論』では、こうした君主権力に対する根本的な制約に加えて、『方法』では示唆していなかった「法律」と「契約」の区別を行った。国王と臣民の間で結ばれた契約は、国王の命令（*fiat*）によって無効にされえず、むしろ裁判所により臣民どうしの契約と同じように取り扱われるべきである。その結果、ボダンは、（すでに見たように）この争点について高等法院がシャルル九世に短い間抵抗したことを称揚し、ゆがめて伝えている。つまるところ、君主に対する法的な制約の問題について、回答は両著作で概ね同一であるように見えるものの、完全に一貫した回答を引き出すことは難しいことを認めなければならない。

第二章　グロティウス、ホッブズ、プーフェンドルフ

主権と統治の間の新たな区別は比較的議論を生まなかったと思われるかもしれないが、実際はその逆であった。一七世紀と一八世紀にわたり、その区別は論争の中心にあり、最も急進的な著述家のみがボダンの側につこうとした。明らかに、ボダンの批判者を困惑させたのは、まずもって彼の諸見解のうち君主政の理解に対してもつ含意であり、とりわけ共和政ローマと元首政についての彼の説明であった。というのも、一七世紀の読者たちは、それまで常に近代国家にとって魅力と模倣の最大の源泉であり続けていた政治構造が、この説明において民主政と解釈されていたことに当惑したからである。この具合の悪い論点を提起することなく主権と統治の区別を用いることができた唯一の理論家の集団は、フランクリンによって研究された、ドイツの国制研究者の集団であった。彼らは、主権と統治の区別を用いて、ボダンがかつてフランスについて提示したのと同一の図式、すなわち、君主たる主権者と、貴族あるいは（バーソロミュー・ケッカーマン〔Bartholomew Keckerman〕に至っては）民衆の統治という図式によって神聖ローマ帝国（German Empire）を分析した。[1] しかしドイツの外では、主権と統治の区別を支持することは、一般的には急進的な政治的立場を提言することと同義であった。

このことは、ジェイソン・メロイ〔Jason Maloy〕が示してきたように、イングランドの初期の独立派[i]あ

るいは「ブラウン派[ii]」が、ボダンの思想をこの分野において利用することで彼らの革命的な教会論思想を明瞭にしたという事実によって、見事に例証される。[2] ブラウン派が教会の統治に民主政を持ち込んでいる、と訴える（主として）プレスビテリアン[iii]の批判者に抗して、独立派筆頭の理論家であったジョン・ロビンソン〔John Robinson〕は、（「ボダン『国家論』第一巻最終章」を引用しつつ）次のように主張した。

唯一の仲保者でありその君主であるキリストのもとにある教会の外部的統治は、明らかに貴族政であり、選出された一定の人々により統治されていると、我々は信じる。それは、多くの者が無知にも統治と混同している国家が、曲がりなりにも民主的で、民主政であるとしても、同様である。このことから、教会について選挙において自由に投票し自由に判断することは、人民に帰属する。別の点について言えば、キリストによって与えられたことが何であれ、投票時においてすらも適正な自由のもとにあるよう人民を統治することは、長老にふさわしい事柄である。[3]

つまり、ボダンの用語法における国家、すなわち主権者は、会衆が教義を決定し牧師を選出するという意味において民主政であったが、統治は、運営上の諸決定を行うのが長老からなる委員会であったという意味において貴族政であった――もっともロビンソンは、そうした諸決定は「会衆の面前において」行われるべきであり、秘密裡に行われるべきではないと主張していたのだが。[4] このことが示すのは、ローマの国制に関するボダン自身の議論においてそうであったように、政務官（magistrates）の選出のみならず基本的事項の決定までもが人民の集会によって行われるシステムに、ボダンの区別が非常にうまく当てはまった、ということである。ロビンソンの思想は、ニュー・イングランドの会衆派[iv]入植者たちに大きな影響を与え、彼らが教会とタウン・ミーティングの両方において用いた統治システムは、まさにロビンソンが描いたものであった。これはさらにアメリカの革命派の憲法思想にも寄与した可能性もあるが、このテーマは最終章で取り上げよう。

イングランド革命が勃発したときにも、ボダンは急進派によって参照され続けた。たとえば、議会派筆[v]頭の代弁者であったヘンリー・パーカー〔Henry Parker〕は、一六四三年に行われた『ローマ書』一三章一節（「あらゆる魂はより上位の権力に服させよ」）に関するオックスフォードの大主教アッシャー〔James Ussher〕による説教——ここにおいてアッシャーはついでながらに、「ネロこそが、ローマ人が服従すべき権力であった」と論じた[5]——に応じた。パーカーは、元首の根本的性質に関するボダンの議論を引用することで応答した。すなわち、「彼〈ボダン〉は重要な政治家であっただけでなく、学識のある法律家でもあったから」、「我々の偉大なるアイルランド大主教が、ウェスパシアヌス帝以前のローマ帝国にとっての聖パウロの真意を伝え、それによって抵抗不能な主権を明らかにするとき、……彼は我々を、王権にも

---

i　個々の教会が、国教会などの外部的な権威ないしヒエラルキーに服するのではなく、独自の自治組織を保持し、運営されるべきであるという立場。

ii　イングランドのピューリタンで非国教徒であるロバート・ブラウン〔Robert Browne〕の教会統治制度を信奉した人びと。彼の諸原理は、いくらか修正を加えられながら、独立派の諸原理となった。

iii　長老派教会と訳されることがある。この立場によれば、教会には長老（presbyter or elder）以上の存在はなく、新約聖書において主教（bishop）も長老も区別されていないとされる。したがって、それぞれの教会の統治は長老たちから成るセッションによって運営される。

iv　教会体制の一種で、あらゆる立法、懲戒、裁判機能は、個々の教会または信者から成る各地域の会衆に委ねられるべきであるとするもの。国教会や長老などの介入を否定し、会衆たち自身で独立して協同の義務を実践すべきであるとした。

v　イングランド内戦の際に議会側についた人々。しばしば王党派と対比される。

貴族政的権力にも民主政的権力にも向かわせていない」ことを示す、と。[6] 同様に、国王に反対する議会の行為についての公式の弁護であるウィリアム・プリン〔William Prynne〕『議会と王国の主権』も、ボダンのこの側面をとらえていた。

教養あるローマ法学者であったジャン・ボダンは、明らかに次の点を示している。すなわち、ローマ皇帝は第一人者であり、国家の国王に他ならないが、そうであるにもかかわらず、主権はなお人民および元老院に属する、と。だからこそ、この国家は元首政と呼ばれてきたのである。[7]

また、『布告に対する穏当かつ最も適切な応答』（一六四二年）は、フランドルのルイ二世に関するボダンの議論を引用し、次のように宣明した。「もし議会に戦争が必要であり、また必要な戦争が正当であるならば、それは間違いなく正戦であって、反乱と呼ばれることは決して正当ではない」（sig. A4v）と。

王党派は、こうしたボダンの利用に抗して押し返し、代わりに世襲君主への武装抵抗に対する彼の敵意を強調した。[8] これが頂点に達したのは、ロバート・フィルマー〔Robert Filmer〕の『あらゆる国王の絶対的権力の必要性――特にイングランド国王のそれについて』（一六四八年）においてであった。同書は、ボダンの『国家論』のノールズ〔Richard Knolles〕による翻訳からの一連の抜粋であった（『国家論』は、もともと匿名で謝辞もなく出版されたものであった――もっとも、一つの異本にはタイトルページに「ジョン・ボダン（John Bodin）、ジュネーヴ教会のプロテスタント」とあったが）。しかし、フィルマーですらも共和政ローマに関するボダンの思想には困らされており、自身の『アリストテレス政治学論考』（一六五二年）においてそれらを論駁するのにいくらか苦労したが、そこで主権／統治区分を明確に否定した。

> ボダンの見解によれば、ローマの国家において統治は政務官に、権威と諮問は元老院に属するが、主権と大権は人民に属する（第二巻第一章）。したがって彼の第一巻において、彼の理論は次のようなものである。すなわち、古代ローマ人によれば、命令権（*Imperium*）は政務官らの権利に、権威（*Authoritatem*）は元老院の権利に、権力（*Potestatem*）は平民の権利に、大権（*Majestatem*）は人民の権利に、それぞれ属するといわれた。命令、権威、権力、および大権というこれら四つの言葉は、通常、一つの同一の事柄を表す。すなわち、主権、至高の権力である。私には、ボダンがそれらを区別する方法を知っているとは認めることはできない。なぜなら、それらはいくつかの担い手に属する別個の権能ではなく、それぞれに付与された一つの同一の事柄だからである。また、命令権、権威、権力、および大権はすべて、もともと執政官のもとに属していたからである。……ボダンが非常に強調する人民の命令は、まさしく執政官の命令、すなわちケントゥリア民会の助言または同意による執政官の命令であった。[9]

したがって、共和政ローマにおける君主政的要素であった執政官は、（フィルマーの説明によれば）イングランドの国王のように統治したのであり、国王は議会から助言は得るが指図は受けなかった。

ボダンの区別への最も重要かつ理論的に射程の広い批判は、しかしながら、相対的には注意を引くことが少なかったフィルマーによってではなく、一七世紀前半で最も影響力のあった理論家であるフーゴー・グロティウス〔Hugo Grotius〕によってなされた。グロティウスは、ボダンの著作に常に非常に低い評価を与えていた。彼はボダンについて、（ギー・パタン〔Gui Patin〕との一六四三年の書簡において）「多くを知っているが、きわめて混乱」しており、また「彼の『国家論』は大著だが、誤りに満ちている」と評していた。また、友人のジャン・ド・コルド〔Jean De Cordes〕への一六三四年のある書簡において、グロティウスはボダンのことを常々「言葉より事実に没頭する男」であり「ギリシア語の素養がほとんどない」人物だと考えてきたと述べた[10]。一六〇二年にはすでに、彼は共和政ローマにおける主権の所在に関するボダンの見解に疑問を呈していた。ボダンの『諸国家の比較』の（現在では散逸した）一部――そこにおいて彼はローマの統治について論じていた――に関するある友人のコメントへの返信において、彼は次のように述べた。

共和政ローマについていえば、君と同様、私もボダンと意見を異にする……。私が思うに、最良の状態にあった共和政ローマは、アリストテレスが「いわゆる共和政（polity）のなかで寡頭政の側にいっそう傾いている国制」と定義した貴族政の一例である……。というのも、ボダンが主権〔*ius Maiestatis*〕と呼ぶ最高位の権威は戦時において人民にあったかもしれないとしても、統治の遂行（administration of government）〔*rerum administratio*〕、およびあらゆる可能な奉職（*καὶ πάντων τῶν τυχόντων διακονία*）が、普通に、そして――いわば――日常的に、見出される数多くの証拠が存在するのだから。ローマにおいてかの権力が最高位者たち（*optimates*）にあったことを否定する者がいるとは、私には思われない[11]。

したがってグロティウスは、主権者は表面にある日常の統治機構のもとに沈潜しうるものであって統治から区別されうるとのボダンの見解の価値に、すでに疑問を呈していた。彼の考えでは、現実の統治遂行（administration）こそが主権者であった。

一六二五年の『戦争と平和の法』において、彼はこの論拠を、最も難しい事例、すなわちローマにおける独裁官に適用した。本書第一章で示したように、ボダンは独裁官を、見かけ上は全権力をもつようだが主権者ではない支配者の典型例として用いていた。グロティウスはこの例を正面から論駁した。

我々は事物それ自体と、それを享有する方法とを区別しなければならない。その区別は有体物においてのみならず無体物においても存在する。なぜなら、地面を通る通行権や貨物運送権は、地面それ自体が事物であるのと同じく事物なのであるから。しかし、完全な所有権によってこれらをもつ者も、用益権によってもつ者も、一時的権利によってもつ者もいる。このように、ローマ人のなかで、独裁官は一時的な主権者であった。凡そ国王は、最初に選出された者も、法律によって定立された秩序に従って彼らを継承した者も、用益権によって主権を享受する。しかし、完全な所有権によって王位をもつ国王もいる。それは、征服の権利により主権を獲得した者や、より大きな害悪を避けるために人民が無条件で服従したところの者である。また私は、それが永続的でないからという理由でローマの独裁官は主権をもたないと述べる者にも同意することができない。なぜなら、道徳的なものの本性は、その作用によって知られるからであり、だからこそ同一の効果をもつ諸権力が同じ名前で呼ばれることとなるからである。ところで、独裁官は、自身の職務期間全体にわたり、最も絶対的な君主と同様の権威をもって政治政府のすべての行為を執行したのであり、彼の過去の行為は他のいかなる権力によっても無効とされえなかった。そして、ある事物の連続性がその本性を変えることはない。もっとも、当該問題が一般的に大権（Majesty）と呼ばれる尊厳に関わるものである場合には、疑いの余地なく、永続的な権利をもつ者は、一時的に権利を享受する者より強大な大権を有する。なぜなら、

> 〈権力の〉保持の仕方が尊厳を増すのだから。同様のことは、次の場合にもいいうる。すなわち、国王が年少期、精神障害の間、捕虜の間といったときに王国の摂政が指名される結果、摂政が人民には服さず、法律で定められた時期までは権威が奪われえないこととなる場合である。
>
> 　しかし、いつでも解任されうる不安定な権力をもつ者については、上記のことはあてはまらない。たとえば、嫌だと思う場合に人民が罷免することができる、アフリカにおける古代のヴァンダル人の王やスペインにおけるゴート人の王などのように。そうした王が何をしようとも、彼は、彼に権力を委ねた人々によって廃されうるのであり、取消しの対象となる。したがって、彼の権威の行使が真の主権者の行為と同一でないのと同様に、その権威も同一ではないのである。（第一巻第三章第一一節第一項、また第一巻第三章第八節第一項をも参照）〈邦訳第一巻一五七—五八頁、一四四—四五頁〉[12vi]

グロティウスがこうした独裁官についてのボダン以前の見解を擁護することができたのは、彼自身の主権論が多くの点においてボダンの先行者たちの見解に類似していたからであった。もっとも、彼は新たな理論的洗練を与えたのだが。彼は自身の理論を第一巻第三章第七節〈邦訳第一巻一四三—四四頁〉の簡明なパッセージにおいて展開し、そこで主権的権力（*summa potestas*）の定義を行った。

> その行為が他者の権力に服さず、したがっていかなる他の人間の意思によっても無効とされえないところの者が、至高と呼ばれる。私が「他の人間」と言うとき、主権者自身を除いている。なぜなら、彼は自身の意思を変えることが許されるからである。また、彼の後継者も除く。なぜなら、彼は主権者と同一の権利を享受し、したがって同一の権利を有するからである。そして、除くのは彼らに尽き

る。では、この主権的権力［*summa potestas*］がどのような担い手（subject）をもつのかをみてみよう。担い手は、共通（common）か固有（proper）かのいずれかである。あたかも視覚にとって身体は共通の担い手であり、目は固有の担い手であるのと同様に、主権の共通の担い手は国家［*civitas*］であり、それは人間の完全な団体［*perfectum coetus*］と私が先述したものである……。固有の担い手は、各々の国民（Nation）［*gens*］の法律および慣習に照らした単数または複数の人格である。

彼が述べたように、彼は前の部分で国家（*civitas*）を「自由人らによる完全な団体［*coetus perfectus liberorum hominum*］であり、自身の諸権利を平和裡に享受し、共通の利益のために共同して組織したもの［*sociatus*］」（第一巻第一章第一四節）〈邦訳第一巻一六三頁〉と定義していた。彼はこの完全な団体（*coetus perfectus*）を、国家（*civitas*）、国民（*gens*）、そして（最も広義には）人民（*populus*）と、区別せずに用いていた。

---

vi　原注12にあるとおり、タックは *De Jure Belli ac Pacis* の英訳版を使用している。この英訳は、バルベイラクによる仏訳を英訳したものであり、大部分が John Morrice の手によるとされる（"A Note on the Text", in Richard Tuck (ed.), *The Rights of War and Peace* (Indianapolis: Liberty Fund, 2005) p. xxxv）。本章の翻訳にあたっては、タックの意図を伝えるという観点から、既存の邦訳——これらはラテン語版からの邦訳である——を参照しつつも、英訳版を独自に翻訳した。既存の邦訳としては、次のものがある——全訳として、一又正雄訳『戦争と平和の法（一）、（二）、（三）』（巌松堂、一九五〇・五一年）、「序論」と「第一巻第一章」について、渕倫彦「グロティウス『戦争と平和の法・三巻』（Ⅰ）—「献辞」および「序論・プロレゴーメナ」—」『帝京法学』第二六巻第二号（二〇〇九年）「グロティウス『戦争と平和の法・三巻』（Ⅱ・完）—「第一巻第一章」および「人名表」—」『帝京法学』第二七巻第一号（二〇一〇年）。本章では、全訳であり全体にわたって参照可能であるという便宜の観点から、邦訳として一又正雄訳の対応箇所を記載してある。

この短いパッセージは、次の百年あまりにわたって非常に影響力をもった。その議論の要旨は、後に見るように、ザムエル・プーフェンドルフ〔Samuel Pufendorf〕によって採用され、彼の二重契約説——第一の契約は諸個人の間で政治社会（civil society）を形成するために行われ、第二の契約では支配の類型を決定する——によって、より体系的形式を与えられた（この点については本章の後半で詳述する）。翻って、プーフェンドルフの考えは『社会契約論』におけるルソーの主要な標的の一つとされた。プーフェンドルフと異なり、グロティウスは完全な団体（*coetus perfectus*）が形成される過程について詳述しなかったが、彼もまた、それを作り出す人々の間での合意によって生み出されると考えていたと思われる。だからこそ彼は、主権者が彼の国家の一部を譲渡することができるかについての議論で、次のように述べたのである。

> 国家の一部を譲渡する場合には、さらに別のものが必要となる。すなわち、それは譲渡されることとなる当該部分の同意とともになされなければならない。なぜなら、人間が国家〔*civitas*〕を形成するとき、彼らは、不可分（*integral*）と呼ばれる諸部分を考慮に入れて、一種の永続的かつ永遠の社会を形成するからである。そこから、これらの諸部分は、身体の生命にまったく依存し、したがってその全体のために正当に切り離されることがありうる自然的身体（Body）の四肢ほどは全体（Body）に従属しない、ということが導かれる。なぜなら、我々がいま論じているこの身体は、契約および合意によってのみ形成される身体とは、まったく異なる本性を有しているのだから。それが特定の構成員に対してもつ権利は、最初に形成した者たちの意図によって決定されるべきである。そしてそのような身体は、好きなときに構成員を切り離し、他者の支配に服させるよう権力を委ねられたものとしては、けっして合理的に想定されえない。（第二巻第六章第四節）〈邦訳第一巻三八九頁〉

またグロティウスによれば、このようにして形成された社会は、当然に諸問題を多数決投票によって決定する。幅広い種類の統治構造が可能でありうる仕方について議論した第二巻第一四章第一二節〈邦訳第二巻五七八―七九頁〉で述べたように、

あらゆる社会には、あらゆる個人と同様に、自身またはその主要部分によって自己を拘束する権能（Power）がある。この権利（Right）は、明示的に、あるいは、たとえば主権の譲渡などの必然的な帰結により、譲渡されうる。なぜなら、道徳において、目的を与える者は、目的に通ずるすべての事物を与えるのだから……。しかし、このことには制約や限界がないわけではなく、それどころか、無制限の権能（Power）は信託の利益にとって不要であるのと同様に、国家のよき統治にとっても不要ですらある。それは、当該権限の本性が必要とする範囲に限られる。

彼はその前に、多数決主義の自然性について第二巻第五章第一七節〈邦訳第二巻三六一頁〉で説明していた。「多数派が少数派によって統治されるべきであるというのは、まったく不合理である。したがってまた、諸問題の解決方法について定める契約や法律がまったくない場合であっても、多数派は当然に全体についての権利と権威を有することとなる」。

したがってグロティウスは、「共通の担い手」が多数決投票によって諸問題を決定すると想定していた。しかし同時に、彼はそれを民主主義的な類の「固有の担い手」と区別しようとした。共通の担い手が行動した場合、それは民主的立法者たる主権者として振る舞うのではない。仮にそうした主権者がいるのだとすれば、まず主権の固有の担い手を民主政とする多数決が団体（*coetus*）内部でなされなければならない

が、グロティウスはこれが必要であるとも望ましいとも考えなかった。これは理解が難しい考えであり、後に見るように、プーフェンドルフはグロティウスの定式を修正しようと苦心し、最初の団体（*coetus*）は明らかに民主政ではないとした。しかし、いかにして人民ないし国民が主権者とは別に同一性をもつか、という点についての彼の説明をたどることで、グロティウスの区別の要点について一定の理解を得ることができる。彼はこの点について『戦争と平和の法』第二巻全体で取り組んでおり、とりわけ第二巻第九章において、この点の解明に最も接近した——同章は、アナベル・ブレット〔Annabel Brett〕の近著[13]という優れた例外を除き、近年のグロティウス研究者によって奇妙にも無視されてきた章ではあるのだが。同章の表題は「支配権（jurisdiction）〈imperium〉と所有権が停止するとき」であり、そこでグロティウスは、人民が存在しなくなる状況に関する彼の諸見解を叙述した。彼は人民を次のようなものとして説明する。

> 独立かつ別々の構成員により構成されるが、名において統合している機関（Body）の一つであり、プルタルコスの言うところの ἕξιν μίαν、すなわち一つの国制のみを、パウルスの言うところの *Spiritum unum*、すなわち一つの魂のみをもつものである。ここにいう人民における魂、すなわち国制は、政治的生のための完全かつ完成された結社〔*consociatio plena atque perfecta*〕である。そして、その最初かつ直接の効果は、主権〔*summum imperium*〕、すなわち、国家を結びつける紐帯、セネカの表現では、何千もの者が吸い込む生命の息吹、である……。（第二巻第九章第三節）〈邦訳第二巻四六四頁〉

一つの国制〈との文言〉は、グロティウスのテクストの一八世紀の翻訳者によって追加されたものである。原著のこの箇所では、グロティウスはギリシア語をラテン語に訳さないままにしており、彼はその次の行においても同様にした——「魂、すなわち国制」は *spiritus sive* ἕξις である、と。しかし、一六四二年版に、ヘレニズム時代の数学者であるサモスのコノン〔Conon of Samos〕による同一性の担い手に関する長大な引用とともに付された注において、グロティウスはコノンの ἕξις を、*tenor* と、すなわち連続性と翻訳した。[14] 河川やアルゴナウタイの舟——これらは古代の哲学書の典型的な例であった——のように、人民を構成する諸個人が死にゆき、入れ替わるという事実にもかかわらず、この魂（*spiritus*）あるいはこの連続性（*tenor*）によって、人民は、時間を超えて同一性をもつ。もっとも、グロティウスは引用の嵐において、どのようにしてこうなるのかを詳細には説明しないままであったが。

彼によれば、この「魂」によって結合した人民は、個々の諸市民が殺されたり、互いに遠く離ればなれにされたりするという文字どおりの破壊、すなわち、すべてのあるいは完全な法の共同性を〔aut omni, aut perfecta iuris communitate〕失うこと——つまり、法秩序を完全に失ったり、人民が独立性を失うほどに重大なものを失うことと解することができる——によってのみ、消滅しうる。

リウィウスが我々に伝えるところでは、ローマ人は、カプアが都市として居住されるべきであると決めたが、政治機関、元老院、平民会、政務官、裁判権は置かれるべきではなく、従属した群衆（dependent Multitude）〔*sine imperio multitudinem*〕[15] を置き、ローマから属州長官が派遣され、彼が当地での司法を行うべきである、としていた。また、したがってキケロは、ルッルスに反対する人民への自身初めての演説において、カプアにはもはや「国家の〔*reipublicae*〕影すらも残されていない」と述べている。（第二巻第九章第六節）〈邦訳第二巻四六七頁〉

たとえ人民がその後再び同じ場所で集まったとしても、先の連続性の破壊は、彼らを新たな人民とするのに十分である。

舟と同様に、人民は、諸部分の解体によって、完全に破壊される。なぜなら、その全体の本性は永続的な結びつきに［*perpetua coniunctione*］あるからである。したがって、サグントの都市は、住民が追放されてから八年後に元の住民が戻ったとしても、同じではなかったのである。（第三巻第九章第九節）〈邦訳第三巻一〇五五頁〉

人民を結びつける精神は、主権の「固有の」場を構成する統治の形式とはまったく独立である。

ローマ人は、国王、執政官、および皇帝のいずれのもとにあっても同一であった。否、統治がこの上なく絶対的であったとしても［*etiamsi plenissimo iure regnetur*］、支配者が他の人民ではなくローマ人民の頭として支配する間、人民はかつて自由であったときと同じ人民である。なぜなら、頭としての国王にある主権的権力［*imperium*］は、頭が部分を成す全体としての人民にあるのだから。したがって、選挙により決められる国王が死去した場合、あるいは王家が断絶した場合、主権［*ius imperandi*］は人民に返還される。（第二巻第九章第八節）〈邦訳第二巻四六八頁〉

また（彼の考えでは）異なる諸人民が必ずしも一つの団体になることなく同一の主権者を共有することすらありえた。

自然的身体においては一つの頭が複数の身体に属することはありえないが、観念的身体〔*morale corpus*〕においてはありうる。なぜなら、同一の人格が異なる熟慮のもとで、別個の複数の身体の頭でありうるからである。このことの確かな証明は、統治者一族の断絶のときに主権がそれぞれの人民に返還されるということに見出される。（第一巻第三章第七節）〈邦訳第一巻一四四頁〉

さらに、人民は独立の人格を失うことなく外国の国家（*civitas*）に支配されることもありうる。しかし、支配者一族の断絶といった出来事が起こらなければ、主権的権力は（いわば）人民のなかに観念的（virtually）にしか存在しえない。すなわち、おのずからそれを示しうるいかなる制度的手段もないのである。彼は、著名な第一巻第三章第八節〈邦訳第一巻一四四―五三頁〉での議論[16]において特に、人民がその統治者についてまったく権利を有していないこと、また、人民として存在しなくなることなしに、したがってまた「共通の」担い手として主権を失うことなく、奴隷と同等となることもおおいにありうる、と繰り返し主張した。さらに彼は、人民とその統治者の間の関係を表現するのに（観念的）代表という中世の言語をよろこんで用いた。したがって、第二巻第二〇章第二四節〈邦訳第二巻七三〇―三一頁〉において彼は次のように述べた。

立法者は自身の諸法律によって何らかの仕方で拘束される。しかしながらこのことは、……立法者が共同体の構成員とみなされる場合のみに限られ、彼が国家の代表者であり、その権能と権威を有しているとみなされる場合には、あてはまらない〔*quatenus auctor legis ut pars civitatis spectatur, non qua civitatis ipsius personam atque auctoritatem tollere*〕。

また、別の箇所で彼は、ルイ敬虔王〔Louis the Pious〕が都市ローマを教皇パスカリス一世に譲渡したとき、ルイ敬虔王は実際にはローマの人民に返還しているのだと述べた。

かつてローマの人民から当該都市に対する主権を受け取ったフランス人は、当該国家〈フランス〉の第一身分の長として人民を代表する者の人格において、正当にもその主権を同一の人民に返還したのである。〔*cujus populi quasi personam sustinebat, qui primi ordinis princeps est*〕（第一巻第三章第一三節）〈邦訳第一巻一六三頁〉

これらの諸前提からグロティウスが導出した実践的帰結によって、彼の思考が明確になる。第一に、ボダンとは異なり、彼の考えでは支配者は一般的に彼らの先行者の負債に完全に拘束される。なぜなら、他国に対して債務を負ったのは法的存在としての人民だからである。したがって、たとえば「自由な人民によって結ばれた負債は、いまや王の支配下にあるからといって、負債ではなくなることはない。なぜなら、人民は同一であり、人民としての彼らに属していた物への所有権を彼らは保持し続け、また主権も同様に保持するからである。もっとも、それはもはや身体によってではなく頭によって行使されるのではあるが」（第二巻第九章第八節）〈邦訳第二巻四六九頁〉[17]。第二に、（主権の固有の担い手という意味における）主権者が、諸人民を統合あるいは分割する場合になしうる事柄については、重大な諸制約があった。人民は、統合されなくとも他の人民と主権者を共有することがありうる。

自然的身体においては一つの頭が複数の身体に属することはありえないが、観念的身体〔*morale cor-*

pus］においてはありうる。なぜなら、同一の人格が異なる熟慮のもとで、別個の複数の身体の頭でありうるからである。このことの確かな証明は、統治者一族の断絶のときに主権がそれぞれの人民に返還されるということに見出される。（第一巻第三章第七節）〈邦訳第一巻一四四頁〉

このことは、グロティウスのような愛国的オランダ人にとってきわめて重要であった。なぜなら、革命前にネーデルラントは独立の国民の同一性を失う（あるいはそのようにオランダ人が信じる）ことなくスペインと主権者を共有していたからである。[18] さらに、王や他の支配者は、社会全体に対する自身の主権を他の統治者に移譲する権限があった――「家産的」王国の場合には一方的に、そうでなければ一定の形式による人民の同意によってなされる。しかし、家産的国王であっても、自身の王国の一部を同意なしに移譲することはできない。

国家の一部を譲渡する場合には、さらに別のものが必要となる。すなわち、それは譲渡されることとなる当該部分の同意とともになされなければならない。なぜなら、人間が国家［*civitas*］を形成するとき、彼らは、不可分（*integral*）と呼ばれる諸部分を考慮に入れて、一種の永続的かつ永遠の社会を形成するからである。そこから、これらの諸部分は、身体の生命にまったく依存し、したがってその全体のために正当に切り離されることがありうる自然的身体（Body）の四肢ほどは全体（Body）に従属しない、ということが導かれる。なぜなら、我々がいま論じているこの身体は、契約および合意によってのみ形成される身体とは、まったく異なる本性を有しているのだから。それが特定の構成員に対してもつ権利は、最初に形成した者たちの意図によって決定されるべきである。そしてそのような身体は、好きなときに構成員を切り離し、他者の支配に服させるよう権力を委ねられたものとしては、けっして合理的に想定されえない。（第二巻第六章第四節）〈邦訳第二巻三八九頁〉

この一点において、人民の継続的な存在が脅かされた場合に、彼らは最も絶対的な支配者に対してすら果敢にも、集団として権威を保持し続ける。グロティウスは、近代のローマについてすら人民の同一性に関する彼の考えの含意すべてを採用するつもりであり、第二巻第九章の悪名高い一節において次のように述べた。

ローマ人民は、外国人と混じり合ったとしても、現在でもかつてと同一であると、私は述べる。また、ローマ帝国はいまだに、彼らのもとにあるままである。ちょうどそれが存在し生存した身体のもとにあるままであるように。なぜなら、昔のローマ人民が皇帝を戴く以前にどのような権利をもっていたとしても、彼らは、皇帝の死亡時に継承者が定められるまでの間に、同じことを行う権利を有しているからである。（第二巻第九章第一一節）〈邦訳第二巻四七〇―七一頁〉

したがって、

ドイツ人に固有の慣習によれば、ドイツ人の全体を代表する七選帝侯によって選出された者こそが、疑いの余地なくドイツ人を統治する権利を有する。しかし彼は、ローマ人民の承認によってのみローマ人の国王または皇帝になり、あるいはしばしば歴史家が評するように、イタリア王になる。また、その資格（Title）によって、彼は、かつてローマ人民に属し、かつ、条約によってもあるいは放棄されたとの想定のもとで占領によってもあるいは征服によっても、いかなる者の支配にも譲渡されていない、すべてのものの長となる。そこから我々は、王座が空位となったときにいかなる権利によってローマ教皇がローマ帝国の封土を賦与するかを容易に理解することができる。なぜなら彼は、その時点で完全に自由かつ独立のローマ人民のうちの第一人者の地位にあるのだから。また、機関全体に関わる事柄が機関の名において［*nomine*］第一人者によって執行されるのは通常のことだからである。

バルベイラク〔Jean Barbeyrac〕は、同時代の多くのグロティウス読者と同様に、右の点を受け入れることができず、次のように述べていた。「我々の著者はこの節について非常に批判されてきた。またそれは理由なしに述べられたものではありえないと言わなければならない」と。もっとも彼は、教皇への単なる盲従との誹りからグロティウスを擁護しようとした。「私の著者は、誠実かつ真摯に特定の諸原理の帰結に従ったのだと私は信じている。実際にはそれらは誤っていたのだが、表面上はもっともらしいがゆえに彼を惑わせるに至ったのである」。

とうとう我々は、ローマの独裁官は一時的な主権者であり、主権的人民の単なる代理人ではないと言うのが正当だとグロティウスが考えていた理由を、理解することができる。主権の共通の担い手としてのローマ人民の同一性は、独裁官のもとでそのまま保全されており、ローマのすべての歴史のうねりを通じて、さらに今日に至るまで、そうであり続けた。しかし、法の源泉である固有の担い手は、国家（*civitas*）の内側でも外側でも、永続的にも一時的にも、あらゆる場で見出されうる――実際には、グロティウスの説明において永続的な固有の担い手を期待するのは、いくぶん不当であろう。なぜなら、一方で人民の永続性はアルゴナウタイの舟のように共通の担い手としての継続的な同一性によって与えられるが、固有の担い手の同一性は、年によっても、あるいはさらに短い期間によってもさまざまでありうるし、主権者たる民主的集会は、同じく主権者である独裁官によって六か月にわたりとって代わられることもありうるのであるから。[19] 疑いえない立法または支配権の場がどこであろうとも、またどれほどの期間であろうとも、主権の固有の担い手は存在したのである。[20]

しかし——これは私のテーマ全体にとって重要な点であるが——、グロティウスにおける主権の共通の担い手は、ボダンにおける主権者ではない。それは、立法の場というより、むしろその内部で立法が効力をもつところの共同体というほうが正しいだろう。主権者による人民への攻撃あるいは政府の消滅によって引き起こされた、準革命的瞬間においてのみ、主権の共通の担い手は集団として行動することができ、しかもその場合においてすら、その活動は新たな固有の担い手の決定に限られる。したがって、グロティウスの理論の内部において、共通の担い手は、日々の立法者と対置されるボダンにおける主権者のように機能することはできない。そうではなく、いくつかの点でボダン以前の政治理論における人民——（ほとんどの事例において）観念的代表しかできない——に類似している。結局、これが、目を用いた彼のアナロジー——ある意味において人は視るけれども、彼または彼女は自身の目を用いてのみ視ることができる——の真意である。グロティウスの遺産のうち最も重要なものの一つは、次の点である。すなわち、彼はこの中世の考えを近代的形式において再定式化し、きわめてアリストテレス的な理論と中世の考えとの結びつきを切り離し、後世の者——今日に至るまでの、とまでいうことができる——に、人民を、一般には主権的権力を行使する能力をまったくもたない主権的団体として考えることを可能にした、という点である。したがって、グロティウスの理論においては主権的立法者と政府（government）との間にまったく区別がなかった。なぜなら、現実には「政府」だけが主権を行使したからである。それゆえ、——一六〇二年に彼が述べたように——政治の分析は、市民が日常生活のなかで経験する限りにおいての、社会における権力と法の現実の源泉に集中しなければならなかった。グロティウスの見解においては、ボダンの用語でいう主権ではなく統治こそが、政治の理解にとって不可欠であった。

グロティウスの主権理解は、（驚くには値しないが）国際関係における主権についての近代的理解に最も近かったともいえるかもしれない。そこでは、諸国家は、いかなる法的上位者も存在しないという意味において「主権者」であるが、内部的主権についての問いは決定されない。国際的には主権国家であっても、（近代の多くの著述家によれば）内部的にはまったく主権という場がないということすらありうる——古典的な例はアメリカ合衆国である（本書第四章で見るように、それは常に議論のある例であり続けたが）。グロティウスは、内部的主権の場は常に存在するはずだと考えていたから、〈内部的主権と国際関係における主権に関する〉前記の点を必ずしも信じていたわけではないが、しかし、国民の自律的地位および主権の保持者としての役割について我々は支配者の絶対的権力について考えるのとは異なる仕方で考える、という点については彼は固く信じていた。これまで述べてきたように、グロティウスの主要な関心は、諸国民の自律と独立に、とりわけホラントのそれにあり、[21] また統治の諸形式にかかわらず非常に長期間存在し続ける可能性——なかでもオランダの事例ではホラントを何世紀にもわたりいくつもの外国の政治的諸権威と結びつけたそれ——にあった。

こうしたグロティウス理論の理解を前提とすると、この分野において彼の主要な批判者はトマス・ホッブズであったこと、さらに、ホッブズは（私がさまざまな場所で論じてきたように）グロティウスの自然権および自然法に関するいくつかの基本的思想を受け入れつつも、グロティウスの国制思想に明示的に反対して自身の思想を作り上げたことすらありうる、ということがわかってくる。彼は、グロティウスの主権論への反対論を、『市民論』第七章、およびそれに関連する『法の原理』第二部第二章――多くの点で彼の政治理論の核心を含むにもかかわらず近代のホッブズ論において比較的等閑視されてきた二つの章である――において、展開した。[22]〈『市民論』〉第七章には、国家の第一かつ最も基本的な形式としての民主政に関する注目すべき説明に加え、民主政がとりうるさまざまな諸形式に関する広範にわたる議論が含まれている。ホッブズによれば、あらゆる種類の任期制君主政がそれらの諸形式のうちに含まれており、彼は、自身の思想を、以下でその一部を長く引用する長大なパラグラフにおいて展開した。そこでは、彼の見解がはっきりと解明され、とりわけ本書の表題を与える鮮明なアナロジーが示される。[23][vii] 同時代のあらゆる人と同様に、彼は、民主政には諸市民から成る現実の集会が含まれなければならないと想定し、また、任期制君主が創出されうる四つの場合を検討した。第一は、集会が王の死に際して再び集合する規定を置かずに王を選出した場合である。そうした場合には、民主政はその事実によってすでに崩壊しており、主権を王に移譲したこととなる。第二は、次の場合である。

王の死後に一定の時間と場所に集合する取り決めがすでになされたうえで任期制君主の選出を行い、人民が会議から離散する場合である。この場合、君主が死去したときには、市民による新たな行為なしに、従前の権利によって権限は人民のなかにかたく残る。なぜなら、空位期間全体にわたって主権的権力［*summum imperium*］は（所有権［*Dominium*］のように）人民に残るからである。その利用ないし行使のみが、用益権者としての任期制君主によって享受されるのである。

第三の場合は次のものである。

任期制君主の選挙の後、君主の在任期間中に、定められた時間と場所で会議を行うことを了解したうえで人民が会議から離散する場合、（かつてローマ人の間で独裁官が指名されたように）そうした者は君主ではなく人民の第一の臣下［*primo ministro*］とみなされるべきであり、人民は、適当と認める場合には、任期終了前でも彼から職務［*administratio*］を奪うことができる。ローマ人民がそれまで独裁官としていたクィントゥス・ファビウス・マクシムスと同等の権力を騎兵長官ミヌティウスに与えたときのように。

そして第四は次の場合である。

人民が任期制君主を指名したが、彼の命令がある場合を除いては再び会議を行うことがないままにした場合、人民はそれ以降解体され、前記の条件で指名された者に権力が絶対的に帰属する。なぜなら、権力の唯一の保持者の意思によらなければ国家を再生することは市民の権力のもとにないからである。

---

vii　原注23にあるとおり、タックは *De Cive* の英訳版については Richard Tuck and Michael Silverthorne (eds.), *On the Citizen* (Cambridge University Press, 1998) を、ラテン語版については Howard Warrender (ed.), *De Cive: The Latin Version* (Oxford University Press, 1983) を用いている。邦訳としては Warrender 版からの訳として本田裕志訳『市民論』（京都大学出版会、二〇〇八年）があるが、本章では、タック自身が英訳に携わっているという点も含め、タックの意図を伝えるという観点から、既存の邦訳には従っておらず、あえて英訳からの重訳を行っている。

また、彼が特定の時期に市民を召集するよう約したかは関係がない。なぜなら、そうした合意がなされた人格は、もはや彼の裁量なしには存在しないからである。[24]

四つの場合を説明したうえで、ホッブズは、前述のように、本書のタイトルを私に与えたアナロジーによって議論を拡張した。

我々が任期制君主を選出する人民に関するこれら四つの類型について述べてきたことは、法定相続人のいない絶対君主と比較することで、いっそう完全に明らかになるだろう。なぜなら、人民は、自身で相続人を指定しない限りそれをもちえないというような仕方において諸市民の主人（*Lord*）［*Dominus*］だからである。加えて、諸市民の会議と会議の合間は、君主が眠っている時間になぞらえることができる。なぜなら、命令という行為〈acts of commanding〉〈actus imperandi〉が一切なくとも、権力〈power〉〈potentia〉は保たれているからである。さらに、会議を再招集することができないという条件に基づく会議の解散は、人民の死であり、それは起きることのない睡眠が人の死であるのと同様である。〈第一の事例では〉もし、相続人のいないまま眠ろうとしており、かつ二度と目を覚まさなくなろうとしている（すなわち、いまにも死のうとしている）王が、目の覚めている間に主権を第三者に渡したならば、彼は相続権をも与えている。それと同様に、もし人民が任期制君主を選ぶときに、再招集する自身の権限を廃止するならば、それは国家の支配権を彼に明け渡している。〈第二の事例では〉さらに、しばらく眠ろうとする王は、主権の行使を第三者に与え、目を覚ますときにそれを取り戻す。それと同様に、任期制君主の選出において、人民は一定の時と場所において再び会議する権利を保持しており、その日には主権を取り戻す。〈第三の事例では〉目を覚ましている間に権力の行使を第三者に与えた王は、望んだときに再びそれを取り戻すことができる。それと同様に、任期制君主に対して設定された任期中に正当に会議をする人民は、望んだときに任期制君主から権力を剥奪することができる。〈第四の事例では〉最後に、眠っている間に権力の行使を第三者に与え、当該第三者の同意によってのみ目覚めることができる王は、自身の生命と権力をともに失ったこととなる。それと同様に、任期制君主の命令なしに再び会議することができないという条件に基づき彼に権力を委ねた人民は、完全に解散されており、権力は選出された人物のもとにある。

ホッブズがこれらの可能性について徹底的に突き詰めたことこそが、彼がこの主題に置いた重要性を裏づけている。右に引用した、「完全な所有権によって〈主権を〉もつ者、用益権によってもつ者、一時的権利によってもつ者がありうる」選挙による君主の主権に関する分析を行った、『戦争と平和の法』第一巻第三章第一一節〈邦訳第一巻一五七―五八頁〉におけるグロティウスの議論を、ホッブズが辿っていたのは明らかである。また、ホッブズが、独裁官は――および他の選挙による支配者はなおさら――主権者であるというグロティウスの見解を批判したいと思っていたことも、明らかである。本質的には、ホッブズは主権と統治の間のボダンの区別を再び主張していたのであり、*summum imperium* あるいは *summa potestas*、および *administratio* という同一の用語を用いてさえいた。[25] しかし、彼はさらにその先へ行こうとしていた。本書第一章で見たように、ボダンは、終身で選出された君主たちは独裁官とは大きく異なるという点を主張することに関心があった。なぜなら、彼によれば、さもなくば「世襲的な君主はほとんどいないのだから、……主権的君主はほとんどいないことになろう。とりわけ、選挙によって王位についた者は主権者ではないことになろう」からである。ホッブズは、しかしながら、当該区別の論理に断固として従い、選挙による君主は実際には主権者ではないと結論づけた。すなわち、ヨーロッパのあらゆる選挙君主政は、（暗黙裡に）実際には貴族政か民主政なのである、と。モナルコマキですらもここまで述べるに至ったことはなかった。

これらの思想の広範にわたる含意は、検討に値する。ホッブズの説明によれば、主権者は非常に深く眠ることがありうる。選挙君主政の場合、原理的には、主権者は六〇年か七〇年、あるいはそれ以上にわたって眠ることがありうる。さらに、主権者が起きている場合には、当該主権者は新たな君主を選出し、即座に再び眠りにつくことができるに過ぎない。したがって、市民の日常生活に関係するあらゆる現実の立法、および市民に対して行使されるあらゆる現実の権力は、当該君主の手中にあることとなる。しかし、君主が主権者になることはないのである。少なくともこのことは、ホッブズの主権論についてのナイーヴなオースティン的理解に疑問を突きつける。なぜなら、ホッブズの主権論が、物理的な力（strength）という意味における力（power）の場（軍事力の支配など）に対する慣習的な服従の理論ではないことは、きわめて明らかだからである。この点は、ホッブズ自身によって、『市民論』第一〇章において明らかにされた。そこでは、幼年の君主について次のように述べられている。

国家のさまざまな類型の比較のうえでの利点と欠点は、主権〔*imperium*〕それ自体や統治職務の遂行〔*imperii negotia administranda*〕が多数者に信託されるより一人にされるほうがよいとか、むしろ少人数より大人数に信託されるほうがよいとかいった事実から導かれる〔わけではない〕。なぜなら、主権〔*imperium*〕は権力〔*potentia*〕であり、統治活動の遂行〔*administratio gubernandi*〕は行為〈actus〉だからである。権力はあらゆる種類の国家で同等である一方、行為、すなわち国家の運動と作用は、多数者または少数者の、あるいは有能者または無能者のどちらの審議から生じているかによって変わる。このことが示唆するのは、ある体制の利点と欠点は、国家の権威が所在する者にではなく、主権に仕える者たちに〔*ministoros imperii*〕左右される、ということである。したがって、君主が女性であるか、少年であるか、幼児であるかは、臣下と公職者が職務の対処に適した者であるならば、国家のよき統治にとってまったく妨げにならないのである。（第一〇章第一六節）〈邦訳二一三―一四頁〉[26]

（キンチ・ホークストラ〔Kinch Hoekstra〕が、近時、ホッブズの理論におけるこの特徴の重要性を強調したばかりである）[27]。（しばしば読者を驚かせてきたパッセージにおいて）次のように主張したとき、ホッブズは、『リヴァイアサン』において劇的な仕方でそれを表現していた。

もし君主が戦争で征服され征服者の臣民となった場合、彼の臣民はそれまでの義務から解放され、征服者に対して義務を負うこととなる。しかし、彼が捕虜として捕らえられた場合、あるいは自身の身体の自由をもたない場合、彼は主権を放棄したものとはみなされない。したがって、彼の臣民は、いまや、自身ではなく主権者の名において統治している政務官に対して服従を捧げる義務を負う。なぜなら、君主の権利は残存しており、問題は統治、すなわち、政務官および公務員に関するものであり、彼らについては、君主が指名する手段をもたないならば、彼自身がそれ以前に指名した者を承認することとされているのだから[28]。

ホッブズの執筆時に、これは重要な実践的課題であった。なぜなら、国王は牢獄にいながら（あるいは直近までいたにもかかわらず）、しかし国王に任命された総督らは、チャネル諸島、ヴァージニア、また――何よりも――アイルランドといった、王党派にとって戦略的に非常に重要な多くの場に、いまだ職務を任されたままであったからである。また、ホッブズの説明によれば、牢獄にいても国王が主権者であり続けると考えることは、まったく正当であった。なぜなら、国王はたとえ何もできなくなったとしても、死ぬまでは主権者であり続けるのだから――ちょうど、彼が眠っている間に同様に動かなくなったとしても主権者であり続けるように。眠れる国王に関する仮定上の事例と投獄された国王に関する現実の事例とが描き出すのは、主権者の権力は、その権力を利用すると選ぶことに依存するのではない、ということである。なぜなら、いずれの事例においても、主権者が市民に対して権力を行使するのを選ぶことは、実際にはできないからである。むしろ、主権者がある点において自身の臣下あるいは投獄者に対して自身の優越性を主張することができるという可能性（the *potentia*）に依存する。また、投獄された国王についても、処刑者の斧が振り下ろされるまさにその直前まで可能性を保持する。

ホッブズは、『市民論』第一三章においてさらにぎょっとするような例を提示した。

> 我々は主権的権力における権利と行使を区別しなければならない。これらは分離することができるからである。たとえば、権利をもつ者であっても、裁判の処理や諸問題の審議を行うときに役割を果たせない、あるいはそれを望まないことがありうる。なぜなら、国王が年齢を理由に諸事を司ることができない場合や、能力はある場合でも、臣下や顧問を選任して彼らを通じて権力を行使するほうがより適当だと判断して満足する、といった場合がありうるからである。権利と行使［*ius & exercitium*］

が分離されていれば、国家の統治は、万物の第一原因である神が、第二原因の秩序を通じて自然的結果を生み出す世界の統治と同様である。しかし、統治権の保持者があらゆる裁判、諮問、公的行為に自身が参加することを望むならば、それは自然の秩序に逆らって神が自らあらゆる事柄に直接関与するかのようになる。（第一三章第一節）〈邦訳二四九頁〉

神もまた、眠れる主権者なのである。

さらに、主権者によって布置される統治構造は複雑なものとなることがあり、三つの伝統的な体制すべての要素を含むことがありうる。この意味において、ボダンと同様に、ホッブズは必ずしも混合政体に反対していたわけではない。彼は『法の原理』第二部第一章第一七節においてこの点を特に明確に説明した。

しかし、主権は混合されてはならず、いかなる場合にも、純然な民主政、純粋な貴族政、または純粋な君主政かのいずれかでなければならない。とはいえ、そこでの遂行においては、こうした三種類の統治のいずれもが従属的な地位とされることがありうる。というのも、次のように想定できるからである。すなわち、かつてのローマのように、主権的権力は民主政でありながら、同時に、たとえば元老院のような、貴族政的合議体を有し、また同時に従属的君主を有することもできるのである。この従属的君主とは、ある期間を限って主権全体の行使に携わった独裁官や、戦時におけるあらゆる将軍などをいう。またこれと同様に、君主政においても、君主によって選ばれた人々から構成される貴族政的合議体もありうるし、また、（君主が許可した場合に）国家の各個人全員の同意によって選ばれた人々からなる民主政的合議体もありうる。そして、このような混合が、まるで主権の混合がなされているかのような印象を生み出すのである。あたかも次のように考えるかのように。すなわち、ヴェネツィアの大評議会は、通常は何もせず、政務官、国家の大臣、軍の将軍、都市の首長、大使、顧問官などを選ぶのみであるため、主権のうちで大評議会の果たす役割は、政務官を選ぶことだけであって、開戦、講和、および法律の作成は、大評議会の役目ではなく、大評議会が任命した評議員たちの役目である、と。つまり、評議員たちがそれらを行う役割を負い、それは従属的なものにとどまる一方、その究極の権威は彼らを選ぶ大評議会に存するのだ、と。[29]

ホッブズがここで、「開戦、講和、および法律の作成」――選挙による君主も当然に有し、またルソーも主権ではなく統治に割り当てた諸権力[30]――を、統治の諸機能のありうる部分として含めていたことは、特筆に値する。

予想されるように、独裁官および選挙による君主に関するグロティウスの議論へのホッブズの批判は、同時に、グロティウスの主権論全体への批判でもあった。ホッブズにとって、主権の共通の担い手なるものは存在しえなかった――すなわち、主権の唯一の担い手は、グロティウスにおける、法の現実の源泉たる固有の担い手であった。何より、人民は主権者と別の同一性を、概念的にすらもたなかった。これは『市民論』においても最も明確に展開されており、そこにおいて彼の議論全体は民主政の分析から開始された（だからこそ選挙君主政と独裁官についての議論が同書において広範に行われているのである）。じじつ、ザムエル・プーフェンドルフは、非常に厳しく、民主的主権という直観的概念に訴えるという点、またそれを君主政に拡張するという点において、「ホッブズ氏は、人民という語の曖昧な意義によって、知的でない読者たちをだましている」と述べることとなった。

民主的統治においてそうした契約［すなわち、主権者と人民との間の契約］を想定することはできない、あるいはそれはまったく役立たないと判断される、ときわめてまじめに主張するとしても、しかし、だからといって彼はそれを、命令する者とそれに従う者が現実にも本性的にも異なる人格である形式から除外することはできない。（『自然法と万民法』第七巻第二章第一二節）

ホッブズは、人民の形成は、直ちに、かつ必然的に多数決主義へのコミットメントを意味するという点において、グロティウスと意見を同じくしていた。『市民論』第六章第二節〈邦訳一三〇頁〉によれば、

国家の形成への動きが開始されたならば、群衆の各人は、当該集団で誰が持ち出したどのような問題についてであれ、多数派の望みが全員の意思とみなされることとなるという点について、他の人々と合意しなければならない。なぜなら、さもなくば、これほど明らかに互いに態度や願望が異なるのであるから、群衆はけっしていかなる意思ももつことはありえないからである。もし同意を拒む者がいれば、残りの者たちは、それにもかかわらず彼抜きで国家を形成することとなる。[31]

それに続く章において、ホッブズはその思想を次のように表現した。

人々が国家を樹立するために集まった場合、彼らは、ほとんど彼らが集まったという事実自体によって、民主政となる。彼らが自発的に集まったという事実から、彼らは多数派の合意によって生まれた諸決定に拘束されるものと解される。そしてそれは会議［*conventus*］が続く限りにおいて、あるいは

特定の時間と場所で再集合することを決めている限りにおいて、民主政である。なぜなら、その意思がすべての市民の意思となる合意は主権的権力をもつからである。また、この合意における各人は投票権をもつと前提されていることからも、それが民主政であることが導かれる。〔第七章第五節〕〈邦訳一五九―一六〇頁〉

この民主政は直ちに明確な制度的特徴をもつ。

民主政は、諸個人が人民と結ぶ合意によってではなく、諸個人と他の諸個人との間の相互の合意によって構成される。この主張の第一の点は、あらゆる合意において、当該合意をなす諸人格が合意それ自体以前に存在していなければならないという事実から明らかである。しかし、国家の形成前に人民は存在していない。なぜなら、その時点では一つの人格ではなく、多くの諸個人の人格だからである。したがって、人民と市民との間に何らの合意も形成されえないのである。しかし、国家が形成された後は、市民による人民とのあらゆる合意は効力を生じない。なぜなら、〔彼に対して人民が義務を負うこととなる〕[32]当該市民の意思を、人民が自身の意思へと吸収するからである［voluntate sua voluntatem civis illius ... complectitur］。したがって、人民は意のままに自身を自由にすることができ、それゆえ実際に義務から自由なのである。〔第七章第七節〕〈邦訳一六一―一六二頁〉

これは、まさにグロティウスが述べようとしなかったことである。ホッブズにとって、政治的信約（civil covenant）によって形成される「人民」とは、民主的集会に他ならない――〔いわば〕それだけが制度的特性を有しており、ホッブズはそれを人民に帰せようとし、またそうすることで、自称代弁者が人民の名において発言しようとする（あるいは、今日でいえば「パブリック・オピニオン」による知識を主張しようとする）あらゆる試みを阻むために、それは重要であった。[33] 何らかの仕方で民主政という制度と区別可能な主権の共通の担い手という考えは、したがって、ホッブズの議論においては何らの意味もなさなかった。

続く『市民論』第一二章においてホッブズが進めた一手こそが、まさにプーフェンドルフが批判したところものであった。

> 人々は、人民と群衆との間に十分明確な区別を行っていない。人民は一つの意思をもつ一つの存在であり、それに対して行為を帰することができる。これらすべては群衆にはあてはまりえない。あらゆる国家において、人民が統治する。なぜなら、君主政においてすらも、人民は権力を行使し［*imperat*］、人民は一人の人間の意思を通じて［*per voluntatem*］意思するからである。しかし、市民、すなわち臣民は、群衆である。民主政および貴族政において、市民は群衆であるが、集会［*curia*］は人民である。君主政において、臣民は群衆であるが、（逆説的にも）国王が人民である。（第一二章第八節）〈邦訳二三八―三九頁〉[34]

もし集会が民主政における人民であるならば、（ホッブズの分析によれば）必然的に、君主は君主政における人民であるということになる。この主張の尋常ならざる特徴は、それ自体で、彼の理論が民主政に関する省察から生じており、また民主的主権者と君主たる主権者との間に形式的な区分は存在しえないという確信をも伴っていた、という事実を裏づける。彼は『市民論』一六四七年版に追加された重要かつ興味深い注において、この点をいっそう明らかにした。

人民階級は明らかに絶対的権力を要求しており、市民らはそれに反対しない。なぜなら、政治を知らない者でも、人民の集会に国家の顔［*civitatis faciem*］があることに気づき、諸問題はそこでの審議によって処理されていることを認めるからである。君主政は民主政と同様に国家である……。しかし、ほとんどの人にとって、国家が国王の人格に含まれるということ［*civitatem in persona Regis contineri*］はそれほど明らかではない。（第六章第一三節注）〈邦訳一四〇頁〉[35]

ある程度において、ホッブズは、これらの議論を用いて、民主政は君主政に対して何らかの上位の地位にあるという主張を揺るがしていた。すなわち、民主政について述べられうることは何であれ、君主政についても等しく正しく述べられうるのだ、と。また、彼の後期の諸著作は、イングランドの君主政を転覆した「民主政派ジェントルマン」への嘲笑に満ちていることも確かである[36]。しかし、彼の前期の諸著作ははるかに周到であり、彼の敵意は（予想されえたように）審議を行う集会（*deliberative assemblies*）に対して向けられており、審議なしに行使される民主的権力に対してではないということを明らかにしている。このことは、『市民論』第一〇章における臣民に関する議論により、とりわけ明らかにされる。そこにおいて彼は、（ルソーも述べることとなるように）民主的諸国家の危険は、「人民にへつらう雄弁家と同じ数だけのネロが存在しうる」という点にあると述べていた（第一〇章第七節）〈邦訳二〇五頁〉[37]。しかし、続けて次のように述べた。

大集会による審議において見出されるこれらの不都合は、民主政において、非常に重要な諸問題が討議のために大集会へと委ねられる頻度が君主政下よりも高い限りにおいて——そうならないことは容易にはありえないのだが——、君主政が民主政より優れていることを示す。自身の弁才の範囲を理解し、知性と良識の評判を獲得し、帰宅して友人、両親、妻とともに自身の偉大な達成の凱歌をあげる場合を除いては、公共の諸問題より私的な諸事に時間を費やすことを優先しない理由はまったくない……。しかし、もし民主政において人民が、戦争と講和に関する審議および立法を一人の人間ないし非常に少数の人間の手に集中させることを選び、政務官と公僕を指名して満足する場合、すなわち、執行権力のない権威［*authoritate sine ministerio*］をもつことで満足する場合には、民主政と君主政はこの問題において同等であると認められねばならない。（第一〇章第一五節）〈邦訳二一二—一三頁〉

ホッブズは、すでに『法の原理』において同様のことを述べていた。そこでは、「解体して内乱に陥る」国家の「傾向」について論じ、次のように述べた。

君主政は、他の統治に比べてこの傾向を免れている。というのは、国家の統合、すなわち紐帯が、一人の人間である場合、分裂は何ら存在しないが、これに対して集会では、意見を異にし、異なった助言を行う人々から成ることから、互いに喧嘩をして、国家の諸計画を自分の利益のために妨げがちだからである。

しかし、

このような解体への傾向は、古代のアテナイやローマの場合のように、国家の諸問題が多人数からなる大集会において討議される貴族政においてのみ見られる不都合であり、今日のヴェネツィアの貴族政のように、大集会では執政者や顧問官たちを選ぶこと以外に何も行われず、国家の諸問題の処理はごく少数の人びとに委ねられている貴族政には、そうした不都合は存在しないと理解すべきである。というのは、このような貴族政は、国家の諸問題に関する助言が君主政と同様のものであり、したがって君主政と同様に、以上のような原因からは解体しにくいからである[38]。

民主的集会の職務から審議が除外され、また主権と統治の間に区別が引かれると、（本書第一章の冒頭で述べたような）民主政への従来の反論は説得力を失い、そしてこのことはホッブズ自身にもあてはまった。「民主政派ジェントルマン」へのホッブズの敵意は、したがって、（この観点からは）次章で論じるジロンド派のジャコバン派への敵意に最も類似する。民主政派ジェントルマンの最も欺瞞的な主張は、何らかの仕方で人民は統治の活動に参加しうるというものであった。なぜなら、このことは審議を行う集会である庶民院における、至高の権力を求める民主政派ジェントルマン自身の目的を隠蔽したからである。彼らは真に「民主政派」ではなく寡頭政派であり、ホッブズは、一六四九年以降のイングランドは君主政でないのと同様に民主政でもないと明言していた[39]。

したがって我々は、ルソーにおいても見出すこととなる思想を、すでにホッブズにおいて中心にあったことを見出すのである。すなわち、人民は主権者と別々には存在をもたないという主張と、このことの最も明瞭な例は、誰もが参加可能で、審議ではなく多数決投票によって統治される民主的集会の創設によることが、人民が形成される第一かつ最も基本的な仕方であるという事実に見出される、との主張である。

ルソーはさらに議論を先へ進め、そうした集会は自ら解散することはなく、また（たとえば）国王へと主権を移譲することもできないと述べたが、――少なくともこの分野においては――それこそが彼の理論とホッブズのそれとの間にある唯一の重要な相違点である。『リヴァイアサン』と他のホッブズの後期著作においてはホッブズとルソーの類似点がそれほど明瞭でないことも確かであり、そうであるからこそ、ホッブズにとっての民主政の概念的な重要性がたいてい見過ごされてきたのであった[40]。さらに、『市民論』においてすらもホッブズはときどき自身の明敏な立場から揺らいでおり、主権者から区別可能であるかのように人民について論じたことも、確かである。彼が、国王を人民と呼んだパッセージにおいて実際にそうしたように――「人民は一人の人間の意思を通じて［*per voluntatem*］意思をもつ」と。しかし、何よりもこのパッセージにおいてこそ、国王が人民であると述べたときの彼の真意が明らかであり、また*per voluntatem*という表現を「一人の人間の意思のなかで」と翻訳しようとするならば、彼が念頭に置いていたことによりいっそう一致するかもしれない。自身の著作すべてにおいてホッブズは、主権者は諸個人とみなされる諸市民を代表する、あるいは彼らの代理人である、ということを主張し[41]、また、それは主権者が、当該諸個人が一つになるという（君主の自然的に単一の意思、あるいは集会の合意による決定のいずれであれ）単一の意思をもつ場合に限られる、と主張した。グロティウス（あるいは後のプーフェンドルフ）におけるような、いかなる統治構造からも独立した社会を形成する全市民の事前の合意という説明は、ホッブズにおいてはまったく見られず、グロティウスが自身の説明から導出した実践的帰結は、ホッブズのすべての著作において否定された。したがって、王位継承について、グロティウスは、世襲の王位の血統が途絶えた場合には継承者を選ぶ権限は人民の機関に復帰すると述べた（ボダンもそう信じていた、という点は注意すべきである）のに対し、ホッブズは『リヴァイアサン』において、「もし君主が自身に対しても自身の相続人に対しても主権を放棄するならば、彼の臣民は絶対的な自由に戻る……。彼が既知の親族なしに、また相続人の告示なしに死ぬ場合も、同様である」と宣言した[42]。同様に、さまざまな国家が共通の一つの主権者のもとに別々の同一性を保持しうるとの考えをホッブズはまったく信じておらず、両王家の統合の後のスコットランドとイングランドは、フランスの諸地方が互いに外国でないのと同様に、互いに外国ではないと、『ビヒモス』で一定の長さを充てて論じていた。すなわち、「フランスの諸地方の多くはそれぞれの議会や国制をもっているのではないか？　それでも彼らはみな等しく、フランス王の生まれついての臣民である」と[43]。

このことすべては、次の事実をよりいっそう顕著にする。すなわち、民主政を支持する議論を弱体化させたことに加え、『リヴァイアサン』と後期のいくつかの諸著作においてホッブズは、クェンティン・スキナーとデイヴィッド・ランシマン〔David Runciman〕が論じてきたように、グロティウスまたはプーフェンドルフの思想に危険なほど近似した用語法へと立場を変えたかのように見える、という事実を[44]。その用語法においては、支配者が主権者である「国家」が単一かつ独立の存在――ただし、主権者と独立に行動する能力はまったくない存在――として人格化（personified）される。じじつ、『リヴァイアサン』は、この点において『市民論』とは大きく異なり、（序における広く知られたパッセージと同書の扉絵において見出される）著名な人工的人間としての国家のイメージは、『市民論』においては、確かにまったく見出されない。プーフェンドルフは、『自然法と万民法』において、人民の同一性に関するホッブズの説明に対して非常に批判的で、国王は人民であるというホッブズの主張を嘲笑しながらも、その図像を「非常によく考えられた設計図」（*ingenoise delineavit*）として称賛した[45]。私がこの論争について述べている物語において、このようなホッブズによる動きは驚くべきものに見えるはずだが、（注意すべきことに）同時代人らによって認識されないことも珍しくなかった。*Civitas* すなわち国家についてのプーフェンドルフ独自の考えは、少なくとも『市民論』においてあらわれた限りでのホッブズの理論への明らかな反論として提示されたが、プーフェンドルフはホッブズの『市民論』における合一（*Unio*）の定義を言い換えて用いることで一つの主権者のもとでの完全な市民の合一（civil union）を説明したものの、（ティティウスの言葉によれば）ホッブズが「国家と支配者とを混同している（*Civitatem & Imperantem confundat*）」との理由で、プーフェンドルフはそのようにしたことについてゴットリープ・ゲルハルト・ティティウス〔Gottlieb Gerhard Titius〕とジャン・バルベイラクから非難された[46]。バルベイラクとティティウスは、ホッブズを、主権者から概念的にすら独立な国家を論じた理論家とは確実にみなしておらず、したがって少なくとも我々が本書第三章において見る次世紀の（『リヴァイアサン』ではなく『市民論』が常に選ばれた）大陸において、最も影響力があったのはプーフェンドルフの定式化であって、ホッブズのそれではなかったようである[47]。

他方、ホッブズの思想の政治的含意と、とりわけ選挙君主政に関する諸記述のそれは、同時代人らにとって非常に明瞭であり、それらによって、プーフェンドルフが一六七二年の『自然法と万民法』においてホッブズに対して行った最も鋭い批判の一部が生まれた。ホッブズにおける任期制君主政の諸事例のうち第二のもの——人民は君主が死去したときに集まるが、それまでは「主権的権力は（所有権と同様に）人民にとどまる」——を引用し、プーフェンドルフは次のように論じた。

『市民論』において見られるホッブズ氏の主張を、我々はまったく嫌悪する……。この見解は、それが述べられたそのままの意味で理解するならば、人民の自発的な指名により任命され、特定の根本法

> に拘束される制約を受けるすべての君主にとって非常に危険かつ有害であるとみなさざるをえない。しかも、彼は無礼にも終身の君主を任期制君主と呼ぶため、同じ理由をもって、主権を自身の血統と家族の範囲内にそれを維持するために相続によってそれを継承する特権をもつ者にまでその名を拡張することすら許されてしまうであろう。加えて、ホッブズ氏は自身が用いた比較をどこまで拡げるかを決めていないため、非常に有害な一連の帰結へと容易に陥る可能性がある。所有権は、それ自体において検討されれば、一時的利用の権利よりもはるかに高位の権利であるから、これらの諸原理に基づいて、人民は国王より上位であり、国王が彼らの快楽および機嫌に従って統治しない場合には、彼らが国王を懲戒する権限を有するのだ、と述べる者まであるかもしれない。（第七巻第六章第一七節）

（これは、実際にはホッブズにおける第三の事例であった――そして、第二の事例と第三のそれとの区別が微妙なものであったという点についてプーフェンドルフは正当であった。結局そのことは、ホッブズが『法の原理』を執筆したときには彼の念頭にはなかった）。プーフェンドルフは、ホッブズが主権を「破壊し分割して」おり、したがって「κτῆσις、つまり所有権ないし真の占有は人民に属し、χρῆσις のみが、つまり使用が君主に属する」に至っていると糾弾し、またグロティウスと同様に、その権力の保持者が離職または死亡した後の状況がどうであれ権力は同一のままであると主張した。

> たとえば、父の死後にその子どもたちが自分たちの自由にあるからといって、父は父権という χρῆσις をもつに過ぎないと、誰が言い張るだろうか？　あるいは、その人が相続人なしに死亡した場合に奴隷が自身の自由を回復するからといって、主人は処分権限という χρῆσις をもつに過ぎないと、誰が

言い張るだろうか？

彼は独裁官についてはより控えめであったが、主たる理論的根拠についてはそうではなかった。部分的には、独裁官が「任期である六か月間、彼の意のままに行使しうるよう委ねられた主権の全部および個々の部分」を実際に有していたわけではないと彼は信じており、[48]また部分的には次のようにも考えていた。

事物の連続性がその本性を変えることはないが、一時的な支配権は永続的なそれに比べて、威厳〈Dignity〉においてずっと下位にあるということに疑いの余地はない。なぜなら、人は、わずかな時間のうちに自分たちと肩を並べて再び会うこととなる人々よりも、私人の状態に戻ることを受け入れようとしない者を、はるかに堅い崇敬の念をもって尊敬したいと思うからである。〈第七巻第六章第一五節〉

彼はまた、このような純粋な任期制主権者の実例を見つけることは不可能かもしれないことを認めてもいた。しかし、明らかに、彼の理論全体は、グロティウスにおいてもそうであったように、このことが少なくとも概念的にはありうるとの立場に彼をコミットさせた。

というのも、すでに述べたとおり、彼の主権論全体は根本的にはグロティウスのそれと同一だからである。もっとも、グロティウスがむしろ曖昧にした点を彼は明確にかつより精緻化しようとしたのだが。グロティウスと同様に、主権の共通の担い手と固有の担い手との区別を彼は信じていた。[49]グロティウスと同様に、固有の担い手は通常の三つの体制であると彼は理解していた。また、グロティウスと同様に、共通の担い手は「人民」を構成し、それに同一性を与える自由人の結社であると彼は理解していた。彼は、自身の臣民に諮問する義務を（一般的には）一切負わない家産的主権者によってすらも人民は分割（dismember）されえないというグロティウスの結論を全面的に支持した。もっとも、グロティウスとは異なる諸人民の合一（*union*）にも同様の議論があてはまるはずだという点について明晰であったのだが。[50]グロティウスからの逸脱があるとすれば、それは、諸個人間の合意――それによって結社が創られる――の本質について詳らかにしたいというプーフェンドルフの願望によってこそもたらされた。ひろく知られているように、彼は国家（*civitas*）の形成には二つの別々の信約ないし契約が必要となると述べた――これは、一八世紀にはプーフェンドルフの独自の立場であると理解された。第一は、諸個人の間で「各々と個別になされ、一つの継続的な社会［*coetum*――グロティウスの用語である］に参画し、大衆の投票によって［*communi consilio ductuque*］福祉と安全に関する諸方策を計画する」（第七巻第二章第七節）。第二は、次のような信約である。

主権が委ねられる人格ないし諸人格が実際に設立されるときのもので、それによって一方で支配者は共通の平和と安全を司ることに従事し、他方で臣民は忠実な服従を捧げるまたそこには服従と諸意思の合一が含まれ、それによって我々は、国家が一つの人格に他ならないと把握する。そしてこの信約によって、国家は最終的な完成を得る。（第七巻第二章第八節）

この二信約説は、しかしながら、グロティウスにおいて暗に示されていた次のことを単に明示したに過ぎない。つまり、二つの別個の合意が存在し、一つは団体（*coetus*）を創成するもの、もう一つは主権を固有の担い手に置くものだということである。

先に述べたとおり、プーフェンドルフはホッブズ的な用語を用いていた。すなわち、原理的に政治社会(civil society)にはこの「諸意思の合一」が必要であり、「多くの諸意思がともに参画すると考えられうる唯一の方法は次のものである」と。

当該社会の個々の構成員が、一つの人格、または一つの集会に自身の意思を差し出す。これによってこの人格または集会が、必然的に共通の安全に関わらざるをえないどのような諸問題を解決しようとも、それは一般には全員の、個別には個々の者の意思であるとみなされることとなる。(第七巻第二章第五節)

(このパッセージにおいて、偶然にも、彼は「一般」意思と「個別」意思という表現を新造した――バルベイラクの仏訳で「一般には全員の、個別には個々の者の意思('la volonté de tous en général & de chacun en particulier')」とあるのを参照)。しかし、彼のこの言葉の用い方は、ホッブズにおける諸結論を避けるよう明確に意図されていた。第二信約――それによって「固有の」主権者が創成される――のみがこのホッブズにおける諸意思の譲渡を伴った。第一信約――それによって最初の団体(*coetus*)が形成される――は、ホッブズの見解によれば群衆を構成したような、合意、および諸個人の意思の引き続いた別個性とに、基づいていた。このようにも思われるかもしれない(そしてこれはときどき示唆されてきたのだが)――それでも、プーフェンドルフの理論はホッブズのそれとほとんど変わらないのではないか、なぜなら、結局のところホッブズは、我々全員が同一の主権者をもつこととするよう、同輩の市民らとともに信約を結ぶことで政治社会を創設し、次いで、民主政として作用するこの政治社会が主権者の類型を選択すると考えていたのだから、と。そうすると、プーフェンドルフにおける第一信約はホッブズにおける政治信約であり、第二信約は、主権を国王に移譲するかその手中に留めるかについての原初の民主政による決断だ、ということになるだろう。プーフェンドルフ自身はこの可能性に完全に気づいており、それを否定しようと努めた。その過程において、彼は自身の見解とグロティウスのそれとの間隙を拡げ、グロティウスが最初の団体(*coetus*)において多数決主義を採用したことで陥る危険を認識していたことを示したのである。プーフェンドルフは次の点を譲歩した。

……一つの政治的機関として合一する信約を結ぶために多くの自由な人格が集まる場合、この予備段階の結社は、まさに全員が公共の諸問題について自身の意見を自由に述べる特権をもつという点において、すでにいくらか民主政の外観をもっている。

しかし、それは次の限りにおいて、真の民主政ではない。

多数派の表決に反対する者は、第二信約によって民主政の形式が実際に承認され確立されるまでの間は、決して彼らの決定に義務づけられることはない。ホッブズ氏は、これら二つの信約の区別を欠いているがゆえに、この主題を非常に混乱して扱ってきた。

また、彼は次のように主張した。

公共の事務を処理する継続的な方法について意見が一致しない限り、多くの人々が一つの機関となることはありえない。もし、彼らがこの点を解決しないまま解散したが最終的な解決手段に至るためにさらに当該問題について検討し討議するためにあらかじめ時間と場所を定めていた場合、我々には国家の基礎基本と第一原理しかなく、これを民主政と呼ぶことは決して適切ではない……。しかし、公共の安全に関する諸問題を解決する権利が永久に総会に移譲された場合、我々はそれを民主的統治と呼ぶべきである。（第七巻第五章第六節[51]）

しかし、プーフェンドルフは続けて次のようにも主張した。人々を束ねて政治社会を形成し、彼らに人民としての同一性を与えるのは、主権者に自身らの諸意思を差し出して服従する合意ではなく、互いの討議において会議するという右の合意である、と。この意味で理解される人民は、たとえ正式かつ制度化された立法権力をまったくもたないとしても、主権の共通の担い手でのままであり、ボダンないしホッブズの仕方で理解される信約主権と統治の区別は、彼によれば、単に講学上のものに過ぎない。事実、彼はかつて一六六七年の『ドイツ帝国国制論』という自身の著作においてまさにこのことをすでに述べていた。同書において彼は、神聖ローマ帝国の法的性格についての解釈において用いられた「あらゆる国家の［*ReiPublicae*］形式は統治遂行の［*administrationis*］仕方と区別されねばならない」という考えを攻撃し、なかでも主権が選帝侯に所在することから神聖ローマ帝国は貴族政に他ならないとの主張を攻撃した。

（これらの事柄は諸大学において十分に鋭敏さをもって議論されているかもしれないが、）いかなる賢人も、それによって説得され、ドイツ帝国が貴族政であると考えることはない。それは、彼が国家または政治について十分な経験と知識を有する場合には、特にそうである。[52]

というのも、真正の貴族政には元老院、すなわち統治の貴族政的場所が必要であるが、神聖ローマ帝国にはそうした機関はまったくなかったからである。客観的にみれば、同帝国の統治構造は「いびつ」ないし「奇怪」ですらある存在であり、何よりも連邦に近いのである、とプーフェンドルフは周知のように結論づけた。グロティウスと同様、プーフェンドルフが興味を抱いたのは現実の統治構造であり、統治の背後にあって統治を変更しうる国制上の権威ではなかった。

グロティウスとプーフェンドルフに支持された政治的結社のモデルは一七世紀後半のイングランドにおける一部の急進派の興味を惹いた。たとえば、ジェイムズ・ティレル〔James Tyrrell〕は、自身の一六八一年の『家父長は君主にあらず〔*Patriarcha non monarcha*〕』の一部を、プーフェンドルフを熱烈に支持する要約に割いた。曰く、

さまざまな人々が合一して一つの完全な国家を形成する場合、彼ら自身で決定する……自由ないし権能のためには、いまや、共通の担い手におけるように、自身らの安全のために必要なあらゆる手段を決定する自由ないし権能が、最高権力のなかに存在することが必要である……。しかし、この最高の権威が、固有の担い手のように、一人の人間に、または全員もしくは少数者から成る一つの集会に、授けられた場合、それは必ずしも自由でも絶対的でもなく、一定の場面において特定の法律により制限される。[53]

また、本質的に同様の思想は、ティレルの友人であり協力者でもあったジョン・ロック〔John Locke〕においても見られる。もっとも、ロックは（彼の思想における多くの諸分野のように）プーフェンドルフの修正に反対し、もともとのグロティウスのヴァージョンの理論を擁護したのではあるが。ロックは、主権の「共通」の担い手や「固有の」担い手という言葉は用いなかった。じじつ、『統治二論後篇』の際立った特徴は、ロックが主権という言葉をほとんど用いず、政治社会に対してそれを決して応用しない点にある。[54]『統治二論後篇』第八章には、一見するとホッブズによく似た「政治社会の起源」についての説明がある。

したがって、人々が、自分の自然の自由を放棄して、政治社会の拘束のもとに身を置く唯一の方法は、他者と合意して、……一つの共同体に加入し結合することに求められる。こうして、どれだけの数の人間であろうと、人々が一つの共同体あるいは政府を作ることに合意した場合、彼らは、それによって直ちに結合して一つの政治体を成すことになり、しかも、そこでは、多数派が決定し、それ以外の人々を拘束する権利をもつのである。（§95）〈邦訳（ジョン・ロック（加藤節訳）『統治二論』、岩波書店、二〇〇七年）四〇六頁〉

また、ロックは同章において多数決主義の必要性を強調するとき、具体的に「かの強大なリヴァイアサン」に言及した。[55]第一〇章はこの点を敷衍し、次のように述べた。こうした多数派は

その権力のすべてを用いて、随時、共同体のために法を作り、また、自分たちが任命した行政官を通

してその法を執行することができる。この場合には、統治の形態は完全な民主政に他ならない。あるいは、そうではなく、法を作る権力を少数の選ばれた人々……に委ねることもできる。その場合には、統治の形態は寡頭政となる。あるいはまた、ただ一人の人間に委ねることもできるのであって、これが君主政である。……それゆえ、また、共同体は、これらの諸形態を組み合わせて、適当と考えるままに複合的で混合的な統治の形態を作ることもできる。（§132）〈邦訳四四八頁〉

この「立法権力」をこそ、ロックは「最高」と説明した。もっとも、第一一章で彼はその行使に対して一般的な道徳的諸制約を列挙した——最もよく知られるのは、それが私的所有権を侵害することができないというものである——のだが。しかしながら、これだけではロックをホッブズから切り離すのには足りない。なぜなら、ホッブズもまた主権者に対して自然法上の諸制約があることを常に認めていたからである。もっとも、それらはロックが選んだものとは異なる一式ではあったが。

しかし、鍵となる相違が、実際の政治の観点からは（ラズレット〔Peter Laslett〕が見るところ）同書のなかで最も重要な章の一つである第一三章[56]においてあらわれる。同章においてロックは、「共同体（Community）」がどのようにして独立の同一性を保持し、「最高権力」に包含されないかを説明した。

> ……ただ一つの至高の権力しかありえず、それは立法権力であって、他の権力はすべてそれに従属し、また従属しなければならないが、しかし、立法権力は、特定の目的のために行動する単なる信託権力に過ぎないから、人民のもとには、立法権力が与えられた信託に反して行動していると彼らが考える場合には、それを移転させたり変更したりする最高権力が残されている。……その点に関する限り、

共同体は常に最高の権力であると言ってよい。しかし、共同体が何らかの形式の統治のもとにあると考えられる場合にはそうではない。なぜなら、その国民の権力は、統治が解体するまでは発生しえないものであるからである。（§149）〈邦訳四七三―七四頁〉

したがって、ロックは主権の「共通の」場や「固有の」場という用語こそ用いなかったが、実際の彼の説明はグロティウスおよびプーフェンドルフのそれに非常に近く、ロックが「共同体」における多数決での意思決定を採用していることからすれば、とりわけグロティウスのそれに近いといえる。[57] ロックにおける「共同体」は、「最高権力」を政府に付託し、もはや立法の役割を保持しないにもかかわらず、同一性と、残りの行為を行う能力をもち続ける――「固有の担い手」がまさしくそうであったように。ロックにおける「共同体」という語の使用は、「共通の担い手」を踏まえている可能性すらもある――少なくとも、グロティウス、ホッブズおよびプーフェンドルフの近代自然法の伝統のなかでは、それは比較的珍しい語である。

政治思想史のなかでよく知られた伝統では、ロックとルソーを（非常に大雑把に言って）一方の側に置き、ホッブズを他方に置く（もっとも、より初期の伝統はホッブズとルソーの類似性に十分気づいていたのだが）。しかし、他ならぬルソーを含む一八世紀の急進派たちを惹きつけたのは、次章で見るように、主権者が旧来の統治システムを峻拒する権力をもちうるという思想であった。また彼らの目には、グロティウスとプーフェンドルフは旧来のシステムを支持するイデオロギー的基礎を代表しているように見え、ロックが彼らの陣内にいることから、彼もまた急進派の政治にはほとんど役に立ちえなかった。近時、マーク・ゴールディ〔Mark Goldie〕が強調してきたように、[58] また私が本書第四章で論じるように、一八世紀の急進派がロックを役立てるためには、彼を新たな、偏向的ですらあるかもしれない方法で、読まねばならなかった。少なくとも急進派の一部にとって、新たな可能性を最もよく代表していたのはホッブズであった。そして、私は彼らが誤っていたとは思わない。

グロティウス、プーフェンドルフ、バルベイラクによって採用された政治上の立場は、一八世紀前半に支配的なものとなった。彼らのヘゲモニーは、バルベイラクの偉大な編集による『戦争と平和の法』および『自然法と万民法』のラテン語版、フランス語版、英語版の普及によって示されている。実際、ミシシッピ川からウラル山脈に至るまでの図書館でこれらの書籍を見つけることができる。（ルソーが後になって想起したように）ルソーの父親の作業用の椅子の上に置いてあったのは、間違いなくバルベイラクによるグロティウスの書籍のフランス語訳だっただろう。[1] さらに、ヘレナ・ローゼンブラット〔Helena Rosenblatt〕は、これらのテクストや、より普及していたビュルラマキ〔Jean-Jacques Burlamaqui〕による版が、ルソーの青年時代のジュネーヴにおける政治闘争に対して有していた重要性に我々の注意を向けている。ジュネーヴ市を統治する小評議会（small governing council）に対して市民から成る総評議会（General Council）がもつ権利をめぐって、民主派と貴族派の間に交わされた議論をローゼンブラットは記述している。そこで印象的なのは、民主派は文書や演説のなかで主権と統治の区別という主題を繰り返し登場させており、貴族派はその区別を否定することが常套手段であったということである。たとえば、急進派のジャック・バルテルミ・ミケリ・ドゥ・クレスト〔Jacques-Barthélemy Micheli du Crest〕は、一七三〇年代に書かれた手稿のなかで、ジュネーヴを「民主的な共和国（democratic republic）」とみなしていたが、この言葉で彼が意味しようとしていたのは、「人民自身が主権に属する行為をなし、しかし、それでいて下位の統治は行わないような自由な国家」であった。[2] バルベイラク自身がミケリ・ドゥ・クレストに対して次のように返答している。「ジュネーヴの人民が主権者だというのなら好きにすればよい。しかしその主権者は主権そのものに属する行為を行っているわけではない」――要するに、ミケリ・ドゥ・クレストが単に統治と呼んでいたものこそが、バルベイラクの目から見れば、主権の現実の所在として扱われるべきなのである。これはまさにグロティウスとプーフェンドルフが主張していたことであった。しかし、ミケリ・ドゥ・クレストは政治犯として後半生をベルンの監獄で送り、バルベイラクは栄誉ある成功した法律家として人生を終えた。ルソーが述べたように、「真実は財産をもたらすものではなく、また人民は大使や、教授の地位や、年金を与えてはくれないのだ」[3]（『社会契約論』〈邦訳四六頁〉）。一八世紀前半の要衝はグロティウスとその追随者によって占められ、その影響は知的生活のあらゆる領域に及んだ――たとえば、一六九八年のヨハネス・イェンス〔Johannes Jens〕の論文「ローマ人の独裁官」のなかでは、当時の古典古代の学識によって、独裁官の主権についてのグロティウスとバルベイラクの思想が支持されている。[4]

グロティウスらに似た立場は、モンテスキュー〔Charles-Louis Secondat, Baron de Montesquieu〕の『法の精神』の背後にさえ潜んでいる。モンテスキューは『随想録（Pensées）』のなかで、次のように書いている。「私はグロティウスとプーフェンドルフの両氏に感謝したい。彼らは私に要求されていた仕事の大部分をすでに成し遂げており、しかもそれは私の敵わない水準の能力でなされたのである」。そして彼はとりわけプーフェンドルフの『ドイツ帝国国制論』に感銘を受けたようである。[5] プーフェンドルフはこの著作で、ある国家における政治の現実のあり方を軽視した国制理論（constitutional theory）の「衒学的な」性質を嘲笑しているのだが、それがモンテスキューの琴線にはっきりと触れたのだろう。実際、『法の精神』には眠れる主権者のような思想を示唆するものは何もない。それどころか、モンテスキューは一貫して（そしておそらくかなり意図的に）「主権」と「統治」の用語を混同している。たとえば第二編第一章における基本的な定義において「共和政府〔gouvernement républicain〕は、人民が全体として、あるいは人民の一部だけが主権的権力〔la souveraine puissance〕をもつところの政体」[6]〈邦訳（上）五一頁〉であると述べている。また、この著作を通して、統治こそがモンテスキューの関心事であり、たとえば、統治を「立法」権力と「執行」権力に分割しようとしたのである。そこでは立法権力が主権者であり、執行権力はそうではないというような示唆は何らされていない[7]。

ルソーはこうした文化全体に反旗を翻した。この文化は、彼の眼には、一八世紀ヨーロッパの不平等を正当化するものに他ならなかった。このとき、ルソーは明確に主権と統治の区別を復活させ、彼のプロジェクトの中心に置いたのである。ルソーにとってのその重要性は、彼に近い人物にも認識されていた。たとえば、トゥサン・ピエール・ルニウプは、『社会契約論』を読んだ後すぐにルソーに手紙を書いている。「ようやくあなたの『社会契約論』を買うことができました。私は主権と統治についてこのように理解はしていましたが、しかし、これほどまで真実に迫り、そして力強く論証されたのは見たことがありませんでした」[8]。これはまた、ルソーの批判者たちが、ルソーの理論におけるその重要性を認識しつつも、早くから異議申立てをしていた点でもあった[9]。ルソーが最初に主権と統治の区別を行ったのは、『社会契約論』の七年前に発表された『百科全書』の「経済学」の項目においてであろう[10]。もっとも、ルソーの見解を十全に説明しているのは『社会契約論』の第三編である。この第三編は主権と統治の区別を中心に構成されており、「いろいろな政府の形態についてかたる前に、いままでなお十分によく説明されていなかった、この政府という言葉の正確な意味を確定することを試みよう」〈邦訳八三頁〉という記述から始められている。説明されてこなかったという状況こそまさに、これまでみてきたように、ルソーが批判していた伝統であった。ルソーは続けて、第一章の「政府一般について」の冒頭で「読者にことわっておくが、この章は、おちついて読まなければならないし、また、注意を払おうとしない読者にわからせる方法を、私は知らないのだ」〈邦訳八三頁〉と述べている。彼が論じようとする事柄が広く知られているわけではないということを認識しているのである。ルソーがそこで主張しようとしたことは、およそ一世紀の間に存在した著述家の誰よりもホッブズに近いものであった。もっとも、そこにはもちろん重大な相違があり、それは特に用語にあらわれていた。

それでは、政府（gouvernement）とは何であるか？　それは臣民と主権者との間の相互の連絡のために設けられ、法律の執行と市民的および政治的自由の維持とを任務とする一つの仲介団体である。

この団体の構成員は、行政官、あるいは「王」、すなわち「支配者」とよばれる。そして、この団体全部が「統治者（prince）」という名をもつ。だから、一人民が首長に服従する行為は決して契約ではない、という人の主張はきわめて正しい。この行為は、まったく委任もしくは雇い入れに過ぎないのであって、その場合首長は、主権者のたんなる役人として、主権者から委ねられた権力を、主権者の名において行使しているのであり、主権者は、この権力を、すきな時に制限し、変更し、取り戻すことができる。というのは、このような権利を譲渡することは社会体の本性と両立せず、結合の目的にも反するからである。[11]〈邦訳八四―五頁〉

『社会契約論』において、ルソーが主権と統治の区別を初めて行うのは第二編第二章「主権は分割できないこと」においてである。

主権は、譲りわたすことができない、というその同じ理由によって、主権は分割できない。なぜなら、意思は一般的であるか、それともそうでないか、すなわち、それは人民全体の意思であるか、それとも一部分の意思に過ぎないか、どちらかであるから。前者の場合には、この意思の表明は、主権の一行為であり、法律となる。後者の場合には、特殊意思か、行政機関の一行為に過ぎず、それはたかだか一命令（décret）に過ぎない。

ところが、我々の政治学者たちは、主権をその原理において分割することができないので、その対象において分割している。彼らは主権を、力と意思に、立法権と執行権に、課税権、司法権、交戦権とに、国内行政権と外国との条約締結権とに、分割している。時には、これらすべての部分を混同し、また時には、これらを切りはなす。彼らは、主権者をば、いろいろな部分をよせ集めて作られた架空の存在にしている。それは、多くのからだ――眼だけしかもたない、腕だけしかもたない、あるいは足だけしかもたないところの、からだから人間を作るようなものである。日本のヤシが、見物人の目の前で子どものからだをバラバラにし、それから、その手足を次々に空中にほうりあげると、それらがすべて集って、生きた子どもとなって再び落ちてくる、といわれている。我々の政治学者たちの手品も、ほとんど、このようなものである。

……主権が分割されていると思いこんでいる場合はすべて、我々が誤っているのだということが分るだろう。我々がこの主権の一部と、とりちがえている、もろもろの権利は、すべて主権に従属して

> いるものであり、常に至高の意思を予想し、その意思の執行をなすに過ぎないことが分るだろう。[12]
> 〈邦訳四四―五頁〉

そしてルソーはグロティウスとバルベイラクを名指しして、この批判と結びつけ、「彼ら自身の意見が、いい過ぎになったり、いい足りなかったりすることや、彼らが調停すべき利害関係を傷つけることを恐れるあまり、いかにこじつけにおちいり、混乱しているか」と嘲笑している。

こうした寄せ集めの手品〈ルソーが『社会契約論』において用いていた批判的な表現〉の代わりに、ルソーはシンプルな枠組みを提案する。〈第一に、〉ホッブズと同様に、自然状態にある諸個人は、以後、各人の個別意思が共同意思ないしは一般意思に組み入れられることに同意する（ところで、私の考えでは、一般意思と個別意思というルソーの用語は、プーフェンドルフの『自然法と万民法』第七編第二章第五節における政治信約（civil covenant）の議論に由来しており――パトリック・ライリー〔Patrick Riley〕が推測しているように――マルブランシュ〔Nicolas de Malebranche〕らの神学的言説からではないというのはきわめて明らかなように思われる。したがって、これはまぎれもなく、大衆を人民に変容させるという言説の一種なのである）[13]。〈第二に、〉ルソーが『百科全書』の論説で述べたように、これもホッブズと同様に、この一般意思は道徳的教義（canon of moral）と政治的な規準（political rectitude）を形成する。

> この一般意思は、つねに全体および各部分の保存と安楽をめざすものであり、法律の源泉をなしているが、それは、国家の全成員にとって、彼らと国家に対する正と不正の規準である。ついでに言えば、この真理は次のことを明らかにする。すなわち、多くの著述家たちは、あたかも法が命ずるすべての

ことが合法的ではありえないかのように、スパルタの子どもたちが自分たちの質素な食物を手に入れるために身につけるように命じられた俊敏さを、盗みとして取り扱っているが、彼らにどれほどの見識があったのか、ということである。[14]〈邦訳第五巻六七頁〉

これとまさに同じ例を、ホッブズも、ルソー同様にきわめて射程の広い主張を行うために『市民論』第一五章一〇節で用いていた。[15]

第三に、ルソーは『市民論』におけるホッブズの次のような主張を全面的に後押ししている。すなわち、最初の一般意思は、多数決によって治められる民主的集会に存するのでなければならないということである。〈ルソーによれば〉「この原始契約の場合をのぞけば、大多数の人の意見は、常に他のすべての人々を拘束する。[16]」そして最後に、我々の出発点である第三編の一節でルソーが述べているように、彼は、政治社会を形成する協約ないし契約はただ一つしか存在しえないと主張していた。第三編第一六章で、ルソーは明示的に二重契約理論（double contract theory）を攻撃している。すでに見たように、これはグロティウスとプーフェンドルフ流の枠組みの中核であった。実際に、プーフェンドルフとビュルラマキの著作では、二重契約理論は、ホッブズの単一社会契約論の否定として明確に提示されていたのである。[17]政府の創設について、ルソーは次のように述べている。

多くの人々は、この設立行為は、人民と、人民が自らにあたえた首長たちとの間の一つの契約であるとあえて主張した。すなわち、一方は支配する義務をもち、他方は服従する義務をもつという条件を、両当事者の間に定める契約だという。これは奇妙な契約のやり方だ、とみなさんは認められるにちがいない、とわたしは信じる。……

第一に、至上権は譲りわたすこともできなければ、変更することもできない。それを制限することは、それを破壊することだ。主権者が、自己よりも上位者をもつということは、バカげており、矛盾している。支配者への服従を強制されるということは、完全な自由〔自然状態〕に復帰することに他ならない。

さらに、人民となにがしとのこの契約が、個別的な行為であることは明らかである。したがって、この契約は法でもなければ、主権の行為でもありえないことになり、その結果、非合法だということになろう。……

国家には、ただ一つの契約しかない。それは結合の契約だ。これがただ一つあるというだけで、他のすべては排除される。[18]〈邦訳一三七―八頁〉

これらの点における（言うまでもないが、他の多くの点においても）ルソーの理論とホッブズの理論の類似性は顕著なので、当初からのルソーの読者が、彼をホッブズ主義者であると糾弾したのも驚くべきことではない。ルソーのかつての友人であったであろうジュネーヴ人の（鋭いが、決して冷淡というわけではない読者）ヤコブ・ヴェルネによる『あるジュネーヴ市民からのあるジュネーヴ市民への手紙』では、ルソーについてはっきり次のように書いている。

ホッブズとともに、人間がお互いを敵として生まれ、我々の最悪の敵は優れた人間であると信じ、ホッブズのように、その解決策を、異なった位置づけではありますが、独裁に求めています。つまり、ホッブズは専制的な権力を君主に与えていますが、ルソー氏は（中道というものを知らないので）逆に同様の権力を大衆に与えているのです。[19]

また、オランダの保守主義者エリー・リュザク〔Elie Luzac〕は、ルソーについて次のように断言している。「あなたのように語ることは、ホッブズを追い抜くにとどまらず、良識のあらゆる境界線をも越え出ることになります[20]」。

実際、ルソーは多くの点でホッブズを越えて進んでいる。もっとも、それはリュザクの考えるような意味においてではない。第一に、ルソーは主権者の意思が法律（law）であり、主権者の意思のみが法律であるという思想にコミットしている。主権者の権力は立法権であり、政府の権力は執行権であると定義することによって、彼は頻繁にこの思想を表明していた。そうすることで、立法権も執行権もどちらも主権的ではないというモンテスキューの用語法ではなく、立法権が「最高（supreme）」であるというロックの用語法に近づいているのである。ホッブズは主権者の意思が法であると信じていたけれども、一般的には、法のカテゴリに、主権的な行為に加えて、非常に個別的な、統治の行為に近いような行為も含めていた。たとえば『リヴァイアサン』の第二六章では次のように述べている。

> 各人は、ある法が、全臣民一般にむけられ、ある法は個別的な諸属州に、ある法は個別的な諸職業に、ある法は個別的な人びとにむけられているのを、知っていて、したがって、諸法は、その命令がむけられた人びとのうちのおのおのに対するものであり、それ以外の人に対するものではないことを、知っている。[21]〈邦訳（二）一六四頁〉

そしてホッブズは主権の行為のなかにはっきりと宣戦布告を含める。よく知られているように、ルソーはこれを完全に否定した。ルソーにとってみれば、民主的主権者の行為は、形式において一般的でしかありえず、「人民全体」は「人民全体」のためにしか立法をすることができないのである。著名な第二編第六章は次のように述べている。

法は臣民たちを一体として、また行為を抽象的なものとして考えるのであって、決して人間を個人として、また行為を個別的なものとして考えるのではない……。だから、法は特権の存在を取りきめることは十分できるけれども、何びとにも名ざしで特権を与えることはできない。また、法は、市民の階級を数多くつくることはできるし、それぞれの階級にはいれる資格を指定することさえもできるが、誰々は入りうると名ざすことはできない。また、法は、王政と、世襲を定めることはできても、王を選ぶことはできず、王家を指名することもできない。一言でいえば、個別的な対象に関係する機能は、一切、立法権に属さないのである。[22]〈邦訳五八―五九頁〉

そして第二編第二章で述べているように、

宣戦と講和の行為は、主権の行為とみなされていた。が、そうではない。というのは、これらの行為のいずれもが、法律ではなくて、法律の一適用に過ぎず、法律をいかに適用すべきかを決定する特殊な行為だからである。[23]〈邦訳四五頁〉

しかし、これらの記述をどう解釈すべきかについて、我々は少し慎重になる必要がある。同じ章の、私が先ほど引用した言葉のなかで、ルソーは次のように述べている。政府の行為は「単なる特殊意思か、行政機関の一行為であり、それはせいぜい一命令に過ぎない［un décret tout au plus］」と。ここではボダンによる法律（law）と命令（edict or decree）のような対比が提示されているのである。人民全体に適用される主権の行為と、人民全体に適用されるわけではない政府の行為というルソーの区別がそのまま当てはまるような制度、構造をもつ国家は、当時は存在しなかったし、それ以降もほとんどあらわれなかった。この区別は、たとえば、アメリカ合衆国連邦議会による法律と大統領の命令のような区別でもなければ、イギリスの下院による法律と枢密院勅令のような区別でもない。これらの行為は、（概して）その射程によってではなく、その源によって区別されている——つまり、連邦議会や下院の法律は執行府の命令を覆すことができるが、その逆はできない、というように。現代の立法府は、ルソーの用語でいえば「個別的」とみなされるような立法を成立させるために存在している。同じことはアンシャン・レジーム下のフランス君主政にもよく当てはまる。君主の立法の布告は性質上一般的なものとは程遠く、独占貿易会社を設立するための勅令などが含まれていた。ルソーが統治構造および貴族政、民主政、君主政の長所と短所を議論した際に、イギリスの議会を混合政体の一例として扱っていたことは重要だろう（ルソーは主権のレベルではなく統治のレベルにおいてであればありうる形態として、ボダンとホッブズと同様に混合政体を認めていた）。すなわち、ルソーの分析によればイギリスの立法府は政府の一部なのである。

法律が一般的である必要性と、それと対照的な政府の個別性に関するルソーの議論は、人民主権の「基本的な（fundamental）」性質に注意を向けるのに大いに力を発揮する。第三編第四章で述べるように、民主政という言葉の意味を厳密に解釈するならば、真の民主政はこれまで存在しなかったし、これからも決して存在しないだろう。多数者が統治して少数者が統治されるということは自然の秩序に反する。人民が公務を処理するためにたえず集っているということは想像もできない。そして公務を処理するために委員会を設けることは、統治の形態を変えずには不可能だ、ということは明らかである。[24]

〈邦訳九六頁〉

したがって、民主的で、主権をもつ立法者は、ホッブズの民主的な眠れる主権者と同様に、断続的にのみ集会をもつことになろう。ルソーはこのことを、よりはっきりと、主権の維持に関する第三編の後半における重要な議論のなかで述べている。

人民の集会が、一連の法律を承認することによって、一たび国制を定めたところで [une fois fixé la constitution de l'État, en donnant la sanction à un corps de lois]、それで十分だとはいえない。永続的な政府を設立したり、または、ただ一度で最後的に行政官の選挙の方法を用意したところで、十分だとはいえない。例外的な事態がどうしても必要とするような、特別の集会の他に、何ものも廃止ないし延期しえない、定期の集会が必要である。すなわち、人民が、一定の日に、法によって合法的に召集され、そのためには、特に他のいかなる召集の手つづきをも必要としないような集会である。

しかし、ただその期日だけで合法的になる、これらの集会以外の、人民のあらゆる集会は非合法なものとされなければならない。ただし、召集のためにおかれた行政官によって、しかもあらかじめ定められた形式に従って、召集されたものは別である。また、非合法な集会でなされたことはすべて、

無効である。というのは、集会の命令そのものが、法に由来すべきであるから。〈邦訳一二八—九頁〉

この節は、ルソーが次のように考えていたことを示唆する。すなわち、「立法」とは本質的に「国制を定める」ものであるというのが彼の述べてきたことから自然に導かれる、と。しかし、ルソーは、国政を決定する立法者は、隠れた神〔*deus absconditus*〕のようなものではないこと[viii]を強調しようとしていたこともうかがわれる。「例外的な」集会だけでなく、〈言ってみれば〉人民が主権者としての自己意識を更新するための定期的な集会が存在していなければならないのである。似たような例として、アメリカ合衆国憲法は一九年ごとに改正の機会をもつべきであるというジェファスン〔Thomas Jefferson〕の思想を引き合いに出すことができよう[26]。しかし、民主的立法府が集会を開くというのが、現代の立法府のような態様であるべきとか、一八世紀当時の庶民院のような態様であるべきかさえ示唆されていない。というのも、ルソーの目から見れば、これらは「政府」の一種だからである。実際に、ルソーはイングランドについての記述でそのことを明らかにしている[27]。

ルソーがホッブズを越えて進んだであろう領域の二つ目は、一般に広く誤解されてきたように私には思われる。ここ三〇年余り、最も著名な学者も含めて、次のように言われるのが常であった。すなわち、ルソーは代表としての主権者というホッブズの思想全体を拒絶した、と。マイケル・ソネンシャー〔Michael Sonenscher〕の表現では、ルソーは「ホッブズの政治理論の基礎である代表という思想に明らかに批判

viii 「隠れた神」は『イザヤ書』に由来する神学上の概念で、ここでは主権をもつ立法者による国制の決定が、世界を創造した後に姿を見せなくなる神のように、現実には存在しない理論上のものであることを否定している。

的[28]」であったという。もちろん、主権者の一般意思が代表されうるという思想をルソーが否定したことは確かである。

主権は譲りわたされえない、これと同じ理由によって、主権は代表されえない。主権は本質上、一般意思のなかに存する。しかも、一般意思は決して代表されるものではない。一般意思はそれ自体であるか、それとも、別のものであるからであって、決してそこには中間はない[29]。〈邦訳四四頁〉

しかし、この節でルソーが対象としているのは、イギリスのような民選の代議員による代表である。代表の近代的特徴についてのすぐ後の記述で明らかなように、ルソーは、ここではホッブズではなくモンテスキューのイギリスの国制についての章を取り扱っているのである。ルソーは実際、ホッブズが用いていたような意味での代表の思想にはまったく批判的ではなかった。すなわち、諸個人が主権者によって代表されること、主権者の意思が諸個人の意思とみなされること、こうした個々人の代表の（いわば）集積こそが主権者の意思を性質上一般的なものにすること、という、本質的にホッブズ的な発想に対する批判はルソーには存在しない。これまで強調してきたように、これはルソーの思想でもあるのだ。そしてこの思想はホッブズも否定するはずがなかったような言葉で表現されている。「我々の各々は、身体とすべての力を共同のものとして一般意思の最高の指導のもとにおく」。そして各々は「自分自身の裁判官[30]」〈邦訳三〇頁〉であることをやめるのである。

ルソーが強く反対するのは、いったん創設された主権者が代表されうるという思想であり、とりわけ、主権者である人民が、代議員によって主権に関して代表されうるという思想であった。ルソーによるこの思想の拒否は、一八世紀の通説的見解一般の拒否の一部分に過ぎない。〈通説的見解とは〉すなわち、人民は主権者としてのアイデンティティと自律的な組織をもちうるけれども、王や議会のような全権をもつ制度によって代表されない限り行動することができない、という見解である。代表の拒絶は、したがって、単に主権者と政府との区別に対応しているだけなのである。というのも、この区別の本質は、政府が主権者を主権者として代表することができない、ということだからである。しかし、政府は主権者のエージェントとしてであれば特定の領域において行動することができるし、ルソーもそのことはまったく問題視していなかった――「立法権において、人民が代表されえないことは明らかである。しかし、執行権においては、代表されうるし、またそうでなければならない」と第三編第一五章で述べている。もっとも、そのすぐ後にルソーはこう付け加えている。「このことから明らかなことは、じっくり事柄を検討してみると、法律をもっている国民は、きわめて少ないということがわかるだろう。[31]」〈邦訳一三四頁〉これについても、ホッブズは何も反対したはずがないだろう。結局のところ、この点こそが、選挙された王は主権者であるということを否定する際のホッブズの要点だったのだから。主権者が個々の市民を代表するのと同じ意味で、すなわち、代表する者の意思が代表される者の意思を完全に包摂しているという意味で、主権者のエージェントが主権者を代表したときというのは、ルソーと同様にホッブズにとっても、主権が委譲ないしは簒奪された瞬間であり、このとき宰相が王となるのである。

　しかし、ルソーが疑いなくホッブズから離れている一つの領域が存在する。これは両者の間の重要な差異である。ルソーは、周知のように、主権者である立法府が他の人間や議会に主権を委譲したり放棄したりすることを認めなかったが、ホッブズはこれを認めた――結局、これがホッブズの王党派たる基礎だったのだ。しかし、ルソーは、ホッブズの説明の真の問題点を指摘したといってよいだろう。ホッブズにおいて、民主的立法府は、主権の新たな所在を市民に設定する全権をもっている。なぜなら、民主的立法府の決定は、論争が生じうるあらゆる事柄についての権威をもつものであり、そのなかでも最も論争が生じうる事柄こそが主権の所在だからである。非常に明快で筋が通っている。問題が生じるのは次の事実からである。すなわち、ホッブズにとって、民主的集会はそれ自体が単一の意思と明確な制度的性格をもった実体であり、ホッブズはこの集会を、著作全体を通して、君主とまったく同じものとして扱っていることである。しかし、いかなる主権の担い手も、その主権を他者に委譲する権限を与えられてはいない。ホッブズが『リヴァイアサン』の第三〇章で述べるように、「それらの権利〈主権の本質的な諸権利〉を完全に維持するのが主権者の職務である。したがって、第一に、それらのうちのどれかひとつを、他人に譲渡したり自己からはなしたりするのは、かれの義務に反する。[32]」〈邦訳(二)二六〇頁〉さらに、もし人民の集会が自ら解散した場合には、君主における自殺と同じ意味になるというが、なぜ集会が解散を選ぶことになるのかについて筋の通った説明はなされていない。おそらくホッブズは、民主的な集会が「雄弁家たちの貴族政（aristocracy of orators）[33]」〈邦訳(二)一三〇—一頁〉によって議論を乗っ取られ、その力を掘り崩されることになるだろうと考えていたのかもしれない。そして、〈共和制ローマの没落のときのように〉もはや自身では効果的に権力を行使しえないために、結局はその権力を君主に委譲せざるをえなくなるだろう、と。しかし、主権を有する集会がこのように立ちゆかなくなった場合、主権を委譲する以前に、この集会はもはや市民を適切に代表しているとはいえないだろう。ルソーは、確かに民主的主権を有する集会は必然的に立ちゆかなくなり、堕落すると考えていたけれども、その状態を彼は「政治体の死[34]」と解釈したのであった。これは、民主政から君主政への移行が生じうるというホッブズ自身の主張よりもホッブズの思想に沿うものであるようにみえる。確かに、前章で私が述べたように、『リヴァイアサン』を、始原的な民主政は不要であると示唆するものとして読むことはできるし、それによってこれらの問題の一部を回避することもできるだろう。しかし、それが正しい読解かどうかはわからない。また、いずれにせよ、『市民論』――ヨーロッパ大陸のあらゆるホッブズ読者にとって重要なテクスト――は、市民社会は必ず民主政から始まる、ということを明確に述べているのである。このように理解すれば、ルソーの理論は、ホッブズと基本的に対立するものというよりは、不整合な部分を取り除いたホッブズの理論なのである。

しかし、不整合を除去したことによってきわめて大きな変化がもたらされた。というのも、それによってホッブズの思想にあった政治的な含意が完全に変容し、以降は、ラディカルな民主政の大義へと結びついたからである。とりわけ、本書の冒頭で述べたように、基本的な事柄については市民がみな真の立法者であるけれども、それほど基本的ではない事柄については、エージェントに委ねるという、近代的世界に適合した新たな種類の民主政を出現させた。ルソー自身も（これはほとんど認識されてこなかったように思うのであるが）、彼の思想の近代的な性格をはっきりと理解していた。それは、本書第一章で私が引用した、ジュネーヴの攻撃から『社会契約論』を擁護するために一七六四年に出版された『山からの手紙』の一節に特にあらわれている。

古代人はもはや近代人の範型にはならない。あらゆる点で違うのだから。とりわけジュネーヴの皆さん、あなた方は持ち場を守り、前に掘られている淵を隠すために示された高いものを望もうとはしてはなりません。あなた方はローマ人でもないしスパルタ人でもない。アテネ人でさえもない。あなた方にふさわしくないこうした偉大な名前はおいておきましょう。あなた方は、私的な利益、仕事、取引、もうけをいつも気にして忙しい商人、職人、ブルジョアなのであって、自由でさえも、難なく獲得して安全に保有するための道具だと考えてしまう人々なのです。

この状況はあなた方に固有の公理を要求します。あなた方は古代人ほどに暇ではなく、彼らほど統治に絶えず関わることもできない。しかし、統治を彼らほど継続的には監視できないというまさにその事実によって、統治の陰謀を見つけたり統治の濫用に備えたりするのがあなた方にも容易なように統治が設計される必要があります。あなた方が利益を得るのに必要な公的な努力のすべては、あなた方にとって費用のかかることであり、あなた方が喜んでするものではないからこそ、余計に容易になされるべきなのです。というのも、それらから逃れようとすることは、自由であるのを止めようとすることだから[35]。

ルソー主義的な民主政は、古代都市国家を今日にそのまま移すような牧歌的なものではなく、どうすれば近代商業国家を真に民主政の名に値するよう機能させせられるかという真剣な試みだったのである[36]。ルソーがなしたことの十全な意義が理解され始めるのは、一七八九年初頭に、新憲法についてフランス人が議論を開始してすぐのことであった。当初想定されていたのは（実際にそうなったのであるが）、承認のための人民の投票を正式に行うことなく、国民議会が憲法を作成し、公布することであった。しかし、国民議会の一部の議員は――そのほとんどは後にジロンド派に加わる者であったが――憲法全体についての人民投票か、それができなければ、新たに構成される立法府の提案する法案に対する国王拒否権によって発動される人民への訴え［*appel au peuple*］によって人民投票の要素を新体制に導入することを提案した。（次章で検討するが）アメリカにおける重要ないくつかの例外を除けば、このとき、人民投票ないしはレフェランダムの近代的な概念が初めて提起されていたのである。これは明らかに、通常の統治構造（国民議会もこれに含まれるだろう）に潜在しているけれどもそれとは別個に存在する、立法権をもつ主権者という思想に、制度的な仕組みを与えることをまさに意図したものであった。[37] このような人民投票を行う主権者への転換は、これから見るようにルソー主義的な用語によって支持されたのであるが、その興味深い特徴は、ルソー自身はこうしたことを想定していなかったということである。後の著作においてルソーが、小国を望ましいと考えていたとしても、それと同様に大国においても人民に立法権力を与えるためのさまざまな手段を探求していたことに鑑みれば、このことは特に顕著である。[38]（一七七二年に書かれたが、死後の一七八二年に『著作集』が出るまで発表されなかった）『ポーランド統治論』において、ルソーは代議員の命令委任システムであれば『社会契約論』で設定していた目標を達成できると主張している。他方で、一七六五年に書かれた（が一八六一年に出版されるまでは知られていなかった）『コルシカ憲法草案』では、ルソーは主権者人民が多数の部分に分かれて個別に集会を開く可能性を考えていたようである。[39] しかし、近代の人民投票システムのようなものは、ルソーの思想を敷衍すれば自然に出てくるものであり、実際に、その含意はフランス革命が始まってからしかるべく引き出されたのである。

実は、そうした思想に近いものが最初にフランスにあらわれたのは、革命の前のことであった。キース・ベイカー〔Keith Baker〕とロジャー・バーニー〔Roger Barny〕は、次の事実に注意を促している。すなわち、ギョーム・ジョゼフ・セージュ〔Guillaume-Joseph Saige〕によって一七七五年に出版され、強い非難を浴びたきわめてルソー主義的な著作である『市民のための教理問答あるいはフランス公法の原理』が三部会への命令委任を求めていたということである。セージュは次のように書いている。命令委任がなければ、「立法権はもはや国民とともにあるとはいえず、国家を指導するのはもはや一般意思ではなくなるだろう。むしろ、主権の権威は代議員たちの機関に集中することになってしまう。[40]」興味深いことに、セージュは、ルソーが命令委任に賛成する議論を出版する七年前にこれを書いている。もっとも、セージュの著作は非難を受けてから実質的に姿を消した。一般的に知られるようになるのは、一七八七年に再出版されるようになってからのことであったが、この頃までには、『ポーランド統治論』が命令委任に関する権威ある著作として知られるようになっていた。しかし、ルソーと同様に、セージュは命令委任の擁護から人民投票の十分な理論化へと歩みを進めようとはしなかった。これが生じるのは、後に、フランス人がアメリカで直近に起きた出来事について考え始めてからである。[41]

この展開を主導したのが、後に両者ジロンド派となるジャック・ピエール・ブリソ〔Jacques-Pierre Brissot〕とコンドルセ侯爵〔Marquis de Condorcet〕であった。ブリソは、次章で議論するところのアメリカのラディカルな邦憲法に熱中しており、一七八三年には、一七七六年に成立したペンシルヴェニア邦憲法をきわめてルソー主義的に分析した著作を出版した。そのなかで示唆的なのは、ブリソがペンシルヴェニア邦憲法を、現実にそうであったよりもさらに人民投票の要素をもつものとして特徴づけ、この特徴（と思われたもの）を、現代世界の民主政における問題を解決するものとして賞賛していたことである。[42] ブリソはこれについて次のように述べている。「制憲者が、多くの条文を『社会契約論』の諸原理から引き出していると理解するのは容易である。[43]」マサチューセッツとニュー・ハンプシャーですでに行われていた真正の人民投票がフランスで十分に認識され始めたのは、その数年後だったようである。なぜなら、フランス人の著述家が参照することのできた主な邦憲法集は一七八三年に出版されたものであり、これは大陸会議が一七八一年に承認した憲法集の翻訳なのであるが、それゆえに、初めて人民投票の要素を含んでいた一七八四年のニュー・ハンプシャー邦憲法は含まれていなかったからである。マサチューセッツは邦憲法につき一七七九年と一七八〇年に人民投票を行っていたけれども、一七九二年に修正されるまで、邦憲法自体にはその規定は存在していなかった（これらの憲法については第四章を参照）。ニュー・ハンプシャーとマサチューセッツの人民投票について入手可能な文書は一七八五―八六年までフランスには存在しなかったのである。[44]

コンドルセもまた、一七八八年に出版された、アメリカの憲法論議に関する『立法権を複数の機関で分有することの無益さについてのニュー・ヘイヴンのブルジョワからヴァージニア市民への手紙』のなかで、修正された人民投票を用いるよう促している。[45]コンドルセが提案したのは、ほとんどの法案が議員を選挙した選挙区集会（district assemblies）に付託され、そこで有権者によってイエスかノーの投票が行われるという精巧なシステムであった。しかし、これもまたマサチューセッツのような真の人民投票とはいまだいえるものではなかった。なぜなら、コンドルセが望んだのは、最終的な決定が選挙区の加重多数決によってなされることであり、シンプルに全国単位で投票総数を数えるものではなかったからである。

フランス革命が勃発すると、ブリソはすぐにフランスのために似たような枠組みを提案した。『一七八九年の三部会における人民の代議員のための行動計画』（一七八九年四月）で、ブリソは、三部会自身が憲法を起草することが可能であると述べたことについてシィエスを批判し（彼の思想の検討は後に行う）、憲法制定権力（*pouvoir constituant*）と憲法によって設けられた権力（*pouvoir constitué*）は完全に区別されなければならないと主張した。ブリソが、すぐにシィエスの二つの権力の術語を採用し、それがいわばルソー主義的な理論にとって重要であると考えたのは注目に値する。ブリソは明らかにアメリカの経験に基づいた複雑なモデルを提案した。すなわち、そのために選挙された憲法会議が、三二の地方（province）ごとに選挙された議会に草案を議論と修正のために送り、憲法会議は各議会の見解を再び受け取って最終的な草案に反映させたうえで、地方ごとにシンプルにイエスかノーかを問う投票に付すものである。

三二のうち二一の地方が賛成した場合、当該憲法は効力をもつ。三か月後に、ブリソは再びシィエスを批判し、次のように述べた。「憲法の明示的な承認がない限り、国民が、代表者によって――たとえ特別代表であったとしても――構成されることはありえない」。しかし、彼は自身の『行動計画』をモデルとして引用しており、ストレートな人民投票による採択はいまだ考えていなかったようである[46]。同じことはコンドルセにも当てはまる。彼は『市民に憲法を承認させる必要性について』と題するパンフレットを一七八九年八月に出版した[47]。そのなかでコンドルセは、すべての市民がまず人権宣言について投票し、それから、提案された憲法が何か人権宣言に矛盾するものを含んでいないかについて投票することを提案した。しかし、ブリソと同様に、彼は以前の著作である『ブルジョワからの手紙』をモデルとして引用しているため、やはり確固とした全国的なレフェランダムは視野に入っていなかったようである[48]。

完全な人民投票の枠組みは、一七八九年九月の国王拒否権をめぐる議論のなかで、後のジロンド派の一部によって初めて提示されたと思われる。もっとも、彼らの目からは、この枠組みは憲法草案のみにはまだ限定されていなかった[49]。こうした議論のなかで、立法府の法案に対する停止的拒否権を国王に与えるべきだという考えがあらわれた。実際に公布された一七九一年憲法では、この拒否権は、立法府が二期連続で当該法案を可決した場合には乗り越えられると規定されたのであるが、多くの議員から議論のなかで提案されていたのは、国王拒否権は提案された法律について全国単位のレフェランダムを発動させるようにすべきということであった。というのも、こうした拒否権は（彼らの考えでは）非常に稀なことであろうから、おそらく基本的で重要な事柄に関わるものであり、それゆえ人民による決定の適切な対象になると考えられたからである。この枠組みの主な提唱者はジェローム・ペシオン・ドゥ・ヴィルヌーヴとジャン・バプティスト・サール〔Jean-Baptiste Salle〕であったが、この二人は後に恐怖政治のなかで命を落とすことになる。民主政は危険であるという理由から絶対的な国王拒否権を擁護していた自由主義的王党派であるジャン・ムーニエ〔Jean Mounier〕は、著作で次のように述べていた。人民は「本質的に騙されやすい。そして怒り狂ったときには、偉大な人物を排斥する。ソクラテスの死を望み、次の日にはそれを嘆き悲しみ、さらに数日後には彼を祭壇に祀っている。[50]」これに対してサールは九月一日に次のように応答している。

人民は情熱なしにどうやって統治するかを知らないのである！　しかし、誰がここで統治すること（governing）の話をしているのだろうか？　統治（Government）は主権ではない。統治することは立法することではない（脚注で、「ムーニエ氏は、直近の著作で繰り返しこの二つを混同している。彼にありがちな詭弁である」と述べる）。アテネの人民が偉大な人物たちを裁いたとき、彼らは政務官の機能を行使していた。彼らの目に映っていたのは個別的な事柄だったのである。彼らは統治を行い、そして過ちを犯した。これはしばしばあることであった。しかし、アテネ、スパルタ、ローマなどの人民が主権を行使したとき、法律（law）がつくられる。彼らが自ら、自らのために法を制定するとき、誤ることはなかった。彼らは賢明であった。もし政治法（political laws）に欠陥があってもというのも、当時はまだ政治学が未発達だったので――彼らの市民法（civil laws）が、皆さんよくご存じのように、今日でも世界の驚異として存在しているのである。（フランス人に）裁判をし、統治することを望んだ古代の人民と同じ失敗をするものという烙印を押してはならない。一言でいえば、主権と統治とを混同しないようにしよう。[51]

サールが実際に考えていた枠組みは詳しく述べられてはいない。しかし、おそらく人民が法律について議論することは許されず、シンプルにイエスかノーかを投票する第一次集会（選挙区の基本的な単位）に従った、代議員への「命令委任」を含むものであったと思われる（p. 531, n. 3）。このように主権者人民の審議を否定するのは、「ジロンド派」の提案すべてに共通する特徴であり、これは（第一章で述べたように）ルソーにおける審議する集会への敵意に対応しているのである。[52]

その五日後に、ペシオンが完全に近代的な意味での人民投票――すなわち、代表者を完全に無視し、人々の頭数のみを数えるもの――を明確に提案した。おそらくこれがフランスにおける最初の例だろう。もっとも、繰り返しになるが、アメリカではすでにこの仕組みを憲法制定のために用いている邦があった。革命以前、ペシオンの思想はコンドルセやブリソのものと同様であった。一七八八年の『祖国を救うためのフランス人への助言』で、彼は国王特権を許容する英国の国制を批判して、次のように主張していた。「法律は共同意思［*volonté commune*］の表明であり、その意思が何かを決定するのは代議員［*mandateire*］ではない。この意思は、代議員に権限を与えている人々から発せられているのだから。[53]」ペシオンは立法府が「国制に関する法律［*les loix constitutives*］を修正」することができるということも否定していた。「もし時間と経験が法律の改正の必要性を知らせているとすれば、地区（district）から委ねられた明示的な権限のみがその改正を引き受けることができる。地区の意思は個別的な意思であるが、それが統一されれば国民の意思［*voeu*］を形成するのである。[54]」しかし、九月になると、ペシオンは国王拒否権の発動後の人民投票という思想を、問題をイエスかノーに明確化できるので、人民への諮問を行う適切な機会としてとらえるようになった。『人民への訴えについての見解』において、彼は（サールのように）、代議員に全権を与えることは、国民から自由を奪うことになると主張している。「もし各人が自らの個別意思を明らかにし、そのすべての意思の結合が真に一般意思を形成するのであれば、法律は一般意思の表明でなければならない。[55]」政府と代表は実践的な目的のためには必要であるが、基本的で複雑でない事柄については、主権者である人民が直接その意思を表明すべきなのである。[56] こうして、ペシオンは、もし二者択一なのであれば、代議員が拒否権発動の際に第一次集会によって投票を命じられる場合がありうると論じていたが、さらに次のように述べている。

我々には個々の有権者の投票もある。一見すると、どれほどその手続が煩雑にみえるとしても、各第一次集会において簡単に全員をリストアップできるうえに、そのリストを数えることで一般的で確定した結果を得ることができるのだから、簡素になるのである。[57]

ペシオンが自分のアイディアを進めていこうとする挑戦的な姿勢は、彼がその革新的な性質を理解し、これまでの諸提案を越えて前に進んでいることを自覚していたことを強く示唆している。[58]

コンドルセもブリソも、国王拒否権に関してはサールとペシオンを支持していなかったが、一七九三年二月までには、他の多くのジロンド派とともに、新憲法が直接人民投票に委ねられなければならないという見解で一致していた。一七九二年九月、王制が廃止されるとすぐに組織された国民公会は、人民によって承認されなければ憲法ではないと宣言した。もっとも、採択の方法は曖昧なままであった。ダントン〔George Jacques Danton〕は動議を提出し、「第一次集会の過半数によって」承認されるべきだと述べた。またある者は、承認の方法は後で決めるべきだと主張した。[59] しかし、一七九三年二月一五日に、コンドルセは国民議会に、最初の共和制憲法（いわゆるジロンド憲法）を起草するための（ペシオンも加わった）委員会の報告書を提出していた。そこで彼は、憲法がフランスの有権者の過半数によって採択される必要性を強調していたのである。彼は「［人民の］主権を完全に保つにはそれしかないだろう」と述べている[60]。ジロンド憲法草案は二種類の人民投票を規定していた。第一に、（第八編で扱われる）「人民の審査」である。人々が不満をもつ法律は、複雑な請願のシステムのもとで第一次集会（地方において市民が投票のために集まる基本単位）に戻すことができる。もし「第一次集会における過半数の票」（第二二条）が廃止を決定した場合、一院制の代表制立法議会である「立法府（corps législatif）」の新たな総選挙が、この二年前にベンサムが提案していたように行われる。法律を最終的にどうするかの決定は、新たな立法府に委ねられるとはいえ、議会が人民の承認を得られる決定をするまで、繰り返し選挙が行われる可能性がある。「第一次集会の過半数（majority of primary assemblies）」といった文言ではなく、「第一次集会における過半数の票（majority of votes）」という文言は、ジロンド派が真正な人民投票を想定していたことを示している。ジロンド派は第九編において、憲法改正についても同様の制度を提案している。すなわち、請願システムによって、立法府に対して、憲法会議（constitutional convention）を召集すべきかについて「直ちに第一次集会に集う共和国の全市民に諮問」することを要求することができる。そして「もし投票者の過半数が賛成した場合［*si la majorité des votans adopte l'affirmative*］」、憲法会議が招集される（第六条）。憲法会議は提案を「人民に提示する」（第九条）。第九編はこの提示の形式について特に規定していないが、ジロンド派が思い描いていたメカニズムの一般的特徴からすれば、続く採択においても、第一次集会の投票者の過半数を要求したであろうことは明らかである[61]。

第八編で規定された手続と第九編で規定された手続は次のように区別されている。一方で、通常法律については、人民による立法という要素があるとしても、最終的な決定は代表制の議会に委ねられている。

他方で、憲法的法律（constitutional laws）については、最終的な権威は人民それ自体にある。立法府について定める第七編第二節第一条および第二条は、その本質的特徴とルソー主義の伝統をよく要約している。すなわち「立法権の完全な行使は立法府にのみ属する」、「憲法的法律は前条の規定の唯一の例外である」と規定している。この点が、一七九三年二月のジロンド憲法草案と、ジャコバン派によって書き換えられ、実際に七月に人民投票に付された憲法との大きな差異になった。ジャコバン派は、あらゆる法律は、いかに些細なものであっても――理論的には――人民によって制定されなければならないと宣言し、憲法は、あらゆる立法につき、過半数の県で第一次集会の一〇分の一以上の票が異議申立てをした場合、判断のために第一次集会に戻す旨を規定していた[62]。サールはジャコバン派に対して、立法に対する人民のコントロールを、ジロンド憲法草案よりも弱めていると糾弾した。なぜなら、ジャコバン派は、第一次集会が法律について議論するために一斉に招集されるメカニズムを曖昧なままにしていたため、秩序をもたない群衆が立法過程を支配してしまうと考えたからである。サールにとってジャコバン派は、フランス市民に不可能な選択を迫るものであった。

> 二四〇〇万人もの大衆が、二万六〇〇〇平方リーグの領土に散らばり、勤勉で商業を営み、自らの私的利益に強く執着している。公共の関心事に対処するためには、彼らが自発的にやる気を出さなければならない……。この人民はこれらのどれも等しく危険な規定によって、絶えず公共の関心事に専心し、完全に個人の利益を忘れるか……、自らの権利の保障を完全に立法府に委ねてしまうかの選択をするよう迫られる。

サールはこのジャコバン憲法の規定と、コンドルセによる草案における立法の審査に関する詳細な仕組みとを（彼の言う）ルソーの思想に沿って照らし合わせた。そしてジャコバン憲法のもとでは、「人民の主権に関する規定に与えられた見かけだけの栄誉は許しがたい嘲笑でしかない」[63]と述べる。これらジロンド派の理論家の立場から見ると、グロティウスとプーフェンドルフとまったく同様に、ジャコバン派は主権と統治の区別を曖昧にしてしまっているのである。もっとも、ジャコバン派は君主の支配のためではなく（彼らが言うには）人民の利益のために行っていたのであるが。いずれにせよ、ジャコバン派は社会の基本的な構造を決定する主権の行為を、統治の行為――最も警戒すべきものとして、サールが指摘したように、刑事裁判を含む――から分離していなかったのである[64]。

ジロンド派は一七九三年の憲法闘争に敗れ、ブリソ、コンドルセ、サール、ペシオンは皆命を落としたけれども、憲法は人民投票によって承認されるべきであるという彼らの新しい思想は放棄されなかった。一七九三年から一八一五年の間に、七つの全国レフェランダムが実施され、それぞれ新たな憲法が承認されたのである。そのなかには共和暦一年のジャコバン憲法、共和暦三年の総裁政府憲法、共和暦八年憲法（もっとも、以下で述べるように、これは真の承認とはみなしがたい）、一八〇二年のナポレオンの終身統領就任〈を規定する憲法改正〉が含まれる。ボナパルトの失脚後、ナポレオン三世の戴冠まで人民投票は用いられなかった。そして一八七〇年以降は第四、第五共和制を打ち立てた第二次世界大戦後のレフェランダムまで再び用いられなくなった。しかし、一九四五年からの六七年間で、フランスでは一四回の全国レフェランダムが行われてきた。いまやフランスでは、多くのヨーロッパ諸国と同様に（ドイツという顕著で重要な例外はあるけれども）[65]、ジロンド・モデルが確立したというのは明らかである。

しかし、人民投票が実践において最終的に成功したことは、次のような驚くべき事実と対比されるべきである。すなわち、革命からおよそ一五年間にわたって最も注目と尊敬を集めたフランス革命の理論家が、政治に関するこうした考え方の熱心な反対者だったことである。これはエマニュエル・シィエスのことである。彼はいまや（パスカレ・パスキーノ〔Pasquale Pasquino〕の画期的な著書のタイトルのように）フランスの立憲主義の発明者であるとみなされている。[66] なぜなら、パスキーノによれば、シィエスは誰よりも憲法裁判所の役割を理論化したからであり、憲法裁判所は実際に多くの現代憲法の中心を占めることになった。しかし本書の立場からすれば、シィエスは、私がルソーにおける核心的な洞察と論じた点、すなわち、主権と統治を分割し、直接民主主義の要素を近代世界に再び持ち込もうとする洞察に対する最も重要な敵対者としてあらわれる。[67] もっとも、シィエスも主権と統治の区別を採用し、それを自らの目的に合わせていた。そのなかで、「主権」と「統治」という言葉に広くとってかわった新たな用語を導入したのである。それこそが「憲法制定権力」と「憲法によって設けられた権力」という言葉である。

この用語が最初に著作にあらわれるのは、一七八九年一月の、有名な『第三身分とは何か』においてである。そこでシィエスは「憲法のいずれの部分も憲法により設けられた権力の作ったものではなく、憲法制定権力が作ったものなのである[68]」と書いている。彼はすでに一七八八年に書かれた『一七八九年にフランスの代表者たちが用いることのできる執行手段についての見解』のなかでこの言葉を用いていたが、これが実際に出版されたのは一七八九年四月のことであった。[69] どちらの著作も、三部会がフランスの国制を再構築できるかどうか、そして三部会は、その構成と権力を支配する既存のルールによって、行うことのできる範囲が限定されているかどうかに関する議論のなかで書かれた。シィエスは「憲法制定権力」は憲法、すなわち国民が依って立つ法的ルールを決定するものであり、いかなる国民であれ、これを所有していると主張した。したがって、定義上、この権力はいかなる法的ルールにも拘束されない。彼が『第三身分とは何か』で述べたように、「国民はすべてに先行して存在するのだ。国民はすべての源だ。その意思は常に適法なのだ。それは法律そのものだ」。そして「国民自身が、自己の受任者を服せしめた手続や憲法に縛られるなどというのはおかしなことであろう。」[70] ここに至って、シィエスは、「憲法制定権力」のレベルで作動している唯一のルールが多数決主義であることも受け入れている。実際、『執行手段についての見解』のなかでも、彼は、ホッブズとルソーも是認した次のような見解をきわめて明瞭に述べている。すなわち、市民の結社の本質は、その多数派によって統治されることへの諸個人の同意である、と。

結合への賛意によって、あらゆる市民は自らを多数派の見解によって拘束されるものとしてみなすという継続する約束を行う。たとえ彼自身の意思が少数派になったとしても、である。彼は前もって自分自身を差し出すのであるが、強調すべきは、それが彼自身の意思に基づく自由な行為によるものだということである。彼が保持し続けるのは、もし制定される法律が気に食わないのであれば、その結社を去り、移住するという権利のみである。[71]

したがって、シィエスは、一七八九年において、ペシオンや他の将来のジロンド派の国王拒否権に関する提案およびその後の新憲法を承認するための人民投票の利用に留保なく賛意を示しただろうと考える者が居ても不思議ではない。しかし、革命期の彼の政治的立場の核心は、実際には人民投票への深い敵意と、近代の大国においてすべては代表者を通じて行われるべきであるという主張だったのである。これは、シィエスが、単一の代表機関がすべての立法権限を行使するようなイギリス型のシステムを支持したということではない。シィエスが革命期の著作や演説で何度も立ち戻る重要な点は、憲法制定権力は、理念的には特別な代表者によって行使されるか、（さもなければ）通常とは異なった態様で通常の代表機関によって行使されるべきだということである。[72]

> 私は、国民が、ここで問題としている新たな委任を通常代表に対して行うことができない、と言おうとしているのではない。確かに、同じ人々が、複数の機関の構成員となり、特別の委任を受けて、複数の権限を相ついで行使することはありうるが、それらは性質上混同してはならないものなのである。いずれにしても、特別代表と通常の立法府とは似ても似つかないものであることは確かである。それらは、それぞれ別個の権力なのである。通常の立法府は、課された形式・要件のもとにおいてのみ活動することができる。特別代表は、特段の形式に一切服さない。特別代表は、国民が自らの政体に憲法を与えようとする場合に、国民が少人数であったなら自らするのと同様の仕方で集まり審議する。[73]

シィエスはすでに『執行手段についての見解』のなかでこの可能性を認識していた。そこで彼は（その将来の構造は彼が書いた時点ではまだ決められていなかったということが想起されるべきであるが）次のように述べた。国民議会は、

> 最初の会期を利用して、国民議会が行使することが要求される機能にふさわしい組織と手続的適正さを備えるべきである。これは、いかなる通常の立法府も、自ら憲法を制定する責任を負うことがあるということを意味しているわけではない。憲法制定権力と憲法によって構成される権力は決して混同されてはならないのである。しかし、国民が特別な代表者によって憲法制定という偉大な任務を実行

するための規定をもっていないのであるから、くるべき三部会がこの二つの権力を兼ねるということを想定しなければならない。[74]

シィエスによれば、憲法制定権力を行使する代表機関は（一七八九年の例外的状況を除いて）通常の立法府と同じ機関であってはならない――イギリスの国制の大いなる過ちはこの点にある。[75] そして七月に三部会は憲法制定国民議会に変身を遂げ、まさにシィエスが望んでいたことを行ったのである。

一七八九年の初頭にシィエスのペンからあらわれた著作の数々は、代表機関のみが憲法制定権力を扱うことができるとは明確には述べていなかった。七月に、彼は自身も構成員であった憲法委員会に人権宣言の起草を要請され、二一日と二二日に長大な前文を付して委員会に提出した。これを出版したものが『憲法前文：人および市民の権利の承認と理論的解説』である。七月の初版では、シィエスはまだ次のように述べるにとどまっていた。

社会の構成員は個別に憲法制定権力を行使する必要はない。彼らは代表者にそれを信託すればよく、代表者はその目的のために集会をもち、憲法によって設けられた権力は何も行使しない。さらに、憲法のあらゆる部分の追加や改正の手段については、提案される憲法典の最初の章に置かなければならない。[76]

ブリソは自身の雑誌『フランスの愛国者』の八月一日版において、この初版を評価し、すでに引用したようにこの部分について批判を加えた。[77] ブリソの（おそらく一七九三年に編まれた）『回想録』では、彼はシィエスの議論について、自分は委員会の構成員ではなく、単に「政論家（publiciste）」であるにもかかわらず、憲法委員会からコメントを求められたと想起している。

私はシィエスの計画について所見を述べるよう求められたので、彼の目の前で所見を示した。私は、シィエスの真実への愛を理解しているので、彼が私の見解に気を悪くしたとは思わない。反対に、私たちを結ぶ友情のために私の意見を犠牲にしたとしたら、彼は気を悪くしただろう。もちろんそのようなことにはまったくならなかった。

数多くある誤りのなかでも、重大なものは人権宣言のための計画のなかにあり、これは最も危険な結果をもたらしかねないものであった。なぜなら、それは憲法それ自体を破壊しかねないからである。すなわちシィエスの憲法制定権力の理論である。彼はこの国民を構成する権力が、明確かつ不可逆的に、その目的のためだけに集まった代表者によって行使されるべきであると主張している。私はまったく異なった意見をもっていた。すなわち、反対に、国民のために起草され、国民に提示されている憲法が明示的に承認された後でなければ、たとえ特別な代表者によってであれ、国民が構成されることはありえない、と。しかしシィエスを説得することはできなかった[78]。

ブリソが説得できなかったのは事実である。シィエスは著作の新版をもって応答し、憲法制定権力は代表者によって行使されなければならないと考えていることを疑いの余地なく明らかにした。この新版で、シィエスは上記の二つの文〈本書一二〇頁の「憲法によって設けられた権力は何も行使しない」で終わる文と、「さらに」から始まる文〉の間に次の一節を挿入した。

……憲法によって設けられた権力は何も行使しない。大勢の人民のなかでは、事物の本性から、彼ら〈代表者〉に委任せざるをえない。したがって、人民が自ら行使するのは、委任する［commettant］権力にとどまる。すなわち、公的権力［*l'établissement public*］を構成する権利を始めとする現実の権力［*droits réels*］を行使する人々を選び、委任するということに限定されなければならないのである。さらに……[79]

シィエスはまた、ブリソとコンドルセの枠組みを批判する。曰く、「裁判管轄区ごとの部分的な承認を多くの人が必要だと考えているようだ。このアメリカのシステムは、複数から成る連邦国家に適しているものであって、単一国家であるべきフランスには無縁のものである[80]」。

シィエスが「事物の本性」と言うとき、彼が念頭に置いているのは、単に「大勢の人民」の規模の大きさだけではなく、その商業的性質と、近代の生活における分業の重要性であった。シィエスはこの枠組みを『執行手段についての見解』で導入していた[81]。『第三身分とは何か』ではほとんど明確な役割は果たさなかったけれども、一七八九年の後半における重要な著作、すなわち停止的拒否権を求める提案への反対意見を提示した九月七日の『国王拒否権の問題についてのアベ・シィエスの発言』において、この枠組みについて詳しく述べている[82]。

現代のヨーロッパの人民は、古代の人民とほとんど似るところがない。我々は商業、農業、手工業にのみ専心している。富への欲望がヨーロッパのすべての国家を巨大な作業場にしているかのようだ。我々は幸せよりも、もっと多くの消費と生産を夢見ている。同様に、今日の政治システムはもっぱら労働によって成り立っている。人の生産力がすべてなのである。我々は、道徳的力こそが真の喜びの源泉になりうるにもかかわらず、これをほとんど考慮することはない。こうして、大半の人間のなかに、労働のための機械のみを見るよう強いられているのである。しかし、この教養もなく、ほとんどすべてを労働に捧げざるをえない大衆に対して、市民の称号と市民権に基づく諸権利を拒否することはできない。あなたと同じく彼らも法律に従うべきであるように、あなたと同じく彼らも法律をともに作るべきなのである。この協力は平等でなければならない[83]。

現代政治の諸条件が民主政を除外すると述べた後、シィエスは停止的拒否権と人民投票ないしは命令委任の組み合わせに強く反対した。

同胞の市民の大多数は、フランスを統治すべき法律に、自ら直接関わっていこうとするだけの十分な知識も余暇も持ち合わせていない。彼らの意思は、したがって、代表者を指名することである。それが大多数の意思であるから、知識をもつ者も他の者と同様に、従うべきである。社会が形成されるとき、我々は多数派の意思こそが全員のための法律を決定するものであると知っている。

この理由づけは、きわめて小さな自治体にとって有効であるが、我々が二六〇〇万人を統治すべき法律をいま扱っていると考えると、なおさら抵抗できない説得力をもつ。というのも、私が常に主張しているのは、フランスは民主政ではないし、そうではありえないということ、また、フランスは複数の共和国が一定の政治的な結束によって連合する連邦国家であるべきではないということ、そしてフランスは全域にわたって共通の立法と政府によって統治される単一のものであるし、そうあるべきだということだからである。五、六〇〇万の能動市民が二万五〇〇〇平方リーグを越える範囲に広がっているのであるから、彼らが集会を開くことが不可能なのは明らかである。彼らが望みうるのは代表者による立法府のみである。したがって、代表者を選任する市民は直接彼ら自身が立法を行うことを放棄する――放棄しなければならない――のである。したがって彼らが個別意思を実行することはない。あらゆる影響力、あらゆる権力が彼らに属するというのは代議員においてであり、それのみである。もし彼らが自らの意思を実行しようとするならば、それはもはや代表政の国家ではなく、民主政の国家である。（pp. 15–17）

また、とりわけ印象的な一節で、シィエスは、人民投票の提案と審議への敵意の結びつきを認識していたことを明らかにしている。（おそらく）サールの命令委任の枠組みを批判する文脈でシィエスは次のように述べる。

我々が（委任している者の）意思を発見するのは、それがもしあればの話だが、それぞれの陳情を個別に吟味することによってではない。人民の頭数を数えるということが問題なのではなく、提案し、意見を聞き、諮問し、意見を変えることで、要するに共通意思（common will）[84]をともに作り上げることが問題なのである。

この点であらゆる疑いを晴らすために、我々は、たとえ最も厳密な意味での民主政においてであっても、これが共通意思を形成する唯一の方法であるということを認識すべきだろう。自由を最も重視する民主派たちは、真夜中に自宅で寝ずに、自らの意見を形成し、決定し、公共の場へと持ち出しているわけではない。過半数に共通する意思が個別の意見から引き出されなかったときに、結局自宅に戻り、完全な孤独のなかでまた意見形成を一からやり直すということではないのである。このような共通意思の形成の仕方は馬鹿げているということは強調しなければなるまい。人々が集まるときに、審議が行われ、他者が何を考えているかを知り、相互の啓発によって示唆を得て、それぞれの意思を比較し、修正し、調和させ、最終的には過半数に共通する結果が得られるのである。次のように問おう。最も厳格で要求の多い民主政において馬鹿げていると思われるルールが、代表者から成る立法府のためのルールになるだろうか？　代議員が国民議会に集まるのは、すでに形成された彼らの有権者の意思を宣言するためではなく、審議し、議会が各人に提供するあらゆる啓発によって照らされた結果としての、彼らの現在の意見に従って自由に投票するためである。(pp. 17–18)

シィエスの代表制の強調を踏まえると、彼の憲法制定権力と憲法によって設けられた権力の理論は、ルソーの主権と統治理論とは異なって、実際には、ルソーが統治のレベルにあるとみなしたであろう領域における、権力分立ないしは機能分立の理論というべきである。このレベルにおいては、すでにみたように、ルソーは権力の分離や混合政体には反対していなかった。[85]シィエスが権力分立という思想に加えた非凡な一工夫は、憲法を起草する権力を権力の一つに数えたことである。しかし、彼の眼には、これは基本的なものであるとは映っておらず、人民によって直接行使されうるとも考えなかった。一七九三年のジロンド派とジャコバン派の憲法草案に対してシィエスは沈黙を守っていた。彼はジロンド憲法草案を生み出した委員会の一員であったにもかかわらず、である。そして彼は良く知られているように、恐怖政治を「生き延びた」〈シィエスが、恐怖政治のなかで何をしていたか、と問われたときに述べたとされる「生き延びた（J'ai vécu)」を下敷きにした記述〉。共和歴三年（一七九五年）に、彼は総裁政府の新憲法に関する議論に加わり、公的生活に復帰したが、そこで彼は従来の思想を繰り返し表明し、明確にした。この時期に書かれた手稿において、シィエスは、諸個人が市民社会として自らを構成する最初の行為は、〈ホッブズとルソー同様に〉全員一致のものであって、そうでなければ自然に有する自由に反すると主張している。しかしこの行為は過半数によって拘束されるという旨の同意ではない。そうではなくて、多数派に抑制［*frein*］をかける憲法秩序を尊重すべしという旨の合意なのである。そして

この抑制は権力の分立とその権力の組織、とりわけ立法の組織化のなかにしか見出されない。私が言っているのは、権力の分立とその組織、それこそが憲法だということであって〈というのも、それ以外の何物でもないから〉、憲法は単純多数決によって制定されたあらゆる法律に先立つ基本的な法律だということである。この憲法への服従は、結合する個々人による原初的な約束［*engagement*］の一部である。もし憲法が多数決以前に存在していなかったとすれば、あるいは、もし多数派が憲法を破ることができてしまえば、そのとき貴族政が自由の代わりにあらわれるだろう。人民の主権について、まるで限界がないかのように語るのは誤りである。[86]

同時に、シィエスは、いまや明示的に人民主権の思想を攻撃している。本書を通してみてきたように、主権は我々が検討してきた伝統における主題であった。しかし、パスキーノが述べたように、「主権」という用語はシィエスのテクストにおいては「消極的かつ批判的に」のみあらわれる。それどころか、パスキーノは、この部分において、シィエスがルソーから逸脱しているとみなすのである。[87]シィエスはテルミ

ドール二年の『意見』において、次のように述べている。

この［主権という］言葉が我々の想像のなかだけで不気味にそびえたっているのは、王家への盲信に満ちたフランス人の精神が、簒奪された主権の数々を輝かせた華やかで絶対的な権力の遺産すべてを主権に与える義務があると思いこんでいるからである。人々はある種の愛国者のプライドをもって、次のように言うだろう。もし偉大な国王たちの主権がそれほど強力で恐ろしいものであるなら、偉大な人民の主権はそれを凌駕しなければならない、と。[88]

そして憲法の設計に関しては、シィエスはいまや強力な憲法陪審（jury constitutionnaire）を主張することになる。これは、現代の憲法裁判所のような機能を果たすもので、憲法違反と判断した法案を無効にする。国民公会の多くの論者が、これは「簒奪」や「専制」につながると主張し、徹底的な議論の後で、彼の提案は満場一致で退けられた。[89] 国民公会によってテルミドールに制定された共和歴三年憲法は、シィエスの提案を一つも採用せず、一七九三年憲法の人民投票による承認の手続を維持した。

しかし、シィエスは憲法裁判所の枠組みを放棄しなかった。ブリュメール一八日のクーデターの後の共和歴八年（一七九九年）憲法で、彼はボナパルトに協力し、また憲法草案を起草したが、そこで（シィエスの草案では）護憲院（collège des conservateurs）あるいは（公布された最終版においては）護憲元老院（sénat conservateur）の名で、この枠組みが再びあらわれた。共和歴八年憲法のシィエス案では、彼は一種の陶片追放の権力を与えようとさえしている。これは憲法委員会の他の構成員にとってはやり過ぎであり、（他の点についてはシィエスの断固たる擁護者であったアントワーヌ・ブーレイ・ドゥ・ラ・ムルテ〔Antoine Boulay de la Meurthe〕によれば）「最高の裁判官、すなわち国家のあらゆる公職者、あらゆる市民の上に立つ絶対的な主権者を設置することになるのではないか？」[90]との批判を受けた。また、憲法委員会はシィエスのもう一つの思想である「大選任官（Great Elector）」も退けた。大選任官は、個人として国民を代表するだけの存在であり、現代の立憲的大統領あるいは立憲君主の先駆けである。ボナパルトは、とりわけこの人物が名目的にとどまらない、現実の権力をもつことになるのを懸念し、さらにシィエス自身がこの職務に就こうとしているのではないかと恐れた。しかし、他の点については、シィエスが主張したことの多くが新憲法に書き込まれた。特に、この憲法は、改正のための明示的な条文をもたず、（ある見方では）法律として効力を発するための承認を要求さえしていないという点で一七九二年と一七九五年憲法と断絶している。最後の条文は「この憲法は、直ちに、フランス人民の承認を得るために提案されるものとする」と規定していたが、実際には人民投票が行われる前に施行された。そして憲法の承認を提案した統領の宣言がこう述べたことは有名である。「市民よ、革命は出発点であった諸原理を定着させた。革命は終わったのだ。」[91]また、次のようにも述べていた。新憲法は「代表統治という真の原理、所有権、平等と自由という神聖な権利に」基づいている、と。言い換えれば、憲法の包括的な修正は適切なものではありえないのである。共和歴一二年の帝政憲法も、人民全体に提出されることはなかった。もっとも、第一四二条は、新たな官職〈皇帝のこと〉が世襲によるものであることについて人民投票に付すことを規定していた。民主的に修正することのできない憲法のもつ危険性は、すでにベンサムによる「市民シィエス」への批判や、一七九一年憲法の支持者によっても指摘されている。[92]しかし、その一七九一年憲法でさえ、憲法改正を認めていたのである。もっとも、きわめて手間のかかる手続が必要であり、人民への直接の訴えも存在しなかったのではあるが。

共和歴八年憲法によって、シィエスの見解のもつ意味が完全に姿を現した。一七九一年憲法や共和歴一年、三年の憲法とは異なって、共和歴八年憲法は、一切主権への言及を避けている。基本的立法を行う単一の拠点は存在しない。たとえその任務を託された代表機関であっても、それを行うことはできない。むしろ、政治と法は複数の代表者に分散され、それぞれの役割の分配は疑問に付されることはない。革命前の構造には決して戻ることなしに、とりわけ選挙の原理を否定することなしに、シィエスは近代的民主政に至るジロンド派ルートもジャコバン派ルートも封鎖することに成功したのである。今日においてでさえ、彼が近代国家の主要な理論家として、そしてジャコバン主義の唯一の体系的なオルタナティヴとしてみなされているほどであることからもわかるように、シィエスの成功は輝かしいものである[93]。しかし、私が述べてきたように、今日の近代国家の実践は、シィエスの思想でもジャコバン派の思想でもなく、ジロンド派の思想にますます近づいている。ジロンド派は虐殺されることになってしまったけれども、最終的には、どのライバルよりも現代政治に影響力をもつようになっているのである。もっとも、本書第四章で見るように、それを助けたのは、次世代のアメリカ合衆国において、ジロンド派のものと非常に似通った憲法構造が普及し、受容されたという事実である。

第四章　アメリカ

アメリカの革命世代は革命の直後、（ほとんど偶然、とも言いうるが）憲法の構造を創出していることに気づいた。本書全体を通じて私が追ってきている言葉はその構造を最も容易に理論化しうるものだったが、実際には、革命後第一世代の法律家が初めて使った。革命が始まったとき、その参加者の理解では、北部アメリカのイギリス植民地がそれぞれ反乱を起こし、独立を宣言して、植民地自ら独立国家となっていた[1]。実際、邦〔state〕という用語が各植民地に一般的に適用され始めたのが、まさに一七七六年以降だった。マサチューセッツは、いまもそうではあるが、入植初期以来共和国（commonwealth）と称してきていた。ただ、一八世紀までにその用語が用いられることははるかに少なくなっていたように思われるし、法的に正しい名称である植民地（province）に置き換えられていた[2]。一七七六年以後、他の植民地が「邦」の名称を選んだ一方で、マサチューセッツ、ヴァージニアとペンシルヴェニアは植民地ではなく共和国と自称することを選んだ。これら邦を一まとめにする紐帯は、（連合規約のもとで）初めは簡単な条約の形式をとった。そこでは、「各邦は、その主権、自由、独立、さらにこの連合規約によっては連合に対して明示して委任されてはいないすべての権能、権限、権利を招集された連合会議で保持する」（第二条）と明定し、「連合」は「友誼に基づく固い盟約」と叙述された（第三条）〈アメリカ学会訳編『原典アメリカ史』第二巻、岩波書店、一九五一年、二二九頁（清水博訳）〉。この条約は承認のために各邦へ送り戻されたが、各邦には承認のためのプロセスとなるべき手続が指定されていなかった。ただ、連合会議から同封された文書は「立法部」に諮問されるべきことを求めた。しかし、多くの場合、批准行為は立法部ばかりでなく、邦上院やその同等の地位の機関による通常の各邦の諸手続にしたがって成立し、邦知事により審署された。[3] したがって根本的に新しい憲法の形式が創出されていたのではまったくなかったし、アメリカ連合は当然、憲法構造の点でオランダの連合国家とはっきり類似したものであり続けた。

むしろ、革命初期の理論的革新は邦レヴェルで起こった。当初のアメリカ大陸レヴェルではなかったような各邦の政治構造の変革を、独立宣言は当然伴った。また、その過程では、（英語圏の当時の急進派がみなそうしたように）少なくとも各邦がそうリップ・サーヴィスするほどには、人民による政治にとって新たな制度的特徴をいくつかの邦が獲得することになった。その最も顕著な例は、（驚きはないかもしれないが）マサチューセッツであった。それは現代の歴史家たちが非常に綿密に研究してきた事例である。[4] 他の多数の邦では、前世紀のイングランドの革命期に新憲法が創造されたのと似たプロセスによって、新憲法が制定された――すなわち、それは現存する統治機構の立法、あるいは革命と戦争という緊急事態により修正されたいくつかの統治機構の立法（たとえばニュー・ヨークの「植民地議会」は、一七七五年に旧議会から置き換わり、一七七七年に新憲法を公布した）によった。一七世紀イングランドの国制上の実験同様、これらの手続では、その領域における政治の営みに関わる根本的な用語を定めうる、主権者としての立法者の存在がたいていは前提とされ続けた――その前提は、いまや不安定になりつつあるように見えるが、現在に至るまでイングランドで続いてきている。また、そのイングランドの先例と同様、これら新憲法では「主権者」と「政府」の区別、あるいは成文憲法を創出するための固有の手続の存在は示唆されなかった。

その立法により社会の根本的な規範がつくられる限り、「政府」こそが「主権者」だったのである。

イングランドでは、これら非常の、あるいは革命的な機関は二度にわたって「集会（Conventions）」と呼ばれたものだった。一六六〇年と一六八九年の、協議会あるいは協議議会（the Conventions or Convention Parliaments of 1660 and 1689）である。[5] それらは通常の方法で招集されてはいなかったが、取り組むべき基本的な任務があったことも意味した。それゆえ、ジョン・ロックは一六八九年一月に友人に宛てて次のように書いた。

> 協議議会への国王の書状を見ました。それは重要で知恵のあるものでした。しかし、ここで不服申立ての特権に関する委員会などと聞いて、人々は大いに不思議がっています。まるでこれが形式上の議会であり、何かそれと性質を異にするものではなく、国王の書状がはっきり示した多くの重要かつ重大な仕事などないかのようです。協議議会が何か小さなことに取り組んでいるのをここで見ることにも人々は驚いています。平穏と安全という確固とした基盤のうえに国民を据え置くことが協議議会に委ねられているにもかかわらず、です。その役割は我々の古来の統治の復元以上によりよくなされることはありえません。そうだとすれば、国の存立のこれまでで最善の方法は原初の国制にあった断片のすべてをまとめ上げられるかどうかにかかっていました。もしこのことさえ侵されなかったならば、ほとんど不満を言われるようなことはなかったでしょう。また、もし侵されたなら、人々は確かに賢明であるに違いありません。どこで体制が乱れるあるいは故障があるかを知る感覚がありますから。そのことのために、そういったときには人々は救済手段を発見するための機会、また、政治的権利の保障と国民である被治者すべての自由と財産を目的として持続するはずの憲法を制定するための機会

を有しています。このような協議議会の思想は有益であり、もし（人々が不思議に思っていると前述したように）協議議会が自らを議会とみなし、自らをこれまでどおりの手続という時間のかかる手法にはめ込み、偉大な統治体制を作るというほどのものではなくちょっとした欠陥を少しずつ修正するものと考えるならば、協議議会は、これまでの歴史上の出来事とは釣り合いえないような機会を逸するでしょう。[6]

ロックが描出した「協議議会（convention）」と「議会（parliament）」との対比は、彼がいったとおり、その会合が根本的な問題を扱うためのものだった点に意味があった。しかし、一七世紀の協議議会は、ともに、いったん王位継承問題が片付いた後は通常の議会に転換し、また、協議議会が議会とはまったく異なる機能を有しているということはほとんど意味をなさなかった。

このことについての唯一の例外は、ヘンリー・ヴェイン卿（子）〔Sir Henry Vane the younger〕の一六五六年の有名なパンフレットだった。その年、彼は『治癒すべき問題』を著したのである。それは、広範な討論の一部であり、護国卿のもとにある軍政監の支配にとってかわるべき統治形態とは何かに関して行われたものである。ヴェインは次のように主張した。

総評議会すなわち協議議会は、信頼され、正直で、洞察力のある人々から、全国各地のこの大義を支持する者たちからなる全体の自由な同意によって、そのために選ばれる。また、軍政の将軍とも考えられる現在の統治権力〔すなわち、護国卿クロムウェル〕からの命令により（選挙に関する他のこまごまとした点とともに）彼らに与えられる集会の時と場所を守る。それが……最も自然な方法であるように思われる。

協議議会は、立法権を行使するのに適切ではなく、自由に討議し、細目について同意するに過ぎない。そのことは根本的な憲法を通じて定められ、侵害されないよう守られるべきである。憲法は、代表機関が全体として、市民のあるいは政治的な統合に従事することに同意するための条件である。また、代表機関はその条件のなかで宣言された統治のはっきりとした形態と執行のもとにある。そして、代表機関は、個別になすべき同意を宣誓して参画する機関の各構成員によっているべきである。そのように条件が合意されていれば（とりわけその一例として大赦法がある）、破壊や逸脱の危険はない。何がその条件か、その条件が作られるなかで協議議会の性質とは何かを踏まえるからである。この協議議会は主権という最高の地位に相当する人民からなり、人民は政治政府の支配に服しない武力をもっている。もし人民自身が秩序だって招集されないならば、人民が条件を作ることを適切と考える。[7]

はっきりと、彼の提案には、専用の憲法会議と、（一見すると）ある種の人民投票双方が含まれていた。ただし、投票権は「この大義を支持する者たち」に限定されていた。それは空位期の国制に関する多くの提案と同様だった。ヴェインはニュー・イングランドの急進派と緊密に連携していて、一六三〇年代後半にはそこに住み、一年間総督として活動していた。それゆえ、私が第二章で言及したニュー・イングランドの分離主義者たちの思想と『治癒すべき問題』に見られる思想とが呼応しているということは大いにありうることである。

結果的には、彼の思想は取り上げられなかった。その思想への主たる反論は、一七九〇年代のベンサムからならば直截になされえたのかもしれない。

これら根本的な事項は人民の代表者たちによって同意されるべきである。また、至高の立法権（人民の代表でもある）を拘束し、その結果いったん人民の代表者たちが集会したら、それ以後の代表者たちも拘束されるべきである、と。こういった考えは、その性質的にそれ自体が馬鹿げているばかりではなく、実践的にまったく不可能でもある。というのも、人民の代表者たちが、選出され集会したら、時と状況に応じて自らの好むところに合意することを超えて、以前の代表のいかなる憲法によっても拘束されねばならない、などとは、誰が夢想できるだろうか？　というのも、彼らは皆、人民により信託されている、というその一点で権力に立脚しているし、後の代表者は、当然に、またその適切な権利により、以前の代表者が合意した憲法や法を変更するのであり、それは以前の代表者もそうすることができたはずのことだからである。それゆえ、もし我々の憲法起草者が、基本的な事項をまず作るにあたって人民の代表者に信託するとしても、その優れた理性によって、実はまったく人民の代表者に信頼していないかもしれない。それら基本的な事項を守るか守らないかの権力と選択は常に人民の代表者たちにあり、このことは不可避であるからである。[8]

一七七〇年代のアメリカ人たちは一七世紀の言葉を取り戻した。また、新たに独立して新憲法を起草した植民地議会の多くは、自らを憲法会議と呼んだ。そうしなかったのはニュー・ハンプシャー、サウス・キャロライナ、マサチューセッツの三つだった。[9] また、これら憲法会議は、一六六〇年および一六八九年に根本的な立法を制定し、自ら新国家の立法部となったのとまったく同様にふるまった。そして多くの場合、これら憲法会議が連合規約を承認した機関だった。しかし、これに対しては二つのはっきりした例外があった。その例外はそれぞれ異なる方法で、連合の新たな憲法に関する取り決めの前兆となった。一つはデラウェアだった。そこでは一七七五年に植民地議会が新憲法を起草するために特別に選出される「憲法会議」を招集した。それゆえ、憲法前文には、憲法について「デラウェア邦の憲法会議全体会で代表者たちにより同意され決議された……、ここでいう代表者たちは、その明示された目的のために同邦の自由人により選ばれている」と記された。憲法会議の草案は批准はされず、単に一七七六年九月の憲法会議の最終投票の効力により施行された。憲法会議はそこで解散され、新たな邦議会がその任についた。以来デラウェアではこの制度が残存している。アメリカ諸州のなかでは独特ではあるが、デラウェアでは憲法会議がつくった憲法修正案を人民投票で承認する手続はない[10]。このデラウェア・モデルは、ペンシルヴェニア憲法の起草者にも採用された。ペンシルヴェニア憲法を作った憲法会議は立法部としても活動したが、一七七六年九月に成立した憲法では、初めてその憲法修正のための正式な条項が導入され、憲法修正は、選挙で選ばれる「監察参事会（council of censors）」により、憲法修正のためと明示されて招集される、専用の憲法会議によるとされた。この監察参事会は、「憲法が各部分で侵されないまま保たれてきているか、政府の立法および執政部が人民の擁護者としての義務を履行してきているか、憲法により授権されていないあるいは授権されている以上の権力を自らに引き受けたり、行使したりしていないか」（第四七節）を監視する機関としても憲法により導入された。この特徴――憲法修正の経路を分ける条文――こそ、同時代のフランスの憲法解釈者を惹きつけたように見える（立法部が一院制であるという事実に伴う）。こういった方式は、この点で真に革新的だったためだが、翌年にはヴァーモントと（監察参事会はなかったが）ジョージアがそれに続いた[11]。

もう一つの例外はマサチューセッツだった。そこではある重要な点でデラウェアやペンシルヴェニアとは反対の経路がとられ、また、一六五六年には前総督が提案していたものに酷似した構造が最終的に創出された。邦議会は一七七七年に、憲法会議を招集せずに新憲法を起草する、ということを決定した。その議論の結論として、邦議会が邦民に憲法案を提出する予定であること、その承認のために邦の自由人の三分の二の多数による賛成を求めることを、一七七八年五月に宣言した。全邦規模の人民投票が組織され、賛成二〇八三票に対し反対九九七二票の多数によりその提案は即座に否決された（二九八のタウンのうち一二九は投票結果を提出しなかった）[12]。邦議会は新たな提案によりこの事態に対応した。それによれば、今度は新たなかたちの憲法を起草するための専用の憲法会議をおき、今度の場合でも人民投票により承認されるべきこととされた。一七七八年の投票は世界で初めての国家規模の全人民投票ないしプレビシットだった――一七九三年のジロンド派憲法草案とジャコバン憲法の一五年も前のことだった。ただ、驚くべきことに、邦議会にしろマサチューセッツの報道にしろ、国家規模の人民投票の重要性について議論が広がることはなかった。新憲法の内容に関する全邦規模の議論のなかでマサチューセッツの急進派が進めてきた主張に邦議会が単に同意しただけのようである。

邦の最西部にあるピッツフィールドの住民は、その主張を最も大々的に展開した。

我々は、人民が権力の源泉であることをずっと信じてきた。

植民地に対する大英帝国の権力が崩壊し、植民地は自然状態に陥った。

自らの政治政府を享受し復元するために、そのような状態にある人民がとるべき第一歩は、立法の基礎と土台となるものとしての基本的な憲法の形成である。

この基本的な憲法について人民の多数が賛成することは、憲法に命を吹き込み憲法たらしめるためにはきわめて不可欠である。我々のよく聞き知っている大英帝国の基本的な憲法については、（政府側の者たちを除いて）すべての政治に関する思想家たちはそれを国王、貴族、庶民の上においており、その三者がそれを変えることはできず、全国の偉大なる人民のうちの多数を欠いては、憲法を変えるのに十分ではない。

代議政体は、案を作ることはできるかもしれないが、人民に対していま述べたような基本的な憲法を課すことはできない……。もしこの基本的な憲法が立法部全体の上にあるならば、立法部はそれを作ることは確かにできない。憲法制定は憲法に命を吹き込み憲法たらしめるよう多数派に賛成されるのでなければならない……。[13]

このピッツフィールド請願の執筆者たちは、事実上、マサチューセッツにおいてはこの種の憲法構造は現実にはなかったということを受け容れていた。それゆえピッツフィールド請願の執筆者たちは自分たちがもはや自然状態に生きており、自分たちの社会を再建する方向に進むことができる、と主張した。しかし、憲法に関する多数決を支持するためにここまでする必要はなかった。バークシャー郡のまた別の住民、ウィリアム・ホワイティング〔William Whiting〕は、自分たちはなおマサチューセッツ・ベイという政治共同体に属しており、自然状態にはない、としてピッツフィールド請願の執筆者を非難した。しかし、

人々が政府を形成するために自然状態から出て社会のなかで結合する際には、まずは、各個人がその不可譲の自然権と特権を放棄し、共同体の多数が適切と考えるところにしたがって命令され、指示され、処遇される必要がある。そのことは全体の善のために必要である限りそうであり、そのことについて多数者が裁判官であるのでなければならない。また、このことは、共同体が何か個々に憲法、様

式、政治体制やらを作るに先んじて必ず行われなければならない。というのは、社会の多数派により定められた規範や命令に従う義務のもとにある限り、人は社会状態にはある。しかしそのことと、その社会が、何か個別の憲法ないし政治体制のもとにあることとは別のことだからである。後者は必ず前者に後続し、また、至高の裁判官の賛成に完全に依拠するのでなければならない。至高の裁判官とは、共同体の多数派であり、それが適当であると考えるとき、またそうである限り、その重大事を始めるか先延ばしにするかする権利を疑いようもなくもっている。[14]

このことから、ホワイティングは、既存の政治社会を破壊することなしに、その構成員の多数者はいつでも、社会が自ら統治するための新たな一連の原理を宣言することができる、と考えた。特に（その執筆時のような）次のようなときにはそうである、とした。

実際、永続的であるように、また将来世代に残すために設計された、この邦の統治に関わるいかなる憲法も、適当なかたちではいまやあるとはいえない。しかし、いつ共同体の多数派が重要な仕事を始めるのに適切であると考えるにせよ、我々はいまこそ憲法を作るための適切な条件のうちにある。そして、各個人は多数派が同意する憲法に服従しなければならない。ただ、多数派が多ければ多いほど、幸福はより増大するだろう。[15]

人民投票の正当性は自明であるというマサチューセッツにおけるこの感覚は非常に一般的だったので、ジョン・アダムズ〔John Adams〕さえもが、彼の記憶のうえでは、一七七五年の大陸会議でその同僚たる代表者たちに人民投票を力説したほどだった。彼の記憶では、数人の構成員が私に内政に関わる質問を尋ね始めた。いかに人民は統治を制度にできるか？　私の答えは、公正で、自由に、かつ均衡のとれたかたちで選ばれた代表者たちからなる憲法会議によるべきだ、というものだった。憲法会議が統治、あるいはいっそ憲法を作ったならば、いかに我々は人民がそれに従うとわかるだろうか？　もしその点について疑念があるならば、憲法会議はその憲法案を諸々のタウン、郡や地方の人民に送付すれば、人民がそれを自らの立法として受け容れるかもしれない……。私は、人民の大部分において、代表者とともにその主題を理解する人々がきっといて、そうではない者たちを啓蒙する助けにきっとなるだろうと思う。[16]

アダムズは（そこから続けて）人民が三院制議会に基づく統治を選び、マサチューセッツの急進派が志向したような一院制議会ではきっとないだろう、と望んだが、それにもかかわらず彼は、いかなる憲法の提案についても市民による明示的な承認が求められるべきだという重要な点を見出した。

マサチューセッツは急進派が新憲法のための人民投票を力説した唯一の邦ではなかったが、初めて実際にその要求に応じた邦だった。ジェファソンやコンドルセの友だった、フィリップ・マッツィの論稿のなかに、一七七六年ヴァージニア憲法会議へ訴え出るための草稿がある。それは選挙人団の票決に供する憲法案を送付するものだった（その訴えの執筆者はそれが郡の多数により有効となることを望んだのであって、マサチューセッツのように全人口の多数によることを望んだのではなかった）。その嘆願は無視され、読まれもしなかったようだ。[17]　結果的にはニュー・ハンプシャーだけがまずマサチューセッツの例に続いた。しかしそこでも最初に提案された憲法案は一七七八年の人民投票で否決された。ただ、マサチューセッツとは異なって、次の憲法案も（一七八一年に）否決され、一七八三年、三度目でようやく認められた。しかしながら、ニュー・ハンプシャーはマサチューセッツとは違って、その新憲法には憲法修正のための憲法会議を規定し、明示的に「この憲法に関していかなる変更も、同じ方法がタウンやそれに含まれない場所でとられ、その問題に関して投票する現在の有権者の三分の二により承認されるのでなければ、なされえない」と書き込んだ。それゆえ、ニュー・ハンプシャーがこの条項を形式上制定した最初の邦と数えられよう。[18]マサチューセッツは、一八二〇年に一七八〇年憲法に対する九つの憲法修正が成立したときにニュー・ハンプシャーの先例に続いたが、それら憲法修正自体は人民投票にかけられた。[19]一七七六年ペンシルヴェニア憲法は一七八〇年代の外国の観察者たちにとっては大いに興味深いものだった、というのは見たとおりだが、ペンシルヴェニアはその段階では人民投票を選択しなかった。一七七八年に立法部は新たな憲法会議が必要かという問題について邦民に直接提案を行うことで一七七六年ペンシルヴェニア憲法を迂回しようと試みた。しかし、結局直接提案は行われず、一七七六年の文言を一七九〇年に置き換えた憲法では、一院制の立法部と監視者評議会を廃止したばかりでなく、憲法修正のための条項をまったくおかなかった。一八三八年に初めてペンシルヴェニアはその憲法に関して人民投票を行い、その憲法でようやく将来の憲法修正のために人民投票を規定した。しかし、その時までにはペンシルヴェニアはこの人民投票に関する点でむしろ遅れをとっているように見られていた。一七七八年から南北戦争の初めまでにほぼすべてのアメリカ諸州はその憲法について人民投票による基盤を有する方向へ向かい、（驚くべくもないが）ジャクスニアン・デモクラシーの全盛期に目立った盛り上がりが見られた。一八六一年初頭で連邦の三四州中五州だけが人民投票を用いなかった。[20]

なぜ、このように憲法に対する直接的な人民による統制へと動いたか。前述したように、マサチューセッツではこの論点に関する議論は驚くほど少なかった。そこでは、空位期の憲法の提案というよりも、一八世紀イングランドの議会の腐敗についての議論に立ち返りがちだった。議会不信ということがアメリカ人の行動の核心にあると久しく認識されてきたが、そのためになかには（エリック・ネルソン〔Eric Nelson〕が近年強調しているように）ある種の「愛国的王党派」になる人すらいた。イングランド国王こそが議会支配からのアメリカ植民地の自由の擁護者と見ることができるだろう、というのだった。[21] この考えはイングランドの急進主義において未知の要素ではなかったが、[22] 本書の目的にとってより重要であるのは、単なる議員の選出だけでなく議会の活動に対しても人民の統制を及ぼすという思想への回帰だった。アイザック・クラムニック〔Isaac Kramnick〕と、より近年ではマーク・ゴールディが強調しているように、ロックがこの種の人民による統制の理論家として、これら急進派たちによって読まれ始めたのである。[23] 彼らは、ロックの議論から残余の権利を保有している「共同体」と、多数決主義の要点を引き出し、ロック自身が望まなかったであろうような方向で強引に解釈した。ロック自身は議会を警戒していたと記憶されるべきであるし、――はっきり――投票権の統制は他のウィッグ派が望んだようなものとは異なって、議会自身ではなく、執政部によるべきだと主張した。一八世紀初頭以来急進派たちは、有権者からの議会議員に対する命令委任のイングランドにおける伝統を強調し、命令委任を受けた代表者の府として庶民院を作りかえようとした。[24] アメリカ独立前夜、このプログラムは、ジェイムズ・バー〔James Burgh〕の『政治論究』（一七七五年）により、特に徹底的な主張となり、ロックと関連づけられた。それは、「ジョージ・ワシントン閣下、アメリカ全軍総司令官、アメリカ大陸会議議員」および他の代表者が名を連ねた「推薦者」の名簿とともにその年フィラデルフィアで再版された。[25] ピッツフィールド請願の執筆者たちも、その人民投票を求める嘆願のなかで「この二世紀で最も尊敬すべき政治思想家たち、特に大陸会議の半数が読者であった『政治論究』を出版したバー氏」により、これらの「真実」を「信じるようになった」と述べた[26]。

バーは命令委任の必要性を繰り返し主張し、その主題のために第四巻第三章のすべてを費やした。彼は多数者の権力にこだわった。

もし革命の原則が正当化可能ならば、言い換えれば、国王、あるいは政府が権力を濫用したときには、人民がその手から権力を奪取しうるとすれば、そのことが意味するのは、国王や政府がいかなる場合にも人民に対して責任を負っており、人民の多数派がいつでも政府を変更できる、ということである[27]。

ある節のなかではっきりと、彼は、当時の庶民院において議員の多数派の形成、あるいは法案の通過はたった五七二三人の投票によってしまう、と計算した！[28]　しかし、すべてのこうしたイングランド急進派と同様に、バーの関心は命令委任に、そして代表の公平性にあった。彼は、人口の多い国には馴染みえないという標準的な主張に基づいて非代表制的制度へのいかなる動きも、明示的に排除した[29]。実際『政治論究』でさえ、議会の不均衡に対してありうる解決策として国王に頼った。それはロックの投票権についての執政部による統制を認める議論を明示的に承認するものだった[30]。しかしその著作の最後で、彼は「人民を無にし、あるいは議会に解消させる、また、議会の他に人民の声を聴取すべき場はない、あるいはまた、議員は有権者に対し責任を負わない、など」といった思想を攻撃し、「国制を復元するための大国民アソシエーション」の設立を求めた。その構成は、各教区の支部、税務台帳に名前のあるすべての人から署名を調達する各教区及び教区委員会、そしてアソシエーションに参加しようとする者からなるアソシエーションの模倣による。また、三王国およびアメリカの植民地すべてのカウンティのために大委員会（a grand committee）がなければならない[31]。〈上村剛「一八世紀後半の英国における責任論の胎動――ジェイムズ・バー（James Burgh）の政治思想を中心に」国家学会雑誌一三〇巻五―六号六九頁以下、一一三頁〉

このアソシエーションの機能は次のようなものとされた。

1. 公債の保障[32]。2. 公の事柄に関する事態についての人民の疑いようのない感覚の獲得。3. 議会による必要な立法のための、土地財産をもつ人民の明白な多数派により署名される、請願の提出。4. 政府に影響力をもたらし、害を避けるために、国民の力を向上させ、準備しておくこと。（p. 434）

そして、バーは国王がこのアソシエーションの長に自ら就任するなどという考えすら弄している（pp. 432-3）。

それゆえアメリカ独立前夜には、新たな憲法の発展のいくつかの要素を見てとれるし、イングランドでは、代表者に対抗する組織立った機関として主権者人民が行為できるという感覚を特に見てとれる。しかし、人民による基本的な立法、という方法が制度化されるべきだ、という思想からはなお程遠い。バーのいうアソシエーションは、彼も認めているように、本質的に議会への請願の仕組みであり、議会の権力の一部を引き継いではいない。確かに、フランスの文脈でも見たように、命令委任と人民投票との区別は非常に微妙であり、イングランドの急進派が強調した命令委任の必要性は人民投票制度に迫るものだった。しかし、それにもかかわらず重要であるのは、人民投票への動き、また、通常の議会ではない立法機関による憲法の権威づけへの動きは、マサチューセッツの急進派がそう主張するまで、イングランドの思想家たちのなかでも展開されたことがなかった。ロックとバーは、二人ともマサチューセッツの急進派たちが望んだような主張をまったく展開してはいなかった。にもかかわらず、マサチューセッツの急進派は自らのために援用した。しかし、興味深く、重要であるかもしれないのは、多数決主義を支持するためにルソーも引用する者がいたことである。[33]一七七〇年代後半から一七八〇年代初頭までのアメリカの発展に呼応して、イングランドの反革命派の一部も、アメリカ人たちの所業について考察するにはルソーの用語を用いるのが最善である、と知った。それゆえジョージ・チャルマーズ〔George Chalmers〕は『現在の植民地連合についての政治的記録』（一七八〇年）のなかで、マサチューセッツとペンシルヴェニア二つの初期入植者たちが、その代表に対する敵意を「真にルソー的な精神」を先取りした、と記述し、代表の必要性を結局認めざるをえない「屈辱」のために、賞賛した。

J・J・ルソーは、例の彼の精神のために、主権は代表されえず、代表が導入されるや否や国家はもはや隷属的になる、とか、イングランド人は自分たちが自由だと思っているが、選挙が終わってしまえば、彼らは即奴隷となる、と主張した。同時に彼は、そういったことが四〇万人以上に至る数の自由人が集会を行わなければならないことに対しての反論にはまったくならない、とも考えた。――社会契約論第四編――マサチューセッツの叡智は［一七世紀後半までには］そうは考えなくなった。[34]

また、ジョサイア・タッカー〔Josiah Tucker〕もその特徴的な明快さで当時のロック主義者たちを攻撃して、アメリカ人たちのとってきた（と彼が思った）活動指針にイングランドの急進的な思想家たちが理論をまったく提供してこなかった、と記した。

ロック主義的な仮説はどこかで必ず終焉を迎えるはずだ、ということを明確に見てとったルソーは正直で、本心を偽らなかった。また、彼は結果にたじろぐ人ではまったくなかったので、その結果がどれほど突飛で馬鹿げているにせよ、いつもの虚心坦懐さで、人民が自ら他者に対して、投票するという破棄できない権利を移転することはできない、と明言した……プリーストリー〔Priestley〕およびプライス〔Price〕両博士は実のところ全国民の代表を用いることを非難するルソーには決して同調しなかったが、彼らが全国民の代表を認めるのには、まったく潔さはなく大いに不承々々のものがあったのは明らかだった。[35]

ここまで新たなアメリカ諸邦の憲法の革新について考察してきた。しかし、もちろん、それが興味深くいまなお重要でもあるにせよ、州憲法は連邦憲法の陰に入ってきており、ここからはそのことに目をむけたい。一七八七年夏にフィラデルフィア憲法会議の代表者たちは新憲法の承認と修正のための手続を確立しなければならなかった。ひとりふたり、憲法修正の方法を一切法定すべきでないと述べたが[36]、憲法が本憲法会議それ自体ではない単一あるいは複数の組織により承認されなければならないこと、憲法修正の手段はその組織により規定されるべきことで即座に合意がなされた。憲法案承認にあたり、グーヴァヌーア・モリス〔Gouverneur Morris〕は単一で全国規模の憲法案承認のための憲法会議を要求したが[37]、このように考えたのは彼ひとりで、実際の議論は（連合規約と同様に）州議会が承認すべきかどうかについての疑問に関わっていた。同憲法会議での討論の基礎となった「ヴァージニア案」では、「連合会議の賛成ののちに、憲法修正を審議し決定する明確な目的で人民により選ばれる諸州議会により推薦される代表者からなる単一あるいは複数の会議体に提出されなければならない」（*The Records of the Federal Convention of 1787*, I, p. 22）、とされた（最終版である連邦憲法第七条では、「九州の憲法会議の承認により、同様に承認した各州のあいだで憲法として成立したこととする」となっている）。この最初の提案は、州議会だけに承認させたい代表者たちにより繰り返し攻撃された。その応答としてジェームス・マディスンは「州議会のみに基盤があって設立された制度と人民に基盤があって設立された制度の間にある確かな違いは、連盟あるいは条約と憲法との間にある違いであると考えられる」のであり、「新たな全国規模の憲法は、少なくとも各州憲法の権力に優越する、最高の権力の源泉をもっているべきだ」と述べた[38]。ジェームス・ウィルスン〔James Wilson〕も賛同した。「人民は、憲法会議を通じて、新たな統治の制度の提案を承認しうる唯一の権力である[39]」。同憲法会議の反連邦派でさえ同意しえた。たとえばジョージ・メイスン〔George Mason〕は「諸州議会は〔憲法を〕承認する権力をもたない。それらは単なる州憲法の被造物であり、その創造者より偉大ではありえない……。では、何に訴えかけるべきか？　それは人民に由来した憲法で譲り渡されていないすべての権力をなおもっている人民に対してである」と述べた[40]。また、彼らは連邦憲法第七条が州議会に何ら明示的な役割を与えないことで最終的に合意した。ただ、大陸会議への憲法案の提出に伴う同憲法会議のそれとは別の決議は、「邦民の同意と承認のために、各邦議会の推薦のもとに、その邦民により各邦で選ばれる代表者たちによる憲法会議にのちに提出されるべきである、というこの憲法会議の意見」を表明した。

少なくともメイスンの目には諸邦議会を超越する人民への訴えかけが各邦民の個別の同一性に整合的に映った、ということには（この論点はのちの連邦憲法の解釈において非常に重要になったので）注意すべきである。人民への訴えかけで新しい単一の国民を創出したとは考えずに、連邦憲法の正統性を保証するのには各州における民主的過程が必要だ、と考えることはありうることだった（これは、メイスンの同胞のヴァージニアの、セント・ジョージ・タッカー〔St George Tucker〕のような次の世代の立場にもなった）[41]。同じく、ロジャー・シャーマン〔Roger Sherman〕やオリヴァー・エルズワース〔Oliver Ellsworth〕のような保守的な連邦派たちも、このことで彼らが明白に反連邦派の立場にコミットすることになるとは（おそらく）考えずに、州議会に承認を限定することに強く賛成した[42]。憲法案承認の方法として人民投票を提案した代表者はいなかった。討論は、州議会か憲法会議か、すなわち憲法案承認の方法についていわば「メリーランド」方式か「デラウェア」方式かということに尽きていた[43]。しかし、憲法会議方式への反対者たちさえ憲法会議が憲法修正過程に対するある種の民主的統制を表すものだとみなしていた。それが（マサチューセッツ選出の！）エルブリッジ・ゲリー〔Elbridge Gerry〕のような代議員たちがまさに提起した反論だった。「ゲリーは新たな制度を〔東部諸州の人民に〕諮問することを恐れているかに見えた。その地域の人民は（当時[ix]）政府について世界で最も手に負えない思想をもっていた。彼らは、マサチューセッツで上院を廃止し、立法部のもう一方の院に政府のその他の権力をすべて与えることに賛成した[44]」。実のところ、憲法案を承認する憲法会議の代表者たちの多くはその有権者団により命令委任を受けていたが、マサチューセッツでは憲法案に関する人民投票を行って憲法会議に提出しようとする試みがあり、ロード・アイラン

ix　原文では〈　〉とされているが、本訳書で訳注に〈　〉を用いたため、（　）で表記した。脚注65での同文献の引用も同様である。

ドの憲法会議は実際にそのような人民投票を実施した（人民投票では憲法案の承認反対二七〇八票に対し賛成は二三七票だった）[45]。それゆえ、州議会がなおイングランドの議会による統治の伝統のなかにあった一方で、憲法会議はきわめて容易に人民投票的モデルに同化しえたし、州議会が行う特定の提案に関する有権者団の意思が直接的に表現されうるととらえられた。ただ、（たとえば）ジロンド派の観点からは、憲法会議対州議会、という議論は、実のところ近代世界における民主主義の可能性をめぐる主張だったのではなかった。

フィラデルフィア憲法会議で、将来の憲法修正に対応する連邦憲法第五条になったものに関する議論になったとき、州議会による憲法案承認を支持する者たちは、いっそう勝利を獲得することができた。最初の議論は、「全国議会」（National Legislature）がいかなる憲法修正に対しても拒否権をもつべきかの問題に集中し、もつべきではない、ということで全般的に合意がなされた。最初の具体的な提案は単純に、「この憲法を修正するためには、連邦の州の三分の二の州議会の申請に基づき、連邦議会がその目的のための憲法会議を招集する」（Farrand ii, pp. 148, 159）だった。しかし、九月一〇日に代表者たちがついにこの条文に対してしかるべく関心を向けると、まず成功裡に進んだ動きとして、全国議会に憲法修正を提案するための各州と対等な権利を認め、そして、州議会が憲法案承認の組織でありうると認めた。これらの特徴を組み込んだ提案がマディスン自身によりなされ、成立した。

両院の三分の二が必要と考えた場合、あるいは全州議会の三分の二の申請に基づいて、連邦議会はこの憲法に対する修正を提案する。その案が全州議会の少なくとも四分の三、あるいは全州の四分の三の憲法会議によって承認されたときには、連邦憲法の全体の一部として有効になる。憲法案承認の方式をどちらとするかは、連邦議会により提案される。[4]

しかし、その五日後、反対が起こり、マディスンは譲歩した。全国規模の憲法会議を招集する仕組みをおくべきだとの合意がなされたのである。また、「小邦の小言がかけめぐった」ことで、「いかなる州もその同意なしに上院における対等な投票権を奪われない」との条文を挿入することにも成功した。これは奇妙な例外であり、理論上変更されえない憲法の唯一の要素である（連邦憲法五条に対する憲法修正により同条項を単に取り除くことは、その段階で各州から「対等の投票権」を奪うのではないならば、有効である、との見解を採用しなければ、である。この場合後続する憲法修正により、上院における投票権配分を変更する方向へ進みうる）。最終的な条文では、

連邦議会は、両院の三分の二が必要と考えた場合、この憲法に対する修正を発議する。あるいは、各州の三分の二の州議会の申請に基づいて、憲法修正を発議するための憲法会議を招集する。いずれの場合も、各州の四分の三の州議会によって承認されるか、各州の四分の三の憲法会議により承認されたときには、この憲法の全体の一部として完全に有効になる。憲法案承認をいずれの方式によるかは連邦議会により提案される。一八〇八年より前になされる憲法修正は、いかなるものであっても、第一条第九節第一項および四項に影響を及ぼすことはできない。また、いかなる州も、その同意なしに、上院における対等の投票権を奪われない。〈初宿正典・辻村みよ子編『新解説世界憲法集』第五版、三省堂、七六頁（野坂泰司訳）〉

それゆえ、憲法案の承認について被ってしまっていた大敗北と比べても、連邦議会でも州でも、立法者は実質的な勝利を手に入れてしまっていた。将来の憲法修正は全国規模であれ州であれ憲法会議を通じて成立しなくとも有効になりえたからである。ただ、フィラデルフィア憲法会議の最終盤にこの条文を急いで挿入して、代表者たちは、自らおかしな立場に置かれてしまっていることもわかっていた。憲法を変更する一つの方法を規定したはいいが、そういった方法を憲法を承認するために用いるつもりはなかったのである。実際、一七八九年以来、いかなる全国規模の憲法会議も開かれたことはなく、州の憲法会議により承認された憲法修正も唯一——よりによって、禁酒修正を廃止した修正第二一条があるばかりなのである！　それにもかかわらず、九月一五日のマディスンの提案に対する代表者たちの反発は、少なくとも成功裡に、憲法のなかに連邦議会を迂回しうる手段を置き、フィラデルフィアでの集会のような、全国規模の憲法会議に各州からの代表者を広く集めたようなものを無理矢理作った。ジョージ・メイスンがマディスンの提案の写しに書き込んでいた反論によれば、「この条項によって連邦議会は唯一、将来にわたってこの憲法に対する憲法修正を提案する権力をもつことになる。それでは、もし憲法が抑圧的に過ぎると判明したときには、アメリカ全人民はその代わりとなるものを作ることも、提案することすら、できない。人民の権利と自由という基本的な諸原理をまったく破壊する論である」。しかし、彼は最終的な草案に賛成しており、その最終的な草案が彼の反論に応えているとどうやら考えていた[47]。しかしながら、もし（早い段階では代表者たちの多数もそうしていたように）人民主権の本質として、基本的な法を成立させるためには何らかのかたちで人民に訴えかけなければならないような仕組みがあると想定するならば、新国家アメリカでは人民は将来にわたって自らの主権を否定するためにのみ主権者として発話してしまったことになる、という事実は残った——これではルソーではなくホッブズではないか！

自分たちが行ったことについての不安を、憲法会議の代表だった者のなかには、最初の一〇個の憲法修正、いわゆる権利章典に関する一七八九年八月の連邦議会下院の討論で表明した者もいた。既存の条文のなかに散在させるのではなく憲法を別個に補うために権利を列挙すべきである、という動議（もちろんこれは結局は合意された）を擁護するにあたり、コネティカット選出のロジャー・シャーマンは権利章典を第二の憲法と考えるべきだ、と主張したが、

私は紳士諸君に真剣に考えてもらいたいことがある。それは、二つの憲法が並び立つ、そのことの基礎にある権威についてである。原典となる憲法は全州の人民によって、明確な目的のために彼らから選ばれた憲法会議を通じて、樹立せられた。憲法前文がその行為を宣言している。しかし、次の憲法を承認するにあたってはそうだろうか？　おそらくは、州議会によりなされるのであって、憲法修正の目的のために選ばれる憲法会議ではないだろう。それとも諸君は州議会が今回は「われら人民」だというのだろうか？　それはありえない。なぜなら、現行憲法では、我々はおろか、連邦の全州議会が束になっても、現行憲法を無効にする権限などもってはいないからである。連邦憲法第五条により認められているのは、ただ、我々が必要と考えたときにはいつでも、この憲法に対する憲法修正を提案する、ということに過ぎず、古くなったら無効にして新憲法に置き換えることを提案する、ということではない[48]。

この発言は、妙な立場をとっているように見えるかもしれない。シャーマンの言ったことは連邦憲法第五条についての心配の証左である（先に見たように、フィラデルフィア憲法会議では彼は憲法会議を通じた憲

法案承認に反対してしまったにもかかわらず、である)。エルブリッジ・ゲリーはそれに対して明白な主張で応答したが、そうすることで彼が明らかにしたのは、彼の直接民主主義的なものについての常からの疑いだった。

各州の憲法会議は、それぞれ、人民のために、次のように合意したのだ。憲法会議というやり方で、州議会が憲法修正に関して決定する権限があることになった、と……。彼［シャーマン］は、憲法修正をこの根拠の上に置くために、憲法修正が州議会により承認されてしまった暁には、その憲法修正は元々の憲法と同じ権威をもつことにはならないだろう、と言っているのだろうか？　もしこれが彼の趣旨なら、言わせておけばいい。それがうまくいけば、こういったことの手続上の問題から救われるかもしれない。ただ私としては、憲法修正の承認にあたっては、いかなる形式であれ、憲法の他の部分と同様有効であるということに疑いはない。州議会は人民によって選ばれるのだから。私は州議会と憲法会議とで違いはないと思う。州議会が一般的に、憲法会議で期待されているよりも優れた性格をもつ人々から構成されるならば別だが。もしそうなら、むしろ州議会による承認の方が優位のはずだ[49]。

シャーマンの提案は結局全体会では勝利したのだが、全院委員会では早々に敗北してしまっていた。最終的な討論での発言の詳細は明らかではない（上記の引用は委員会での討論からのものである)[50]。しかし、シャーマンの主張からの示唆を考察する価値はある。特に、その示唆が、憲法修正を付加的なものとして扱うという、明らかに技術的な決定を基礎としていたように思われるからだが、この点でその決定は、理論的にきわめて重要であるかもしれない。シャーマンによって、人民主権と憲法について考える第三の道が示されている。それは、憲法を変更する唯一の方法は憲法第五条の規定を通じたものである、という標準的な（実際にはゲリーのような）考え方とは違う。また、憲法第五条は排他的ではなく全国規模の憲法会議と人民投票は、連邦憲法の文言の基本的に人民的な性格に整合しているので、合法的に憲法を修正できる、というアキル・リード・アマール〔Akhil Reed Amar〕による近年の一連の刺激的な業績に見られるラディカルな見解とも、異なる。[51] 私はアマールの見解には大いに共感するところだが、一八世紀には誰も（と私は思うが）まさにこのような主張をした者はないというべきであろう。というのも、彼が人民主権について引用する制憲者たちの全般的な意見は憲法修正という特定の問題に明確には焦点を合わせていなかったからである。[52] また、もし憲法第五条を排他的でないとは読まないならば、それは法的な原理としての人民主権を築くというアマールの目的には障壁であり続けるし、彼の見解はブルース・アッカマン〔Bruce Ackerman〕のいう、主たる憲法の変更は憲法それ自体が規定しなかった方法で、ただしその基本的に民主的な性格にしたがったかたちで、生じてきたという見解に近くなる。[53] アッカマンは修正第一四条ばかりでなく、明文の憲法修正を伴わない二〇世紀の現代連邦政府の創造をも非常に華々しく例証している。シャーマンの見解によって注意が向けられるのは、憲法五条が排他的である一方で、憲法は全体としては、それを生み出した過程によるのでなければ変更されえない、という考えである。「全体としては」が何を意味するかは、その後に判断の問題となるだろうし、かつてそうだったように、比較的小さな憲法修正でまったく根本から憲法の性格は変更されうる（憲法第四条の非常に重要度の低い条項〈連邦憲法第四条第三項〉を変えただけの修正第一三条を見よ）。[54] しかし、連邦の全体的に新しい憲法を起草するのに憲法第五条を使うのを躊躇するというのは不合理ではないだろうし、また、いくつかの裁判所により成功裡に主張されたのは、（一七八九年八月の連邦議会での討論からの証拠を特に前提にすれば）この事例に合致しうる唯一の手続は正当に五〇州のために調節された憲法第七条に規定されるものだろう、というものだった。このことからはアマールが望むほどのものはもたらされない。なぜなら全国規模の人民投票を認めるものではないからである。それは単に連邦制を生きることの帰結に過ぎないだろう。

この種の思想によって、（ゲリーは別として）制憲者たちとその後続世代が憲法第五条を成立させたことでアメリカ憲法の真に人民主権的な性格を弱めてしまっていた、と考えてはいなかったようだという事実を理解することができる。特にこの好例は連邦憲法の初期の註釈者で最も優れた明敏さを備えた、ヴァージニア州のセント・ジョージ・タッカーによって示されている。彼はきわめて明確に、すべてのアメリカ憲法の取り決めを下支えする一般的な政治理論としてみなしたものを示した。

アメリカ革命はこの新たな政治的現象に生を与えたように思われる。各邦で成文憲法が人民の個々の、そして主権者としての能力と性格に基づいて、人民により定められ、採択された。この手段によって、主権と統治の正しい区別は、各人の知的な精神に親しんだと見られた。主権は人民のうちにあり、譲渡しえないものであるのに対して、統治は人民の従者と代理人のうちにある、と考えられた。また、この手段によって、統治はその不可欠の要素に還元される。統治の対象が定義され、原理が確認され、権力が制限され、固定され、構造が組織され、これらの制限が守られる限り、いかなる干渉も妨げるように、その機構の各部の機能が明確に示された。同じ理屈は、連邦憲法でも同様の制約のために働いた。各州の政治機関、各州の人民、あるいは合衆国人民が一体となって、立法したとみなすかどうかにかかわらずである。したがって、統治の構造、各権力と権限、各州の特権は、一般的に、きわめ

> て正確に定義され、また制限される。[5]

彼は全般的に、主権と統治の区分について非常に念入りで、そのふたつがしばしば誤って混同されていると主張した。[56] しかも、政府が主権を潜在的に「簒奪する」、という記述のような彼の語用からは、彼が自分のいくつかの基本原理の権威として実際に引用したルソーに頼っていたのは明らかである。[57] したがって、彼は、主権者が特定の制度的な性格を有し、立法者として振る舞わなければならない、という点についてきわめて明確だった。というのも連邦憲法は、

> 特にその目的のために各邦で招集され、任命された憲法会議により完成した。憲法の成立は、単に各州の政治機関の立法であるばかりではなく、その主権的な性格と能力によるそれぞれの州民の立法でもあった。州憲法が認める限り政治機関が自らを拘束する能力はあったが、人民を拘束する権力は持たなかったので、人民の憲法の権威を超える場合には、人民の同意が協約の効力にとってなくてはならない必要なものだった。そのことによって、人民の権利は減じられ、新たな権力に屈服し、何らかのかたちで悪影響を受けるかもしれないからである。以来、各州の政治機関ばかりでなく、その全市民も、協約の当事者と考えられて、その協約に正当に従うために自らお互いをお互いに拘束した。また、自らを連邦政府に縛りつけることになり、連邦政府の権威は、そのことによって、創造され樹立せられた。[58]

ただ、むしろはっきりしているのは、タッカーが、こういった制度的構造は、憲法第五条が実際には統

治の側、つまり州議会が合衆国憲法を修正できると規定したという事実にもかかわらず、憲法修正にも等しく適用される、と推定したことである。彼は、次のことに州は同意していたのだ、と述べた。

連邦議会により提案されたときには、憲法修正は全州の四分の三の州議会により承認されない限り有効とはならない。また、連邦議会は、全州の州議会の三分の二の申請により、憲法修正を提案する憲法会議を招集する。全州の四分の三の憲法会議により承認されたときには、その提案された憲法修正が連邦憲法の全体の一部として有効になる。九州の憲法会議の承認があれば、それを承認した諸州の間で憲法として成立するのに十分である。

つまり、彼は当たり前のように憲法修正は州の憲法会議が承認したのでない限り有効とはならない、とみなし、また、憲法修正の承認と憲法の承認の間に差異を認めなかった[59]。

前述したように、タッカーは連邦はなお連合であるとの見解をとった。彼の人民主権へのコミットメントは、主として州の段階での人民主権へのコミットメントだったのである。結果として、彼は、特別多数決をなくして単純多数決の形式に還元することまでも含めて、政治的原理としての多数決主義の強力な擁護を推進することに何ら問題を感じなかった[60]。

多数者が少数者を拘束する権利は、社会の平穏に対する正当な配慮に由来する。また、大きな社会や集会における全員一致の機会など、もちろんそれがあるならば非常に望ましいが、ほとんどない。そう期待できないとすれば、総じて社会に関連するすべての事柄についての、人々のなかでの現在の立場に基づいて、情念、利害関心、そして理性ある権力があり続ける間は、何らかのかたちで全員一致の欠如を補う方法が採用されなければならない。最も合理的で簡便なものは、多数者の意思がこの欠陥を補う、というものだろうと思う。というのも、もし多数者の意思が、社会全体が関心をもっている問題で勝つことを認められないとしたら、少数者の意思が必然的に勝たねばならないことになってしまうからである。それゆえ、そういった場合には、社会がその構成員の少数の影響力のもとにあることになろうし、一般的にいえば、そういった少数の影響力というのは何の原理に基づいても正当化されない。

確かに、我々の憲法のもとでさえ、単純多数の投票によるだけでは有効になりえない事柄がある。しかし、これは憲法の変更が提案されるといった場合のような、以前の多数者の承認を受けた、あるいは受けたとみなされうる点でのみである。[61]

全体的に、州は憲法問題をまずは単純多数により決定してしまっており、特に合衆国憲法は州の憲法会議において単純多数で承認されてしまっていた。

はっきりと、タッカーは初めから終わりまで詳細に、彼の憲法の読解を支持するものとしてジェームス・マディスンによる『ザ・フェデラリスト』の第三九篇を引用した。マディスンはそこでは次のように主張していた。

憲法は、特別の目的で選ばれる代表者たちによって与えられる、アメリカ人民の同意と承認に基づいてつくられる。ただ、他方で、この同意と承認は人民により与えられるべきだといっても、人民は一つの全国民を構成する個人の集まりではない。彼らがそれぞれ属している個々の独立した邦を構成する個人の集まりである。それは、各邦の最高の権威から引き出される各邦の同意と承認であるべきなのである……〔原典において省略〕それが人民自身の権威というべきものである。それゆえ、憲法を樹立する行為は、国家として一体の（national）ものではなく、連合的な（federal）行為であるだろう。

その行為が連合的なのであって、国家として一体の行為ではない、ということは、このような考えに反対する者たちも理解しているように、人民の行為によってきわめて多くの独立邦が形成されるのであって、単一国家が形成されるのではない、ということである。このことは、憲法が連合全体の人民の多数の決定に由来するのでも、全州のうちの多数の決定に由来するのでもない、ということを素朴に考えても明らかである。憲法制定は、それに関わる各邦の全員一致の同意に由来するはずである。今度邦議会の権威ではなく邦民自身の権威により表明される他には、通常の同意とは異ならない。今度憲法制定において人民が一つの国民を形成したとみなされるとしたら、各邦の多数者がその少数者を拘束するのと同じように、連合の人民の全体の多数者の意思が少数者を拘束するはずである。また、連合の人民の多数者の意思を証明するには、多数者の意思が個々の投票に照らし合わせるか、各州の多数の意思を考慮することによって、決定されなければならない。こういった規範はいずれも採択されなかった。各邦は憲法の承認にあたり、主権を有し、他のすべての邦から独立して、その自発的な行為に拘束されるに過ぎない、とみなされる。そして、この関係では、新憲法は、もし成立すれば、連合の憲法であって、国の憲法ではない。[62]〈A・ハミルトン、J・ジェイ、J・マディソン（斎藤眞、中野勝郎編訳『ザ・フェデラリスト』岩波書店、一九九九年、一八二―八三頁）〉

この文章を（いわば）タッカーの目を通じて読めば、マディスンも主権と統治を区別して用いていたかに見える。また、彼が、（各邦の）主権者人民は他邦の人民と、その主権ではなくて、その統治を、共有しうると主張していたようにも見える。彼はまた、主権の所在のための基準として、多数者の意思を使っている――国全体の主権者などいない、といいうるのは、まさに、アメリカの市民の多数によって連邦憲法が承認される必要はなかったからである。前述した伝統においては馴染みがないが、主権を有する邦が統治を共有できるという思想は、それぞれ主権者がある種の制度を形としてもっていて根本的な立法を行う権力を保持している限り、その伝統とは矛盾しなかった――それは憲法案承認のための憲法会議がおそらくもっていたようなものである。マディスンには、連邦派と反連邦派双方の感性が容易にその書物や発言から引き出される例があるように、[63]しばしば自家撞着があると見られてきた。しかし我々も同じように主権と統治を区別してみるならば、彼が民主的な主権を支持したのに民主的な統治には反対したのは、ルソーがそうだったのと同じように矛盾していないのだ、と見ることができる。連邦全体のほぼいかなる統治形態も、また、たとえば州議会に対する権限の範囲がどれほどであってもこれを擁護し、その一方でなお各州の人民が個々の主権的なまとまりであり続けることを支持することは、まったくありうることだった。その主権が、憲法案承認のための憲法会議を通じてしか表明されないにしてもである。いかに憲法と、その憲法があいだを分けた州と連邦議会のバランスとを解釈するかに関わる議論はみな、統治形態に関わる議論に過ぎなかった。[64]このために、タッカーがマディスンを同志と見たのは正しかった（それは、大統領としてマディスンが彼をヴァージニア連邦地方裁判所の判事に任命したときに多少認めたかもしれないことである）。

しかしこの見方、つまり、政府が全国規模であることと州が主権を有することと矛盾しないという考えは、次第に不人気となった。それは明らかに（マディスンが支持していた）ヴァージニア決議などをめぐる闘争のゆえだった。代わりに連邦派は、憲法が全体としてのアメリカ人民によって、州議会の頭越しに承認されていた、と主張するようになった。『ザ・フェデラリスト』第三九篇の明らかに説得力ある主張は、このような考えとは相対立するにもかかわらずである。それゆえ、ジョン・マーシャル〔John Marshall〕は、（連邦議会が銀行を設立する権限を有するかに関する）一八一九年のマカロック対メリーランド州判決の彼の法廷意見という、この原理を表明したものとしてはおそらく最も有名なものにおいて次のように主張した。

憲法を制定した憲法会議は、実際には州議会により選出された。しかし、この憲法案は、それが憲法会議の手から渡ってきたときには、単なる提案に過ぎず、州議会に対して何らの義務も権利もなかった。その提案が当時あった連合会議に報告された折に、それが「邦民により各邦で選ばれる代表者からなる憲法会議に提出される」よう要望されたのである。このような手続が採用されて、憲法会議により、連合会議により、そして邦議会により、その提案は人民に提出された。人民は、そのような問題に安全に、効果的に、そして賢明に対処することができる唯一の方法で、つまり憲法会議を招集することによって、憲法案に取り組んだ。確かに、人民は邦ごとに招集した――他にどこで招集すればよかったのだろうか？　どれほど政治に夢を求める者であっても、邦に引かれる境界線を取り払ってアメリカ人民を一つのまとまった大衆に仕立て上げようというほど野蛮なことは考えなかった[65]。結果として、人民が行動するときは邦ごとに行動した。しかし、そのために、人民が採用したその方策は、人民自身による方策でなくなることはなく、邦政府による方策になるのでもなかった[66]。

憲法会議がイングランドの選挙区あるいはフランスの選挙区のように機動するという描写は、ハーヴァード・ロー・スクールの創設者、ネイサン・デーン〔Nathan Dane〕の『アメリカ法概説』（一八二九年）によっても認められた。彼がいうには、

承認のみがそれ〔憲法〕に効力を与え、この承認はすべて個々の投票者によりなされた。票決は一三カ所で、多数者によりなされ、少数者は個々に反対し、不在者であっても、法的に投票することができるならば投票した。別々の邦で承認するために投票することは、原理的には、フランスの別々の県で、あるいはこの国の別々の郡やタウンで承認のために投票することと同じでありえた……繰り返すが、承認だけがまったく重要であり、それは個々の市民により、その生来の主権の領域において投票した[67]。

この主張は、マディスンが省察していたように、その表面においては強い多数決主義のコミットメントにきわめて矛盾していた。しかしデーンは、多数者が政治的決定をなさなければならないという原理を廃棄しようとはまったくしなかった。そのことで、州の特別多数により憲法修正が認められ、あるいは憲法が承認されねばならないという要件が連邦の全人民の多数により認められなければならないことを意味する、というまったく間違った主張をデーンが生み出すことにつながった。

連邦憲法を承認するにあたって、九邦の諸個人の多数の投票が求められ、それは邦ごとに計算された。個々の投票を数える、ということは、九邦のうちのどの一邦でも個々の投票の多数が要求されたのと

同様だった。まとまった多数による承認は必然的に、反対するまとまった少数よりも数のうえでは多かった[68]。

しかし、彼がこの主張をする必要があると感じたというまさにその事実によって、いかに彼の世代と地域の法律家たちが、なおすべての政治的結合の基礎としての多数者の意思と結びついていたか、また、この多数者の意思と彼らが支持する完全に連邦的な結合とを結びつける何らかの方法を見出すことにいかに熱心だったかが示されている。

マーシャルとデーンの見解は、南北戦争前の憲法に関する最も権威ある説明に要約された。それは、彼らの後継者、ジョセフ・ストーリー〔Joseph Story〕によるものだった。彼がいうには、

それぞれ組織だった社会の多数者が、その社会の全体を統治する権利を常に主張し、行使してきたのは確かである。それは、これまでその社会に存在してきた根本的な法により示される方法によっている……少数者は、同意しようとしまいと拘束される。なぜなら、明らかに、同じ問題で、同じ社会のなかで、同じ時代に、反対者の意思が勝つということはありえないからである。また、社会は公共の安全と幸福のために制度化されるので、意見の対立のなかで、その目的のために適切とみなされる手段により、多数者はその目的を達成する権利をもつのでなければならない。実際には、多数者は、どの程度少数者の権利や主張を尊重するか決めることができる……しかし、このことは、多数者自身の正義に基づく、あるいは便宜的な考えにしたがって、自らそう決意するかという問題である。一般的な意味では人民の多数者の意思は究極かつ主権的であり、その意思を効果的にする手段と権力によっ

てのみ制限される。[69]

しかし、ストーリーは同時に、憲法の承認により単一の人民を生み出してしまっていた、と繰り返し主張した。彼は、数頁を費やしてタッカーの議論を逐一論駁している。また、ダニエル・ウェブスター〔Daniel Webster〕の一八三〇年の上院での有名な演説を支持した。ウェブスターはそこでは、「各州の人民が、集合的にまとめられ、合衆国人民を構成したことは疑いない。しかし、その集合的な能力によって、つまり合衆国全人民として、彼らは連邦憲法を制定したのである」、と述べた。[70]

この多数決主義へのコミットメントは、アマールが（再度になるが）正しく観察したとおり、初期アメリカ共和政に深く浸透した。[71] それはフィラデルフィア憲法会議で代表者たちが繰り返し表明したことだった。それゆえ、マディスンは「共和主義の理論にしたがえば、多数者に与えられている権利と権力とは同義であり続ける」と述べた。また、ジェームス・ウィルスンは「人民の多数者がいるならばどこでも、すべての問題について少数者を支配するのでなければならない」し、「〔少数者〕が拘束されることは〔多数者〕がそうされるよりも確かによかった」とも述べた。さらにグーヴァヌーア・モリスは「州それ自体のなかでは多数が支配しなければならず、そこでなされることがどれほど害悪であったとしてもそうである」と述べた。[72] マディスンは時折次のような不安を口にした。「多数者が共通の利益と情念によって結合しているならばいつでも、少数者の権利は危険にさらされる」。ただ、彼が見出したその唯一の解決策は、次のものだった。

領域を拡大し、それによって共同体をあらゆる利害と党派に分割する。その結果、まずは多数派がある同じ時点で、全体、あるいは少数者の利害からは切り離された共同体の利益をもちそうにない。次に、多数派がそのような利益をもった場合でも、多数派はそういった利益を追求するために結合しがちではない[73]。

言い換えれば、多数決主義という原理には一般的な制約はありえず、また、そのことから推定される危険な効果には、国家を十分に拡大して事実上単一の圧倒的な利益をなくすことによってのみ対抗しうる、ということだった。当時のアメリカ人に見られる、明らかに反多数決主義的な立場についての最も有名な言明にすら、（いくら控えめに言っても）認められた——ジェファスンは、一期目の就任演説でこう訴えた。皆が「すなわち多数者の意思があらゆる場面で勝つべきだとしても、その意思が正当であるためには理にかなっていなければならない、というこの神聖な原理を心に留めるだろう。少数者は対等な権利を有し、平等な法はそれを保護し、それを侵害することは抑圧となるだろう」。この主張は、結局は「多数者の意思があらゆる場面で勝つべきだ」という率直な言明を含んでいる[74]。また、ジェファスンは至るところで、繰り返し多数決主義を支持した（一例として、「すべての人、そして地上の人々は皆、自己統治の権利をもっている。彼らは、自らが自然の手から生まれると同時に、それを受け取る。個々人はその単一の意思を通じてその権利を行使する。人々が集まった場合には、その多数の意思による。というのは、多数者の法は人々からなるどの社会においても自然法だからである[75]」）。指摘すべきは、こういった多数決主義の強調は、フィラデルフィア憲法会議での妥協以来生じていた連邦憲法の実際のかたちとはうまく整合していないことである。そして、新共和国の最初の数世代のアメリカの法律家たちの紆余曲折は、彼らの根本的な諸原理と、代表者たちによって合意されていたこととを整合させることの困難さを証明していることである。しばしばそうだったように、連邦ではなく州の憲法こそが、アメリカ人たちの政治的確信に最も対応するものだったのである。

加えて指摘すべきは、一八三〇年代後半からこういった多数決主義へのコミットメントが、連邦制論者においても、州権擁護論者においても、退潮し始めたことである。これを部分的に説明するのは、それが連邦憲法に関する事実とは結局は整合しえないという認識であるかもしれない。ただ、一八三〇年代および一八四〇年代のジャクスニアン・デモクラシーの運動が、人民の多数による権力というレトリックを伴うことで、不穏な示唆をもつことになり、それは州憲法の承認のレベルにとどまるだけではなかったことも事実である。また、その運動に対抗して押し返すにあたり、多くの法律家たちはもはや多数決主義的立場を否定していた。あまり知られてはいないが優れた例として、ドイツナショナリストで亡命者だったフランシス・リーバー〔Francis Lieber〕があげられる（彼がのちに起草した「リーバー法典」が非常に有名であり、南北戦争期の連邦軍の法規範を定めたものである）。リーバーは「政治的倫理の手引き」（一八三九年）のなかで、初期アメリカ人にとってはきわめて重要だった多数支配の原理を明示的に攻撃した。[76]

絶対的で抽象的な良い統治を求める結果として、哲学的な政治学者がしばしば陥る大きな間違いの一つは、人民が権力の真の源であると同時に自らすべての統治の目的であり、最善の統治は人民が絶対的な権力をもっている場合である、という思想である……この主張は、他の多くのものと同様、欺瞞に依拠している。抽象的ではなく集合的なものを意味する思想上の擬人化のためである。人民とは誰か？　それは一人の個人か、一つの名前で、便宜的な目的のために呼ばれる多くの諸個人のことなのか……？　人民とは、多くの諸個人の集合で、一つの精神、一つの意思、一つの衝動をもっているのか、あるいは人民は多数と少数からなるのか？　人民に無制約の権力を与えるということでは、多数に無制約の権力を与えるに他ならない。というのは、もし人民が仮にそれをもっているなら、当然のように、多数者はそれをもたねばならないからである。人民は好きなように振る舞うことができると繰り返し説かれているが、それは、……フランス人が最初の革命でしたように彼らが少数者からその財産を奪い……、少数者を隷属させ、殺す権利をもっている、ということである。[77]

また、主権の問題に至っては、リーバーは——一九世紀初期のドイツの基準になっていた線に従って——主権は「国民」あるいは「社会」に「内在」しており、主権に基づく行為は単に、——あるいは、まったく、ですらある——正当に憲法で位置づけられた主権を有する立法者による立法であるわけではない、と主張した。その代わり、彼の母国の伝統においてみなそうだったように、国民の意思の表明としての世論と文化の力を彼は強調した。「私は、世論によって、必然的に抗いがたい共同体の感覚と感情とが、至るところで共同体の主権的権力を示している、と理解する。この世論こそが、文字に意味を与え、法に生を与える。そうでなければ成文法は単なる形だけのものである」[78]。リーバーの大げさな散文のもとには、ホッブズやルソーが非常に嫌悪していた、法の執筆者ではないままに社会は主権の所在である、という理論をまさに見てとることができ、その見解を象徴するものとしての「世論」への訴えかけは、政治的意図を明白に示す言明であることと同じかそれ以上に、重要だった。リーバーが多数決主義と敵対し、主権の所在として国家ではなく社会を強調したことは特に興味深い。彼のトクヴィル〔Tocqueville〕との近しい関係[79]を前提にすれば、『政治的倫理』においても、『アメリカのデモクラシー』においても、フランス革命の急進的な民主主義がアメリカという幸先よくないと思われていたような土地に移植されるというヨーロッパ人の恐怖が見られる。

一八四〇年代までに合衆国の政治文化がいかに変わってしまっていたかを最も劇的に描写しているのは、ロード・アイランドの「ドアの反乱」への対応であった。[80] 前に言及したように（前出一四五頁註二〇）、一八二四年にロード・アイランドは新憲法に関する人民投票を実施して否決していた。同州では（独自に）その植民地時代の憲章により統治がされつづけ、特に投票権は制限されていた。州議会は執拗に新憲法制定を拒絶したので、一八四一年にトマス・ドア〔Thomas Dorr〕率いる市民の一団が新憲法を起草する非公式の憲法会議を招集した。それは、全白人男性の人民投票にかけられ、圧倒的な票数で認められた。[81] 州政府は、新憲法が違法であると主張した。一八四二年には州の公職選挙が二つ並行して行われ、一方では植民地憲章、もう一方では新憲法のもとで実施された。ドア自身は、新たな有権者団により、州知事に選出された。しかし、植民地憲章のもとで選ばれた州知事は戒厳を発して反乱を強制的に鎮圧した（ただ、その年の後半になって、植民地憲章の擁護者たちは、はるかに広範な参政権を認める新憲法のために旧来の有権者たちによる人民投票を自ら実施した。もっとも、ドアの憲法よりも制限はされていたが）。ドアの支持者の一人が逮捕されてしまった出来事は、結局一八四九年に連邦最高裁に係属した。なぜなら、その支持者は（おあつらえむきに名前をマーティン・ルーサー〔Martin Luther〕といった）、州の正統な政府はドアによる人民投票により実効化されたのであり、彼の逮捕は違法であった、と主張したからである。[82] マサチューセッツの民主党員、ベンジャミン・ハレット〔Benjamin Hallett〕がルーサーの代理人であり、ダニエル・ウェブスターがロード・アイランド州政府の代理人だった。このことは公衆の大きな関心の対象となり、彼らの弁論が印刷されて広く出回った。

裁判所に向けたハレットの演説を読むと、随所で主権と統治の区別を明らかに用いていて、一七八〇年代の世界に遡ってしまう。人民による多数決主義を擁護するにあたって、彼は広く、制憲者たち（特にジェームス・ウィルスン）、またまさにジョセフ・ストーリーと合わせて、アルジャーノン・シドニー〔Algernon Sidney〕、ロック、またとりわけバーを引用した。また、彼は重要な点をきわめて明白に示した。

相手方の主張は、憲法会議を招集して票を数えるには、そして誰がどのように投票できるかを決めるためには、州議会の法律がなければならない、さもないと統治の枠組みを作りまたは変更する段階を踏めないというものである。

この誇らしい主権が、偽物で、妄想で、罠でもない限り、そうではないだろう。この連邦の各州の人民に対して、確かに彼らはすべての政治的権力の源であるとしても、もし彼ら［が］立法部の同意なしに統治に関わる憲法を樹立したり変更したりするために主権を行使できると大胆にも主張するならば、彼らは戒厳という無法な専制により強要され、反乱と国内暴動を鎮圧するために大統領が召集した連邦の全軍事力によって支持されるような、苦痛と刑罰とが続くだろう、とでもこの裁判所は言おうというのか！　この裁判所がこういったことを法だ、というときにはいつでも、法について熟考した結果大英帝国と同様ここには人民はいない、と決定することになるだろう。

この立場への真剣な反論とは、裁判所が主権を統治に溶解し、人民から主権を奪い取る、ということである。このことは明白である。というのも、単独で最初の段階を踏む者が主権者だからである。[83]

彼は続けて、憲法において定義されたとしても、主権が特定の、法的に定義された投票権者には限定されえない、と主張した。全人口の多数者が常に憲法を変更する権利をもっていなければならない、ということである。もし投票権者から排除された人民が、「フランスのように、イングランドのように、またロード・アイランドのように、多数であるとしたら、そこでは主権が少数派によって正当に保有され、人民の多数者が主権者ではない、という州がありうることになるではないか！」「これは旧世界の理論であって、アメリカの自由によって打破したものである」[84]。ハレットは実際、繰り返しこの点でアメリカをヨーロッパと対照した。彼がいうところの「アメリカの人民による統治の原理とヨーロッパの正統な統治の原理」との区別である[85]。彼はまた、ドアのような当時の運動が他州の憲法を変えることに成功していた、ということも強調した[86]。

しかし、ドアの反乱は、そういったことが試みられた最後の機会であり、ダニエル・ウェブスターの連邦最高裁での弁論は、支配的になりつつあった見解を表明した（また、それは一七九〇年代にシィエスの口から発されていてもおかしくないものだった）。「集合的な共同体は主権者であるが、それは日々の主権的権力の行使において振るわれる主権そのものではない」と主張したうえで、

第二の原理として、立法権やその他の統治の権力を人民自らが直接に行使することは実践的ではないので、それら権力は人民の代表者たちにより行使されなければならない。また、アメリカの統治を古代近代の統治に由来する何かから区別するのは、その代表制の優れた巧みさである……権力は人民とともにある。しかし彼らはそれを、集団として、あるいは一人一人、行使することはできない。彼らはただ、その代表を通じてそれを行使することができるだけである[87]。

ウェブスターは、まず特別の憲法会議よりもむしろ代表による議会を念頭に置いていたが、同時に彼は

憲法会議を通じて代表制が運用されうるとも主張した。

確かに革命期には、すべての統治が即座に解体され、人民は一つになったが、それで彼らは何をしたのか？　彼らは主権に基づく権力を行使したのか？　彼らは最初の組織を始めた。その目的は統治を形作るべき人民の代表を呼び集めることだった。これが、議会が消え去った諸邦での手続のあり方だった。それはジェームス二世の王位放棄に関してイングランドでとられたものとよく似ていた[88]。

人民投票は彼の特別な嫌悪感を買うものだった。「人々が共同して自らを数え上げ、何百、何千だといい、自らの資格を判定し、自ら人民と呼び政府を設置するなどできない、ということは十分明らかではないか？[89]」

人民投票が生まれた場所での（ウェブスターはニュー・ハンプシャー出身で、マサチューセッツ選出の上院議員だった）人民投票へ反対するというこの変化は、――よりはるかに重大な結果としては――南部と合致した。一八五〇年代までに、南部ではひと世代もの間はジョン・C・カルフーン〔John C. Calhoun〕が多数決主義の危険を説いてきていた――もっとも、彼の場合、その解決策は単に代表や権利の留保ではなく、「共同する多数派」、つまり個人ではなく利益集団の代表であった（それは、ベンサムや自らの父の急進的な民主主義から転回したジョン・スチュアート・ミル〔John Stuart Mill〕に、「多数者の暴虐を制限するための」ありうる手段として興味を抱かせたものである）[90]。また、一八六一年までに南部諸州はそのように振る舞うことができた。非常に興味深くまた重要な事実として、一八六一年に連邦を脱退した一一州のうち、七州は法的にいかなる憲法の変更についても人民投票に委ねられていたが、七州のうちテキサスとヴァージニアだけが連邦脱退について人民投票にかけた。ヴァージニアはその結果をめぐって分割され現在のヴァージニア州とウェスト・ヴァージニア州になった。テキサスは南部連合への加盟を含め、重大な憲法修正案を人民に示すことがためらわれた——このことは、連邦からの脱退を受容しようとする者に厳しく反対された（特に州知事サム・ヒューストン〔Sam Houston〕自身、脱退令の合法性を受容するのに消極的であったが、後続する憲法修正についてはそうではなかった）。それゆえ、人民投票を行うすべての州では南部連合の支持者たちによるクーデター同然の状態に至った。また、それは彼らの初期の民主主義の歴史を否定するものだった（ただ、ジョージアがまさにこの瞬間にその連邦脱退を承認するために人民投票を導入すると決定したことも認識されるべきではある）。多くの連邦脱退のための各州の憲法会議ではこの問題が扱われたが、人民投票による承認にかけるかについては否決された。アラバマでは、演説者の一人が次のように自らの見解を明示的に表現した。その言葉は、（皮肉にも）ドアの反乱についてのウェブスターの弁論を反映したものだった。

連邦からの分離令を人民投票にかける提案につき一言述べたい。この提案は、人民と代表者とのあいだに違いがある、という思想に基づいている。私には、これは間違いだ、と思われる。そこにあるのは、法形成機関における人民の代表と人民それ自身との違いである。というのも、アラバマ州憲法会議により人民に権力が留保され、それを州議会が行使することはできないからである。しかし、この機関［つまり、連邦脱退のための州憲法会議］に、すべての権力がある——いかなる権力もそれからは除外されない。人民はここでは代表者たる人々のなかにある。生命、自由、および財産は我々の手にある。アラバマ憲法を採択した布告を見よ。それは「われらアラバマ人民が」云々、と述べている。

我々の行為はみな至高であり、承認など必要ない。というのも、我々の行為こそがその主権的能力に基づく人民の行為だからである。政策として、この分離令を人民投票にかけるのは誤っている……この政策は我々の政治体制にはあっていない。我々の政治体制は人民の統治ではあるが、純粋な民主政――人民による統治――ではない。我々の政治体制は代議政である。憲法に従って代表者によりなされたことはすべて、法である。統治を組織するにあたって代表によってなされたことならばすべて、人民の意思である。[91]

また、連邦脱退論者の一部にあった人民投票のこういった恐怖が、白人の有権者の恐怖だったことも、記憶されるべきである。

南部の連邦脱退論者が自らの見解を州民に強要するために選んでいた手段に対して、最も大々的に応答したのは、南北戦争終戦直後、シカゴの法律家ジョン・ジェムスン〔John Jameson〕の『憲法会議』（一八六七年）によるものであった。それは二〇世紀に至るまで影響力を保った。[92] この本は、一貫して、憲法会議が何らかの主権を有しているという思想を攻撃し（そう期待した者もいたので）、ドアの事例でのハレットの議論を「無政府主義的な原理のきわめて巧妙な擁護」と非難し、ウェブスターの議論を「アメリカの政治体制の原理について見事に表明したもの」と認める内容を含むものだった。[93] また、ハレットを攻撃するにあたって、ジェムスンがはっきり明らかにしたのは、その問題の考え方が、たとえばプーフェンドルフに見出されえたような言葉を用いた、団体としての同一性（corporate identity）の見地からのものだということだった。

もし、我々のよく知っている憲法会議のように、憲法のもとに組織立てられている限り、州の全人口が、しばしば表現されるように「どこか広い場所に集会する」ことができるのならば、その騒々しい議会が法令を成立させて効力をもたせることは物理的には可能であるにせよ、法令を成立させる憲法上のあるいは法的な権利など明らかにありえない。そういった集まりというのは、政治的な意味で、人民になることはないだろう。州の人民とは政治機関――団体としての単位（corporate unit）――である。それに……究極の主権に基づく権力が与えられる。個人の集まりと考えられる住民や全人口ではない。[94]

したがって、ジェムスンは、南部の憲法会議を、連邦脱退を有権者団に問うことを拒否したために批判したのではなかった（ただ、彼は、憲法の変更のためには「陰謀を企てて憲法会議として鎮座し、人民の声の発出を装い、法令を人民投票の試練にかけることを拒否するような数少ない者たちの投票権を認める必要があるばかりだ」という思想をこそ攻撃した[95]）。そうではなく、彼は明示的にリーバーに従って、アメリカの州に代表制の多様な場があるのを見て、選挙人団はその一つに過ぎないとした。

統治の枠組みにおいて有権者団に割り当てられた領域では、彼らが厳密に代表制的な機関を構成する。ただ、それは、そういった機関が数多くあるなかの一つに過ぎない。通常の三つの統治部門――立法部、執政部、そして司法部――もまた、同じ有権者、主権者の代表である。目につく統治の活動から判断すると、有権者団が制度全体の基礎であるように見えるので、通常は、有権者団は人民［による］、と呼ばれている。この状況から生じたのが、有権者団がすべての主権に基づく権利の源かつ保有者――つまり本当の主権者である、というよく知られる誤解である。ただ、この機関が可変的なもの、つまり、それを構成する者の数と資格とがさらにその背後にある、憲法それ自体を施行したような権力のそのときどきの決定に依存してしまう、と考えられるとすれば、有権者団の主権という立場は支持されえないと見られる。有権者団は単に主権者を代表し、一般的に統治と名づけられる、主権の源からは次の等級にある部門に関わる権力の、責任と制限についてのすべての条件のもとにある。[96]

また、彼はリーバー（あるいはもっと言えばプーフェンドルフも）のように多数決主義を批判している。

自然においては、暴力的な多数者しか知られていない。そうだとすれば、いかなる実定法による制度も成立する以前、そしてこの点では暴力に訴えかける以前では、全体だけが正当に全体を拘束することができる。実定的な法や条約を備えた政治的社会が樹立されて初めて、全体より少ない数の行動によって全体が拘束されうる。全体のために行為する権力を与えられる人数、そしてそう行為するための条件は成文法による統制の問題であり、その場面でのみ、人々に保障される権利が見出される。[97]

ジェムスンの書籍が、アフリカ系アメリカ人に投票権を認めた連邦憲法修正第一五条成立に向かう期間に出版されたこと、そういった背景に照らして彼が繰り返し普通選挙と多数決主義に反対したことがさらなる重要性を獲得していることは心に留めるべきである。「代表制的」（あるいは「ドイツ的」でさえある）主権論と呼ぶべきものは、一八六〇年代の文脈では、選挙権の拡大には歯止めとして機能しえた。ジェムスン自身、判事としてシカゴ、ハイド・パーク地区の有権者に女性を含めようとする試みに反対して、憲法会議に関する彼の議論をほぼ一言一句繰り返す判断を示した。[98] また、世紀中葉のアメリカの連邦の支持者たちのなかでさえも多数決主義的な民主主義が支持されなくなるというこの転換によって、再建期を後退させてジム・クロウ法制を導入することが、思想的にはより容易になったと考えることは難しくない。

ジェムスンが追求した類の取り組みは、多くのアメリカ憲法に関する一九世紀後半の説明に見られた。[99] 二〇世紀初めの一〇年ほどでは革新主義時代の思想家たちがそれに反対した。人民発案が多くの州法で明文化されるようになったためである（また、人民投票への関心がヨーロッパ全土に広がったこともあった）。[100] ただ、よく知られているように、こういった直接民主主義の復権は、合衆国では革新主義の時代が終わった後にはしりすぼみになり、ヨーロッパでの人民投票への関心も第一次世界大戦の後には薄れていった（著名で不幸な例外がヴァイマール共和国であり、その期間に人民投票と人民発案を採用したことについては従来与えられている以上の説明が必要である）。[101] また、二度の大戦の戦間期の左派はこの傾向を押し戻すことには特に関心を払わなかった。[102] 一九五〇年代から一九六〇年代までには、政治一般、特にアメリカ憲法に関する「代表制的な」言説は常に正しかったように見える。その結果、バーナード・ベイリン〔Bernard Bailyn〕すら革命について「政治的な、また軍事的なものに加えて知的な出来事の系譜は一極集中で、絶対的な、統治に関わる主権という概念全体に疑問をもたらしていた」ということができた。そのことによって、革命世代が区別したいと思っていたまさにふたつのこと——主権と統治——は混同された。[103] 同じことはエドマンド・モーガン〔Edmund Morgan〕についてもいいえた。彼は、二つの用語の違いを認めた。しかし、彼の『人民という発明』（一九八八年）は、イングランド議会からアメリカの憲法会議を経て全国規模の政府が成立するまでの一連の制度上の変遷によって（彼によれば）象徴されている、繰り返し人民主権の「虚構」と彼が呼んだものを、中心的な論題とするからである。[104] 近年、このようなことはもう一度変化し始めている。特に、ブルース・アッカマンとアキル・アマールはアメリカ憲法における民主政治の役割を強調している。ただ、私の見地からは、アッカマンはいくらか「代表制的な」見方を組み込み続けてきているかに見える。というのは、彼は、一八世紀の民主主義者たちが思い描いたように基礎的なレベルで討議が行われたことを意味する事実はないにもかかわらず、ニュー・ディールのような時期ごとに憲法の変動があらわれると主張しているからである。[105]私自身の見解はアマールのものに近いが、（彼とは異なって）私は、より広いヨーロッパの文脈にアメリカの民主主義の経験を位置づけたい。また、その経験をより論争的で、脆いものと見る——合衆国の歴史は、ヨーロッパと同様、革命だけでなく反革命からも成り立っているのである。

※本章の翻訳にあたり、犬塚元先生（法政大学）にコメントをいただいた。記してお礼申し上げる。

結　論

　ここで、本書で述べてきたストーリーについていくつかの一般的な指摘をしておきたい。冒頭から強調してきたように、主権と統治との間に明確な概念的区別が出現することは、民主主義に関する近代に特徴的な一つのアイデアが生まれるために必要な前提条件だった。そこでは、市民の多数の参加が一連の基本的《ファンダメンタル》な立法行為に限定される限りで、彼らが政治に真に参加しているものとされる。第一章で見たように、主権と統治の区別は、逆説的ではあるが、当時の社会における非日常的な国制上の配置〔憲法的な取り決め〕（constitutional arrangements）を理論化しようというジャン・ボダンの試みとして旧体制下のフランスで生じた。とはいえ、そうしたボダンの仕事のなかでさえ、そしてその直後においては確実に、民主主義理論に対して彼のアイデアが含意するものは直ちに理解された。ボダン以前、民主主義は、何らかの立法府における、市民による統治を意味した。あらゆる政治構造の背後にはある種の「人民」が存在していると広く仮定されていたが、彼らは立法者として行為しているわけではなかった。ボダン以降、市民は、一連の基本的な立法を形式的に承認（authorising）していれば、それを書く（authoring）ことを必ずしもなしていない場合でも、（もし人民がそれを望むならば）〔そうした人民を〕ボダン的な意味における主権者として考えることが可能となった――全体としての議会が、その法を書く（write）のか？　どのようなシステムであれ、立法者または立法府が、実際に立法の文言の一部を起草する人物や機関である可能性は低いだろう。

古代から一八世紀に至るまで、すべての社会は、一般的な憲法的重大事項と限定的またはローカルな重要事項とを区別することなく取り扱う立法権限を有する場（sites）を、それぞれのかたちで有してきた。英国は、そのような制度的取り決めをもつ社会の良い例である。英国は、いまなおそうした場をもっている。この国では、王位継承法、合同法、議会法、欧州共同体法のような疑いなく基本的・憲法的性質を有する議会の法と、たとえば、ロンドン警察の組織のあり方を規定する法との間に、いかなる制度的・構造的な違いも存在しないのである。[1]この点で（ある者は別の根拠を期待するかもしれないが）、英国はその政治構造のなかに前近代性を残している。もちろん、近代性なるものを、（私が考えているように）私が関心を抱いてきた理論によって特徴づけられるとすればであるが。〔英国流の前近代的な〕憲法的立法とその他の立法との間に制度的な区別が存在する社会と対置されうる。この〔近代的な〕社会では、制度的区別の帰結として、米国におけるように、いくらか特徴的な方法で形成された、分離された一連の法、つまりは成文憲法を有する社会について語りうる。しばしば観察されるように（最近では、ある刺激的な論文のなかでジョン・ガードナー〔John Gardner〕によって指摘されている）[2]、英国は、あらゆる国がそうであるのとまったく同様に、成文憲法を有している。いま私が言及した基本的な諸立法〔王位継承法など〕は、結局のところ書かれているからである。憲法実践の多くが書かれていないという事実は、成文憲法をもつ米国その他の国から英国を区別しないだろう。英国が有していないのは、特に憲法的といえる取り決めのために分け隔てられた立法者である。先述したように、この点では、一八世紀まですべての政治的諸団体がそうであったのと同様なのである。

成文憲法が（おそらくは）一七七〇年代まで登場しなかったというのは、よく知られた歴史の一部である。それは、（第四章で見たように）北アメリカの新たに独立した邦が成文憲法を起草し始めた時期に当たる。現在の合衆国憲法、一七九〇年代のフランス憲法、その後のすべての近代的な憲法文書はいずれもその後に成立したものである。ここでの新奇性とは、憲法を書くというアイデアであると考えがちである。しかし、私が関心を抱いてきた視点からこの問題をとらえれば、真の新奇性とは、基本法を書くというアイデアではなく（立法者は常にそうしてきたのだから）、基本法を書く権限（authority）を、ほんの一瞬だけ立ちあらわれ、コミュニティが実際に政治的に活動している間はほとんど忘れ去られてしまうような制度体（institution）に委譲するというアイデアであった。たとえば、（ラリー・レッシグ〔Larry Lessig〕がシチズンズ・ユナイテッド判決を覆すために修正手続を用いるという自らの運動を奇跡的に成功させない限りは）私が生きている間に、合衆国憲法が新たに修正されることはないと私は予想している。このように——主権的な立法者が、制度的な外形を有するものの通常は眠っているのだと——考えれば、我々は、このアイデアの奇抜さと、なぜそれが一八世紀以前には、すなわち私が追跡してきた歴史をもつあの区別を適切に理解する以前には、想像が非常に困難だったのかを真に理解することができる。

それはまた、実に多くの露骨な反対を常に引き起こしたアイデアでもあった。第二章で見たように、ボダンと（後の）ホッブズの敵対者たちは、近代国家における民主的主権の可能性[3]を敵視するあまり、中世の代表理論に実際上非常に近い何かにむしろ先祖帰りした（第二章で示したように、ホッブズも代表という言葉は用いたが、彼は、中世の先行者とも、彼の同時代人とも大きく異なる方法でこの言葉を用いた。それは、彼をプーフェンドルフよりもルソーと結びつけるものであった）。グロティウスやプーフェンドルフに始まる敵対者たちが主張していたのは、以下のようなものであった。（グロティウスの『戦争と平和の法』のイメージでいえば）「共通の主権の担い手」は政治的コミュニティ（グロティウスが coetus と述べたもの）であり、視覚の「共通の担い手（common subject）」が身体（the body）であるのと同様であった。一方、主権の「固有の担い手」は政府（government）であり、視覚の「固有の担い手」が目であるのと同様であった。目は身体のために見るが、身体そのものは見ない。同様に、「固有の」担い手が関与する立法活動は、「共通」の担い手の活動とはまったく異なるものであった。共通の担い手は、ボダン的または（ホッブズ的／ルソー的）理論の主権的な立法者とは異なるもので、曖昧に規定された人民またはヴィトリアの共和国（*respublica*）とよく似たものだった。五〇年後、ホッブズに反論する必要性に駆られて、プーフェンドルフはこのアイデアを採用し、彼の二重契約の理論によって、そのアイデアに技術的により正確な定式を与えた。二重契約理論とは、自然状態に置かれた諸個人が、相互に契約を結ぶことによりある社会を形成し、その社会が政府の形式を決定するというものである。しかし、プーフェンドルフが明らかにしたのは、政府が樹立される以前に、その社会はある種の暫定的地位を有していたということである。定義上、社会はそれ自身を、またはその構成員を支配できないからである。彼はこれを、市民が共通の存在条件を決定するのではなく、それについて議論するのである、という合意に基づくものとして表現した。かくして、その社会がその政府に関する決定を行ったとき、それは民主的に支配されるべき決定である必要はなかったし、事実上、そうであるべきではなかった。ホッブズは、諸個人による社会の形成はすなわち立法に関する基本的《ファンダメンタル》な場の形成であったこと、さらに（彼が一六四二年の『市民論』で論じたように）それが必然的に民主的なそれであったことを主張して、このアイデアのグロティウス版を拒絶したのだが、それは特にプーフェンドルフに警告を与えるもののように見えた。グロティウスもプーフェンドルフも、自らの見解が、主権と統治の区別に関するアイデアを代替するものであるという事実に気づいていた。そして、両者ともに、その区別を明示的に攻撃したのである。プーフェンドルフは、軽蔑の意を込めて、単に「大学で論じれば足りる些細な」ものとして記述した。だから、一八世紀半ばにルソーが、旧体制を支えるイデオロギーの代表としてプーフェンドルフとグロティウスに反旗を翻したとき、彼が、その危険な不一致を除去した（と彼が考えた）ホッブズ的な青写真と、例の区別の双方に立ち戻ったのは当然であった。ルソーは、この区別をその著作のなかで繰り返し使用し、民主主義を理解するために必要な新しい鍵として支持したのである。

しかし、この二つの見解は、革命期を通じて相互に反目するものとして残り続けた。独立したばかりのアメリカの諸邦で、入植者たちは、成文憲法の条文に関するレファレンダムという制度によって、統治レベルではなく主権レベルにおける民主主義というアイデアを制度的に適切に表現できるのだということをすぐに理解した。そのようなプレビシットは、一七七八年にマサチューセッツで憲法の承認のために世界で初めて実施され、その後の二世代で連合のほとんどすべての邦がこれに従うことになった（もっとも、連邦憲法はこの方法で承認されなかった）。第三章で示したように、フランスのジロンド派も、マサチューセッツが一二年前に行ったこと（ジロンド派が熱心に研究した連邦の憲法会議とは異なる）は知らなかったようだが、同じルートに行き着いた。しかし、ルソー、アメリカ人、ジロンド派によるこのようなアイデアは、ボダンとホッブズのそれが一七世紀に古い政治理論に基づいて批判されたのと同じ運命をたどることとなった。

主要な代替理論は、ボダン以前のアイデアにやはり類似していた。古いタイプの王による君主政はいまや死に絶えていたが、その主要な死刑執行人であるジャコバン主義もまた、実際にはボダン以前のものであった。ジャコバン派は、近代の民主主義の先駆者であると主張したが、フランスはあたかも古代の市民集会または中世的コミューンによって統治されるかのように、民主的な主権だけでなく、民主的な統治をも望むものだったのである。ジャコバン派の敵対者がたゆまず観察したように、それは明らかな理由から、実際には不可避的に、パリの暴徒による支配と、フランスにおける他の地域の疎外をもたらした。しかし、恐怖政治とジロンド派指導者の大量虐殺の後で、ジャコバン派に対する最も重要な挑戦は、アベ・シィエスによって唱えられることになった。最近の研究者のなかには、シィエスをルソー的伝統と関連づける者もいるが、私は第三章で、彼は実際にはその批判者であると論じた。プーフェンドルフと同様、彼は立法の場と「国民（nation）」を区別することを望み、代表が近代国家の重要な特徴にならなければならないと強く主張した。理念上それは、代表による憲法の承認（authorisation）をも含むものだった。しかしながら、プーフェンドルフと異なり、シィエスは、代表について複数の場があること（multiple sites）を信じており、主権という言葉をますます使いたがらなくなった。「この言葉［主権］は、我々の想像のなかで大きく膨らむばかりである。というのも、王への盲信に満ちたフランス人の精神が、簒奪された主権を輝かせる虚飾と絶対的権力のあらゆる遺産をその言葉に与えるべき義務を負っているように感じたからである」[4]。

シィエスの、リベラルな反ジャコバン的立憲主義は、多くの点で、一九世紀の標準的な理論となった。（第四章で論じたように）それはアメリカにおいてもそうである。多くの現代人にとって、憲法理論に最も適したアプローチであり続けている。そのとりわけ良い例は、現代の主要なイギリスの憲法理論家であるマーティン・ラフリンである。彼は、（グロティウス、プーフェンドルフ、シィエスを明示的に参照しながら）[5]我々は主権を、特定の場に位置した力と考えるべきではなく、独立したコミュニティがなしうることについていかなる政治的制約も存在しないという事実の表現として考えるべきであると主張している。シィエス同様、彼は、「人民」は自分だけで行為できず、ただ代表を通じてのみ行為できる存在であると主張する。そして代表の場が複数存在しうるとも主張する。この現代的な見解によれば、その一つの場は公衆の意見である。[6] こうした考えは革命直後の時代に特に重要となったものであり、（第四章で見たように）ドイツ人の法理論家フランシス・リーバーを通じてアメリカに伝わったものである。[7] 彼は、その第二の祖国で絶大な影響力をもつようになった。それは、ボダン、ホッブズまたはルソーのアイデアと著しい対照をなす（もっともルソーは、国家の形成と維持における意見の役割を認めていた）。彼ら〔ボダンら〕の見解の本質は、ある社会の政治は、唯一かつ特定の場からコントロールされなければならず、市民の集合的存在の状況を変えるためにいかなるメカニズムが利用されうるかについて明確でなければならないというものだった。近代的な見解が示唆する代表の曖昧性と雑多性は、彼らの視点からすると、明確に与えられていないのに権威（authority）を主張する一連の制度体に力を手渡すことになる。結局、これこそが、ホッブズがコモンローの観念に強く反対した理由なのである。ホッブズによれば、コモンローは、その同輩たる市民に対して法律家が力を行使することを、法律家自身が発明した諸原理の名のもとで許容するものであるとされた。

主権者人民が、多数決投票のプロセスを通じて君主的主権者のように行為しうるのだという、一七世紀または一八世紀のラディカルな見解を現代が受容するのを嫌がる理由に、三つのものがあると思う（そのようなプロセスが引き起こしうる脅威については、ここでは措いておこう。もっとも、我々が知る政治過程のなかに、我々に恐怖を与えないものなど存在しない。民主的多数決主義の実績は、現実には多くの人が考える以上に優れたものである）。[8] 第一は、多数決主義（majoritarianism）は、政治的行動原理として何ら特別の主張をもたず、「人民の意思（'will' of a people）」と必ずしも一致しないという信念である。[9] それは、コミュニティの意図（intentions）を代表するために採用される多くの手続のうちの一つに過ぎず、それらの手続の中からどれを選ぶべきかを決定する手段として用いることはできない。第二は、（たとえば）国家が借金を返済する義務を負うことのできる通時的なアイデンティティを有するということを仮定できないならば、国家間の関係性が危機に瀕するのではないかという懸念である。このアイデンティティは、絶えず変化する民主的投票の結果という観点からは表現されえない。この説明によれば、「人民」は単に、ある主題に関する見解が一致し、多数派を形成する、名づけられる諸個人の集合であることにはならないし、多数派を形成するか、多数派の見解を決定的なものとして受容する（投票結果に拘束されることに同意した少数派を含む）、名づけられる諸個人の集合ということにもならない。その集合のメンバーは、（巨大な近代国家においては）人は死に絶え置き換わるという意味で、絶えず変化するため、「人民」が安定した存在になることはない。したがってそれは、ある種の想像上の構築物というより他なく、連続的に存在する何らかの諸制度の集合によって代表される存在として理解するのが最善だ、ということになる。第三の理由は、より技術的なものだが、現代の法律家にとって非常に重要なものとされている。その考えとはこうである。我々を統治するほとんどの法は、そのメンバーが遥か昔に死んでいる集会（assemblies）によって公布されたものであるから、法の権威（authority）を主権者である立法者の意思から発せられたものとして理解することはできない、というものである。現代の法律家は、ほぼ例外なく、古い法は、いま存在する主権者が廃止しない限りはその主権者によって暗に更新されているのだという古い見解を拒絶している。その結果、彼らは、たいてい、既存の法の権威を、社会としての我々が権威的なものと承認している一連の慣習（a set of conventions）にかからしめているのである。それは、権威の多様な場を許容するものである。

私は、これらの異議はいずれも、しばしば仮定されるような重みをもたないと信じている。それらに対しては、想像上の人民という不満足な領域に踏み込むことのない、比較的わかりやすい回答が存在している。私は、『フリーライディング』（ハーバード大学出版局、二〇〇八年）において、第一の異議と事実上対決した。簡潔に言えば、私がそこで論じたのは、エージェントという観点からは、自らが望む特定の行為の方向性のために多数派の一部になることを目指すのは理に適っているということである。（もしそのための多数派が実際に存在するならば）彼は、私が拙著で「効果的な集合（efficacious set）」と呼んだものの一部になれる可能性が高いからである。結果をもたらすのに十分な（しかし必要ではない）集合である。何もせずとも――私のエージェンシーなしで――同じ結果が得られうるのは真実だとしても、ある結果に因果的に貢献する何者かになることに関心があるのならば、投票する理由をもつし（他者が同様のことをなすであろうと十分に考えられるならば）、成功した集団の一部になる理由ももつ。これは「冗長因果（redundant causation）」として知られるものの一例である。たとえ自分が関連する行動をとらず、他者がその代わりをしてくれたとしても、自分は何かを因果的に起こすことができる。それは現象としてはよく知られているが、哲学的分析には非常に馴染みにくいものとされてきた。冗長因果の関係を、因果関係の標準的な反事実的分析の観点から理解することがあまりに難しいため、現代的理論家の多くは単にこれを無視し、自分が投票する唯一の手段的理由は、自分がきわめて重要な投票者になると思うからだと仮定してきた。特定の投票者がきわめて重要な役割を果たす可能性は非常に低いので、彼らは投票からは手段的な考慮を完全に排除し、その代わり、投票の「表現的（expressive）」性格といったアイデアに注力してきた。そうなると、多数決主義は確かにその独自性を失うことになる。政治的決定に到達するためのより適切な方法が存在しうることになるからである。しかし、もしエージェンシーの観点から考え続けるならば、多数決主義が政治を構成する明らかな方法であることに変わりはない。このようなことが、多数決主義に関する初期の書き手には当然のこととして受け止められていたのだと思う。

ジェレミー・ウォルドロン〔Jeremy Waldron〕は、平等原則との関係性を強調することで、多数決主義を擁護しようとしてきた。[10]これは明らかに正しい。多数決主義は、各投票者を他の投票者と厳密に等しいものとして扱い、（たとえば）知性または判断力についていかなる差異も認めない。しかし、ウォルドロンの見解は、彼自身が認めるように、政治的意思決定への参加のための公正な籤のようなものがあれば、市民間の平等条件は満たされるのではないか、すべての市民は立法者としてその役割を果たす機会を平等に得られるのではないか、という反論に脆弱である。それは、最近、ベルナール・マナン〔Bernard Manin〕を始めとする民主主義の代表的な理論家たちによって実際に主張されてきたが、ウォルドロン自身の回答に特段の説得力があるわけではない。[11]しかし、市民が彼ら自身をエージェントと考え、自らの行動によって（可能な限り）自らの共同生活の諸条件を実現する必要性をウォルドロンの議論に加えるならば、籤はもっともらしい代替手段ではなくなる。籤では、実際に結果に貢献するのは集団のごく一部となるからである。多数決主義の際立った特徴は、それが平等とエージェンシーの双方を提供する唯一の原理だという点にある。[12]こうした観点から見ると、理論化が驚くほどなされていない特別多数決の問題に取り組むことも可能となる。特別多数決の要請は、単純多数決が要請する場合よりも、結果に対して因果的な責任を負う立場にある者を増やすことになるが、それは、特別多数決の要請を満たすのが非常に困難で、当該集団が有効な行動をまったくとれないという事実とバランスをとる必要がある（一般に、特別多数決の要請の最も極端なバージョン、すなわち全員一致は除外される）。（第四章では、多数決と特別多数決の違いは、実は一八世紀の書き手にとっては不思議なほど関心が薄かったようだ、という点をみた）。

票をカウントされる人々が――いわば――自然的な集合ではないという事実によって悩まされてきた

人々もいる。女性への投票権拡大をもたらした一九世紀の民主的革命の後でさえ、子どもや外国人など、国家の領土内の多くの居住者が排除されている。これらの住民の見解が政治プロセスのなかで何らかの役割を果たそうとするならば、それは代表によってのみ可能である。これが問題であることに私は同意するが、それは民主主義理論のきわめて一般的な問題、すなわち近代国家の領土的性格の一側面である。この点に関するホッブズ、ルソーのような書き手は、国家の形成とは諸個人の結社であり、その諸個人が他の諸個人の参加を許可し、そうして定められた領土を所有するようになると想定することでこの問題をうまく切り抜けた。しかし、この説明には多くの難点がある。たとえばロックは、国家が領土権を獲得するには、市民社会に参加した時点で、すでに諸個人が土地を所有していなければならない点を強調した。こうした理論の現代版が、ロバート・ノージック〔Robert Nozick〕の『アナーキー、国家、ユートピア』のなかに見出される。彼の議論から関連する諸問題を見ることが可能なのである。しかし、民主政治に関するどのような見解においても、境界の意義や、境界をまたぐ者に対して国家が有する権利を説明することは困難である。私が描出しているこの種の見解のメリットは、少なくともそれが、以下をデフォルトの立場にする点にある。すなわち、投票結果をすべての者に権威的なものとするには、境界内のすべての者が投票に参加すべきであり、いかなる種類の排除も慎重に正当化されなければならない、ということである。（たとえば、ロックが強調した「居住権（residency）」と「市民権（citizenship）」の区別は、国家に関する非代表的な説明では正当化しがたく、その役割は通常（間違いなくロックにおいては）当該社会におけるある集団を他の集団に対して特権化することにあったといえる[13]）。

第二の問題、つまり、対外債務などを認めるためにある人民にアイデンティティを付与する必要があるという点については、投票集団のすべてのメンバーが、どのように投票したにせよ、その結果は個人の意思を反映したものであると純粋に仮定することによって（従来のホッブズ的またはルソー的な考え方）、望むものの多くを得ることができないということが私にはよくわからない。たとえば、もしあるコミュニティが、二〇一二年に多数決投票を通じて対外債務を引き受けた場合、その債務は、事実上その年の当該コミュニティのすべてのメンバーによって合意されたことになり、これらの個人が個人としてのみ債務を引き受けた場合と同様に、その引き受けに拘束されるものと仮定することは不合理ではないだろう。二〇一二年の投票人口の半数が死ぬまで――それはだいたい四二年後である――、個人としてその引き受けに拘束されなかった人民によって構成される多数派は存在しないだろう。[14] 実際、コンドルセが一七八九年八月に発表した『市民に憲法を承認させる必要性について』のなかでこの議論が展開されている。

ある国家の住民（inhabitants）の過半数（pluralité）によって受容されたあらゆる法は、全員一致の支持を得たものとみなすことができる。その法を受容するか拒絶するか、そして複数の意見に従う必要があることを踏まえれば、ある法案を拒絶する者は、それが過半数により支持されているのであれば、それを遵守することをすでに決めたことになる。こうした全員一致の承認は、そのときに生きていた人々が過半数を形成し続ける限り、継続するだろう。彼らはその期間、この法とともに生きていくことに同意できたからである。しかし、このような承認は、これらの諸個人が当該国家の過半数を形成しなくなった途端に意味をなさなくなる。

かくして、いかなる憲法もそれが効力を維持できる期間は、この法が成立したときに生きていた市民の半数が新しい市民にとって代わるまでの時間である。これは簡単に計算でき、成人年齢を二一歳とした場合は約二〇年であり、二五歳とした場合は一八年かかる［一八世紀のフランスの平均寿命が二一世紀のイギリスよりはるかに短いことを踏まえれば」。

同じことは、憲法会議によって生み出される憲法にとっても真実である。なぜなら、その場合も、市民の過半数（ひいては全員）が、この憲法に従うことに同意するからである。

私は、法が取り消し不能であり続けることができる最長期限を設定することが非常に重要であると考えている。人民はもはや、永久の法が正統に存在し続けられると主張する勇気をもたないのである。[15] 社会が、（私たちの場合）四二年ほど効力をもち続けた後で、すべての合意を自由に再検討し、それを拒絶しうるというアイデアは、（少なくとも私が知る限りは）まったく不穏なものではない。そして、このようなプラグマティックな目標を満たすために、なぜ人がより強固なナショナルアイデンティティの観念を望むのかは明らかではない。これまで述べてきたように、集合的アイデンティティの現代の強調は、大きな理論的難問への純粋な応答というより、社会に混乱をもたらす可能性のある大衆政治に対抗するための手段のように見えることが多い。結局、それこそがコンドルセとシィエスとのコントラストなのである。

私の三つの異議のうち最後のそれへと目を向けよう。私がこれらの章で扱ってきた主権論者たちは、彼らには自明に見えた一つの事柄について合意していた。すべての法は、現在の主権者の意思によって力をもつ、という点である。ボダンは、主権に関する章で以下のように述べることで、この考えを表明している。

王の法、勅令（ordinances）、勅許状、特権、免許は、それらを認知している王の明確な同意または少なくとも黙許によって承認されない限り、その存命中にしか力をもたない、ということはよく知られている。[16]

（これがボダン以前に本当に「よく知られていた」かは確実ではないが、確かに中世期の王は、前任の王の行為を公的に承認することを定期的に行っていた。たとえばマグナカルタは、三七回承認されている）。ホッブズは、当然のことながら、非常に明確な言葉でその一般的なポイントを表現していた。「立法者が彼その人であるのは、その権威によって法が最初に作られたからなのではなく、その権威によって法が現在も法であり続けているからなのである」[17]。

あるいは、数ページ後に、ローマの全公民の公示（The Decrees）について以下のようにコメントしている。

これらは、最初は、人民に属する主権的権力のゆえに法であり、その後は、そのうちで皇帝たちによって廃棄されなかったものが、皇帝の権威によって法としてあり続けたのである。それというのは、拘束力をもつすべての法は、それらを廃止する権力（power）をもつ権威によって法たりうる理解されるべきだからである。こうした法とよく似ているのが、イングランドの議会が制定する法である。[18]

そして、ルソーはこう述べる。

国家は、法ではなく、立法権によって存続している。昨日の法は、今日には拘束力をもたない。しかし、沈黙は暗黙の同意とみなされる。主権者が法を廃止できるのにそれをしないということは、それを絶え間なく承認しているとみなされる。あることを主権者が意思すると宣言した場合には、その宣言を取り消さない限り、常に意思し続けることになる。

では、なぜ古い法にこれほど敬意を払うのか。それは、古い意思の働き（old acts）が優れていたからこそ、これほど長く維持されたのだと考えなければならない。もし主権者がこれらを全体として有益なものと承認していなければ、何千回となく取り消していただろう。[19]

しかし、非常に印象的なことに、まったく同じことが、タッカーなど、初期のアメリカの憲法学者たちによって語られていた。

人類が自らの自発的な行為によって自らを拘束する権利を有することは、ほとんど疑問視されることはない。では、彼らには、後世の人々を同様に拘束する契約を結ぶ権利がどこまであるのだろうか？死者の行為は、生きている後続世代を、世代を超えて拘束するのか。それとも、後続世代は、彼らの祖先が先に享受したのと同じ自然権を有するのか？　また、もしあるとすれば、次の世代のために特定の統治形態を確立するどのような権利を、ある世代の人間はもつのだろうか？

その答えは難しいものではない。アメリカ諸邦の議会が、その選挙民のために述べるところによれば、『統治は、被治者の同意から正当な権威を得る』。この基本原理は、この問題に対する我々の判断の指針になるであろう。コモンセンスの著者〔トマス・ペイン〕の言葉を借りれば、法は、単に祖先によって作られたからというだけでは後続世代を拘束しない。しかし、後続世代がそれを廃止しなければ、その限りではない。法のもとでの後続世代の黙認こそが、彼らに対する義務を継続させるものであり、その先祖が彼らを拘束する権利を有していたわけではないのである。[20]

よく知られているように、ベンサムもオースティンも同じことを言っている。[21]

しかし、H・L・A・ハート〔H. L. A. Hart〕の『法の概念』の五頁は、（ほとんどの現代作家の目には）この理論を打ち砕くのに十分であったように見える。このことは、立法に関するハートの一般理論に賛成するかどうかにかかわらず、人々の同意を得ているように思われる。[22]そこでハートの議論に簡単に触れておくことにしたい。『法の概念』には、必ずしも明確に区別されているわけではないが、実際上、二つの主張がある。[23]一つは、ハートのいう「オースティン的」主権論なるものは、法そのものに関する必要な説明ではないという主張である。すなわち、妥当な法（valid law）の決定的な特徴は、一般的な権威を有すると我々が認める人物や制度体によって発せられた点にあるのではなく、社会で一般的に受容されている「承認のルール」とハートが呼ぶもの（ヒュームのいうコンヴェンションに似たもの）に従って選択された点にある、と考えるような「法の概念」を想定できるとの主張である。そのルールは単純で、王の言葉を法として規定する場合もあれば、（彼が考えるように）近代社会のように複雑で、（シィエスのような方法で）立法に関する複数の独立した場を規定する場合もある。[24]これは明らかに真実である。しかし、私が研究してきた人々にとってそれが大きな関心事であったかどうかは議論の余地がある。ドドナにおける「樫の木の葉のそよぎ」は、この意味で妥当な法源となりうるが（そこでは、巫女がそよぎの音を解釈する最高裁となる）、当然ながら、近代の民主的な主権に関する理論家たちは、これを自説に対する異議として真剣に受け止めることはなかっただろう。彼らがその証明に没頭していたのは、すべての法システムは論理の問題としてこの形式をとらざるをえないというのではなく、一般的な意見に反して、民主的主権の実践的で一貫したシステムをもつことができる、ということだった。また、そのようなシステムは、人間の自由と意図的な集団意思決定という考え方に、他のどのシステムよりもはるかにうまく適合すると彼らは考えていたのである。その限りにおいて、彼らは少なくともハートの用語でいうような「実証主義者」ではなかった。古い自然法学派が自然理性（natural reason）の原則と一致する法のみが完全に妥当であると考えたように、彼らはこうした民主的でオープンなプロセスを通じて生み出されたルールのみが完全に妥当であると考えたからである。[25] ホッブズでさえもそうだった。そうでなければ、彼のコモンローの法律家に対する激しい反発を理解できないのである。

『法の概念』のもう一つの主張は、私の関心により関連している。それは、法の唯一の源泉としての主権というアイデアは、近代社会の現実の営みを理解することができないが、民主的な主権というアイデアもなおさらそうすることができないという主張だからである（またはそのようにみえるからである）。ハートが、現在の主権者による暗黙の立法というアイデアに反論しているのは、この文脈においてである。繰り返しになるが、このことは初期の理論家にとっては厳密には問題ではなく、（彼らが一般に強く示唆していたように）「近代社会の方が悪い」と言うだけかもしれない。先に見たように、彼らは、法の存続は彼らの言葉で説明することが必要だという見解を（無理からぬことだが）抱いた。古い法の継続に依拠しない法秩序を想像することは（不可能ではないが）実際難しいのである。ここでハートは、二つの議論を一緒にして、実は同じものであると言う。一つは、主権者への服従では法の存続を説明できないという主張であり、もう一つは、主権者が正式に発していない慣習的ルールを裁判所や他の機関が使用することを説明できないという主張である。[26] 慣習の採用が主権による暗黙の立法という観点からしばしば擁護されてきたのは真実である。『リヴァイアサン』においてホッブズは以下のように述べている。「長く使用された慣習が法の権威を獲得するとき、権威を作りだすのは時間の長さではなく、沈黙によって示される主権者の意思である（沈黙は、時に同意の根拠となる）[27]」。しかし、このことと、古い主権者が制定した法を新しい主権者のもとで存続させることとの間にはいくつかの重要な違いがある。主権論者たちは、通常、前者よりも後者に関心を有してきた。

慣習に関するハートの言及は以下のとおりである。

特定の事案が生じたとき、すでに法である何かとして、また法であるがゆえに、裁判所が制定法を適用するのと同様、慣習を適用するのにどのような不条理があるのだろうか。もちろん、ある法システムが、いかなる慣習的なルールも、裁判所がその無制限の裁量をもってそれが法であると宣言するまでは、法としての地位をもたないと規定することは可能である。しかし、それは一つの可能性に過ぎず、裁判所がそのような裁量を有しないシステムの可能性を排除することはできない。慣習的なルールは、裁判所で適用されるまでは法の地位を有しえないとの一般的な主張は、いかにして証明できるだろうか[28]。

同じように、古い制定法は単純にすでに法であり、現在の主権者がそれを権威的なものとするために暗黙の再公布を行う必要はない。引用におけるハートの最後の指摘は、私が先に述べたことを浮き彫りにしている。つまりハートは、「法」が何を意味するかに関する一般的な説明に関心があるという点である。しかしながら、この文脈で我々が関心をもつべき問題は、慣習的なルールが法の地位をもつことができないかどうかではなく、暗黙の立法論が慣習の法への取り込みを許容できないものなのかどうかということなのである。主権者による暗黙の立法というアイデアが、法システムへの慣習の取り込みに対応するうえで一定の困難を伴うことは、（ホッブズには申し訳ないが）確かに真実である。これは、一般原則に欠陥があるからというよりも、むしろ、主権者が裁判所に対して、ランダムな形である特定の一連の慣習的規則を使用することを認め、それ以外の〔使用を認めた規則と同様〕単に思いついた規則は使用させないというような図式自体に怪しさがあるからである。慣習は、法において（あるいは少なくとも慣習を認めるような法システムにおいて）ある種の力をもつが、それは慣習がすでにある種の規範的な地位をもつと考えられているからである。しかし、我々が主権論者でないとしても、その地位がどのようなものであるかは、まったく明確ではない。ハートが何と言おうと、主権者やその代理人が承認の印を押すまでは、それらが通常の制定法と同様の法でないことは明らかである。たとえば、それが承認される以前に、慣習に従わないことで罰せられることはない。これは、廃止されない古い制定法には当てはまらない。たとえ現在の主権者が就任する以前に犯したものであっても、それに対する違反は現在でも罰せられる。ホッブズの世代の英国の法律家たちは、コモンローの慣習的ルールの地位に相当困惑し、最終的には（ホッブズが非常に尊敬していたジョン・セルデン〔John Selden〕の影響を受けて）コモンローはかなりの程度、単に失われた制定法（lost statute）であるという結論に達した。[29] このように、暗黙の立法論に異議を唱えるために、イギリス型法システムにおける慣習の役割の議論の余地なき説明に依拠できるかどうかは明白ではない。最も権威的なイギリスの法律家たちは、コモンローのアイデアを、ボダン以後の主権的立法者の観念に合致するよう作り直したし、現代の中世史家のほとんども彼らに大筋で同意するだろう。[30] つまり、イングランド法における慣習の役割と、それに対する理論的に鋭敏な法律家たちの応答は、既存の主権者による暗黙の立法という理論を否定するのではなく、むしろ確認するものなのである。彼らは、古い法の継続性を慣習の取り込みと等しいものとして扱うのではなく、慣習の取り込みを（少なくともコモンローの基本原理に関する限り）古い法の継続の一つの例としてとらえたのである。

ちなみに、イングランド法における慣習の役割については、セルデンやヘイル〔Sir Matthew Hale〕の直感をある程度裏づけるような、追加的な側面がある。ローマ法には、慣習は長期間の使用によって法的な権威を獲得しうると同時に、法は同じようにしてその権威を失いうるという理論があった。不使用（desuetudo）の原則であり、慣習による法（consuetudo）の反対である。[31] これは、使用が権威的なものであると仮定すれば完全に合理的であり、一方向にしか働かないという理由はない。スコットランド法は、ローマ法システムの一部として、制定法が不使用原則（desuetude）によって無効となりうるという明確な原理を有していた。[32] 他方でイングランド法は、不使用原則を決して認めなかった。一八一八年の有名な事件では、ある原告が（おそらくは一三世紀以来行使されていなかった）決闘による裁判の権利を首尾よく主張し、その主張は認められることになった。議会はこれに対し、直ちにこの権利を廃止する法律を可決した。ウェストミンスターでこの事件が議論された際、イングランドの議員たちは、スコットランドの法が不使用原則を認めていたため、〔イングランドとスコットランドの〕境界以北では〔こうしたことが〕起こり得なかったことを知って驚いた。その後、一部の議員たちは、それが裁判所にあまりに大きな力を与えるとの理由で、スコットランドにおける不使用原則の廃止を求める動議を提出した。スコットランドの法律家たちはこれに抵抗し、この原則はスコットランド法の一部として維持されたが、一般的には、イングランドの慣例がスコットランドの慣例に優先する連合議会の法律の場合には決して利用されないと受け止められていた（もっとも、完全に妥当していたわけではない）。私は、スコットランド法では、いまでもそのような状況が続いていると信じている。ヨーロッパ諸国のなかでほぼ唯一、イングランドに不使用原則が存在しないことは、従来の見方に反して、ローマ法が慣習の役割にはるかに寛容であったのに対し、イングランド法が基本的に慣習法でなかったことを顕著に示すものである。[33]

ハートにとってさらに困難なのは、もし彼が正しいのであれば、既存の主権者の消滅や失墜は裁判に影響を及ぼすべきではないとなることである。古い法は、現在の主権者の意思に依存しないので、（原則として）その完全な妥当性を継続すべきとされる。しかし、これは大抵、人々には一筋縄ではいかない問題だと思われてきた。たとえ古い法が効力をもち続けるべきであったとしても、その理由として特徴的にあげられるのは、ハートのそれではなく、公共の有用性（public utility）についての常識的な考慮であるべきである。マシュー・ヘイル卿はこの点についても、その顕著な例を示してくれる。彼はイングランド内戦の初期には王党派だったが、空位時代〈イングランド共和国期を指す。〉にクロムウェルから判事にならないかともちかけられた。ヘイルは「簒奪者から依頼を受けることの合法性」について自問したが、「正義と財産を常に維持することが絶対に必要である。簒奪者から依頼を受けることは、彼らの権威を認めると宣言しない限り罪ではない」と判断した。しかし、興味深いことに、彼は当初、死刑事件の審理に参加することを拒否した。「正義の剣は合法的な国王のものであり、簒奪者に由来する権威により死刑判決に至ることは正当化されないと考えたからである」[34]。この種の熟考は、法秩序の革命的な断絶がもたらす問題に対する適切な対応であったように思われる。ヘイルは、既存の法の権威は、ある意味で、正統な主権者の消滅によって破壊されるはずだと考えていたが、同時に、法システムが完全に崩壊しないようにするためには、既存の法が一種の暫定的な権威を有するものとして扱われなければならないことも認識していた。いずれにせよ、彼の反応は（革命的状況では多くの人々が同様の反応をしただろうが）、ハートが期待したようなものではなかったのである。

しかし、重要な問題は、このような分析的な議論では把握できない。先述のように、民主的主権論者たちは、私たちが参加する組織化された民主主義だけが私たちを支配する権威を持つと信じていた。そこでは、慣習または慣例は、我々が従う諸ルールを正統化するのに十分ではない。私たちはそれらを、民主的主権論が要求するような方法、すなわち意識的で、意図的で、フォーマルな方法では作っていないからである。同様に、民主的な集会ですでにこの世にいないメンバーが作った諸ルールは、たとえ我々が同じ集会で彼らを引き継いだとしても、我々が何らかの形でそれらを我々のものにしない限り、権威をもつことはできない。暗黙の立法論が、私たちがいまメンバーである集会が唯一の正統性の源泉であるという原則を守りつつ、我々がどのようにすればこの問題を扱えるかを理解するための最良の方法である。これが、私が再構築してきた伝統に、暗黙の立法論が広く浸透してきた理由である。

しかし、このことは逆に、遠大な結果をもたらすことがある。それが十分に認識されていることはほとんどない。近年、「原意主義者」を自称するアメリカの法学者が、私が議論してきた理論家と同じようなことを主張するということがよくある。アントニン・スカリア〔Antonin Scalia〕は、合衆国憲法は民主的な立法の産物であり、他の制定法と同様に裁判官によって解釈されるべきだと強調してきた。[35] 一方、ケイス・ウィッティントン〔Keith Whittington〕は、主権と統治というまさにその言葉を使って、アメリカ合衆国憲法に関する体系的で印象的な説明を行い、合衆国憲法が人民の主権者による純正の立法的産物であるという点を主張している。[36] ウィッティントンは、合衆国憲法は立法の一部であるために、立法者の意図に従って解釈されなければならないと主張するが、そこで重視されているのは、人民の立法府のオリジナル・メンバーという意味での立法者の意図である。多くのアメリカの法学者と同様に、彼はそれらのメンバーが誰であるかについては避けているが、「建国者（the founders）」について語ろうとする。（この用語を、通常そうするように、フィラデルフィア憲法会議のメンバーを指すものとして考えれば）憲法に権威を与えたのはその文言に関する建国者たちの意図や理解、ではなく、（ライサンダー・スプーナーが強調したように[37]）もしそのメンバーが適切に委任されていれば批准する諸会議（conventions）のメンバーや彼らの選挙人の意図や理解、であったにもかかわらず、である。（スカリアは、憲法が公布された当時の日常的な言語話者の意図を、重要な意図とみなしている[38]）。しかし、これらの議論は、一方の手で与え、一方の手で奪うようなものである。民主的主権のポイントは、我々を我々自身とは異なる誰かの支配から解放することにあり、我々を死者の支配下に戻すことにないからである[39]。ウィッティントンの立場が明らかにするのは、主権者と統治の峻別に関する最も明確な近代的説明でさえ、「人民」のアイデンティティに関するシィエス的（あるいはグロティウス的、プーフェンドルフ的）な見解に陥ってしまうということである。それによれば、人民は通時的にリアルなアイデンティティをもち、社会の過去のメンバーは現在のメンバーと同様に「人民」の一部となるのである。しかし、これまで見てきたように、民主的主権の近代的な理論は、このような見解に根本から反対しており、それには十分な理由があった。

　こうした事実を踏まえて、政府（ウィッティントンが正しく強調するように、そのなかには司法も含まれる）は何をすべきなのだろうか。アメリカ人民はいま、深く眠り込んでいるといえるかもしれない。ホッブズの類推でいえば、彼らは牢獄につながれている、ということさえ可能である。五〇州からなる連邦の政治的諸条件によって身動きがとれなくなっているからである。他のほとんどの近代国家の人民も状況はほとんど変わらない。大宰相は、最後に王が目覚めたときに与えられた命令に従う以外には何もできない。王の以前の法に対する暗黙の再制定（re-enactment）を含め、王がそのときに意図したものに従うのみなのである。これは、偶然にもアマールのとる立場であり、私もそれに幾ばくかの共感を覚える。それは、合衆国憲法の全体を、最も最近に憲法が修正されたとき（一九九二年五月七日）に、それが廃止されなかったことが何を意味するのかを踏まえて解釈するべきということを意味する。しかし、実際には、現代の民主的主権者は、ホッブズの四つの場合のうち三番目のケース、つまり独裁官と関係するケースに当てはまる。

任期制君主の選挙の後、君主の在任期間中に、定められた時間と場所で会議を行うことを了解したうえで人民が会議から離散する場合、（かつてローマ人の間で独裁官が指名されたように）そうした者は君主ではなく人民の第一の臣下［*primo ministro*］とみなされるべきであり、人民は、適当と認める場合には、任期終了前でも彼から職務［*administratio*］を奪うことができる。

ホッブズは、この後者のケースでは主権者が「起きている（awake）」のに対して、第二のケースである「人民が、期限付きの君主の選出後、彼の死後に一定の時と場所で集うことをあらかじめ決定して集会から去る」ケースでは、その人民は「眠っている（asleep）」と考えた。しかし、この二つのケースの区別は単純ではない。第三のケースでも、人民は力を行使するために集うまでは眠っていると考えるのが妥当であるからである。ホッブズが示すように、その区別は、集会の日時がアドホックではなく、事前に決められているという点にあるに過ぎない（この点で、彼の議論は、ボダンが独裁者と選挙で選ばれた王との間で行ったのと同じ不十分な区別を含んでいる。もっとも、ホッブズはどちらのケースも民主主義として扱っているので、この区別はあまり意味をなさない）。いずれにせよ、アメリカ合衆国憲法下の人民は、会合のための事前に決定された特定の日をもたず、（ある意味で）彼らが選択したときにいつでも自由に集うことができるのである。先述のように、その会合を阻む障壁は現在のところかなり手強いが、乗り越えられないものではない。我々は、現在の主権者について、それが明確に発言する前であってもかなり多くのことを知ることができ、前回集まったときに述べたことに必ずしも依拠する必要はないということも可能である。そして、現在の主権者によって合衆国憲法が修正も廃止もされていないという事実は、現在の主権者が、他の信念やコミットメントがあるにしても、この法の存続を望んでいることを意味するのだと言うことは理にかなっている[40]。しかし、そのことは結局、政府、特に司法は、この法を解釈する際に、それらの信念やコミットメントについて知っていることを考慮に入れなければならないことを意味する。かくして、しばしば「生ける立憲主義（living constitutionalism）」と描写されるアプローチは、他のどのアプローチよりも、アメリカの諸憲法が前提とする民主的主権の本質的な性格と一致していることが明らかになるのである[41]。

※本章の翻訳作業にあたり、濵野倫太郎氏（慶應義塾大学大学院法学研究科博士課程）にご助力いただいた。記して感謝申し上げる。

解題

はじめに

本書はRichard Tuck, *The Sleeping Sovereign: The Invention of Modern Democracy* (Cambridge University Press, 2016) の全訳である。二〇一二年にケンブリッジ大学で開催されたジョン・ロバート・シーリー記念講義が基になっている。著者のリチャード・タックは、トマス・ホッブズを中心とする一七、一八世紀の政治思想史を専門とする著名な思想史家であり、いわゆるケンブリッジ学派に属する代表的人物である。ケンブリッジ大学に勤めたのち、現在はハーヴァード大学に在籍している。この分野における第一人者といってよいだろう。日本でもこれまで二冊が翻訳されている（田中浩・重森臣広訳『トマス・ホッブズ』（未來社、一九九五年）、萩原能久監訳『戦争と平和の権利』（風行社、二〇一五年））。

本書の内容

タイトルからもわかるとおり、本書の主題は主権論である。タックによる主張はシンプルなものであり、以下の二点に集約されると思われる。第一に、主権者の権力は国家の統治全般に及ぶわけではなく、憲法に関する領域での決定権および統治者（政府）の選任に限られる。すなわち主権者と統治を行う政府の次元は明確に区別されるべきである。第二に、統治者は主権者の選任を受け、一定期間、統治のほぼ全領域を司る。そして統治者（政府）が再び選任されるときがくるまで、原則として主権者はあらわれることはない。これが「眠れる主権者」の意味である。そして、この主権と統治（政府）の区分こそが、古代ギリシャのような直接民主主義が現実的なものではなくなった近代におけるデモクラシーの基本的前提だという。また、驚くべきことに、この主権論は、ジャン・ボダンによって提唱されて以来、ホッブズからルソーへ、そしてさらには革命期のフランスや独立後のアメリカ大陸へと継承されたものであるとされるのである。

主権論はもともとアリストテレス以来の政体論と密接に結びついていた。しかし、アリストテレスによる政体分類論、特に混合政体論を批判したのがボダンだとされる。ボダンによれば、主権とは憲法レベルの領域での決定権および統治者（政府）の選任を行う権限を意味する。日常の統治を行う権限は主権とは別に存在する。つまり、政体を分類するために必要なのは、誰が政治上の実権を握っているかを分析することではなく、その実権を誰が与えているのかを分析する必要がある。このように考えれば、主権を分有するものとしての混合政体などは存在しないことになる。

主権と政治の実権は異なるため、主権のレベルでは民主政でありながら、統治のレベルでは君主政という国家もありうることになる。実際にはボダンは君主政を擁護するために主権論を提唱したけれども、それはあくまで統治のレベルにおける君主政の擁護であって、主権が人民にありうる可能性も理論的には認めていたとされるのである。こうしてボダンは近代国家のための主権理論を準備した。

もっとも、君主主権、および君主による統治を擁護するボダンの議論からは、近代のデモクラシーにおいて主権―統治理論がどのような意義をもつかが明らかではない。タックによれば、このボダンの主権―統治の区分論を近代におけるデモクラシーという文脈に位置づけて再生したのがホッブズとルソーに他ならない。

ホッブズは、当時ヨーロッパに広く影響を与えた『市民論』において、ボダンと同様に混合政体論を否定し、主権の所在を政体の基準とした。ボダンと明らかに異なるのは、ホッブズは、国家の起源は人民主権であり、君主政も貴族政もそこから移行したものであると考える点である。ここでいう「人民」とは、意思決定機関である会議体（convention）を備えたものであり、多数決によって単一の意思をもつ主体である。すなわち、ホッブズのいう人民とは、ばらばらの大衆ではなく、統一的な意思決定を前提としており、その意味で君主と互換可能な主体なのである。

ホッブズはこの人民を後継者のいない絶対君主にたとえている。この人民＝君主は会議を開き、日常の統治を行う者を任命し、再びその後任を任命するときがくるまであらわれない。いわば「眠る」のである。本書のタイトルはホッブズが用いたこの比喩に由来している。もっとも、次にいつ会議を開くかを約束しない人民は、眠ったまま起きることのない君主と同様であり、それゆえに主権をもはやもたないことになる。こうして君主政や貴族政への移行が生じる。

タックによれば、ルソーもこうした主権─統治の区分論を引き継いでおり、これを踏まえなければ『社会契約論』を始めとするルソーの国家論をよりよく理解することはできない。実際、『社会契約論』において、ルソーは、主権者である人民は集会を開き、多数決で意思決定を行う主体であり、日常の統治者である政府を任意に任命することができると述べている。ルソーがホッブズと異なるのは、主権は人民に属するものであり、かつそれを譲り渡すことはできないとしている点である。

『社会契約論』によれば、主権者である人民が一般意思に基づき法律を制定する。法律は一般的なものであり、それを適用、執行するのは特殊、個別的なものである。前者は主権者の任務、後者は政府の任務である。そして政府は法律によって設立されるものである。注意しなければならないのは、ここでいう「法律」を、現代でいう議会制定法のようなイメージで理解してはならないことである。ルソーのいう「法律」は、主権者の多数決で決定する法規範であるから、現代でいう憲法に相当する規範であると考えられる[i]。

ルソーによれば、この主権─統治論は、近代においてデモクラシーを実現するために必要不可欠な構想である。ここでいう近代とは、各人が自らの生計を立て、個人的利害のために必死に活動しなければならない世界だとされる。デモクラシーの源流とされる古代のアテネやローマとは異なって、このような世界では、人民が日常的な統治について日々集まり、意思決定をするということは不可能である。人民にできることは、主権者として、一定のタイミングで、基本的な法律を制定し、統治を行う者を選任するという任務しかない。

以上のようなボダン、ホッブズ、ルソーの主権─統治論の系譜を辿る第一章から第三章の前半までを、本書におけるいわば理論編とするならば、第三章の後半から第四章は、実践編である。すなわち、理論としての主権―統治論が現実の政治にいかに反映されたのかが中心に描き出される。ルソーも『ポーランド統治論』などで具体的な国家をイメージした提言を行っていたが、実現には至らなかった。主権―統治論が現実味を帯びるのは、大革命後のフランスである。というのも、主権者である人民の多数決による意思決定という理念が、人民投票というアイデアによって初めて具体化されたからである。

それを担ったのは、ブリソやコンドルセら、いわゆるジロンド派である。フランス革命期に、ジロンド派は、特に新憲法の制定を念頭に置き、代表者たちによる議論によってではなく、全人民の多数決によって承認されなければならないという議論を展開した。ジロンド派による憲法草案は、それを具体化したものである。政争によってジロンド憲法は結局施行されることはなかったけれども、新憲法が人民の投票によって承認されるべきであるという理念は消えることはなく、その後のフランス政治に定着したとタックは主張する。

そして、実はほとんど同時期に、アメリカの邦（state）でも人民投票による新憲法の制定ないしは改正が現実のものになりつつあったという。マサチューセッツやニューハンプシャーといった邦では、実際に人民投票が行われていたのである。なお、当時はまだ連合規約が結ばれる前であるから、これらの邦はそれぞれ一つの独立した主権国家に相当することに注意する必要がある。タックによれば、人民投票による人民の意思決定という考え方は、アメリカ合衆国が成立してからも、各州の州憲法に定着するようになったという。

しかし、現在の合衆国憲法には人民投票の規定は存在しない。憲法修正の手続を定めるアメリカ合衆国憲法第五条は人民投票を要求せず、各州の州議会や特別に招集される会議体による承認で憲法修正は成立すると規定している。したがって、主権—統治論の立場から見ると、合衆国憲法は、主権者である人民の決定権を制約するものとしてみなされることになる。タックの立場によれば、主権者であるアメリカの人民はまさに「眠っている」のであり、再び起き上がるための制度が存在していないのである。

タックはこうした現状に明らかに批判的である。国家にとって重要な決定を下す権限は主権者になければならず、そのためには人民投票のような制度が不可欠だからである。タックにとって、本書で描き出した主権論は、現代においても妥当すべき理論である。さらにタックは、自身の理論から合衆国憲法をどのように解釈すべきかという憲法解釈方法論にまで踏み込み、人民の主権を前提とした独創的な議論を提示している。このように、本書は壮大な政治思想史研究であるだけでなく、現代のデモクラシーのあり方を模索する、すぐれて実践的な書物にもなっているのである。

本書の評価

主権と統治（政府）の区分という考え方自体は、ボダンやルソーなど個別の論者についてこれまで指摘されてこなかったわけではない[ii]。タックの著作の独自性は、グロティウス、プーフェンドルフ、シィエスら、主権と統治の区別を認めない論者の系譜と対比しながら、主権—統治区分論をボダン、ホッブズ、ルソーに通底する思想として描き、さらにそれを現代のアメリカの憲法論にまで敷衍した点にあるといえよう。タックと似たような主権と統治という問題意識から議論を展開する研究も近年見られるようである[iii]。

本書の出版後、さまざまな書評が発表されている。総じて本書の独創性や現代政治へのアクチュアリティを高く評価するものであるが、ここでは批判や疑問を提起する書評を若干紹介したい。たとえば、ホッブズとルソーを主題にした著書も出版しているロビン・ダグラス〔Robin Douglass〕は、ルソーとホッブズの関係について、タックは連続性を強調し過ぎており、ルソーにおける断絶を軽視していると批判する。[iv] 主要な点に絞って紹介すれば、第一に、ホッブズは主権と統治を区別しているとしても、ルソーの用語法は、立法権と執行権とで区別している。これはロック的用語法であり、伝統的な政治思想史が位置づけるように、ルソーはロックの系譜を意識していたのではないか。第二に、タックはルソーの法律（loi）を基本法、すなわち憲法であるとするが、ルソーは『社会契約論』第二編第一二章で、民法と刑法もまた法律に分類している。したがって、タックの限定は恣意的ではないか。第三に、ホッブズは主権者が数十年にもわたるかなりの長期間「眠る」ことも認めるが、ルソーは政府に主権を簒奪されないように定期的な人民の集会を提唱していたのであり、この点でもホッブズとルソーに連続性を認められるかは疑問である。第四に、ルソーが主権は人民に存するのであって、これは譲渡不可能であると述べたことは些細な相違ではなく、ホッブズとの断絶を示しているのではないか。

　このダグラスの批判の妥当性について筆者は判断できる能力を有していない。しかし、仮にホッブズとルソーの断絶を強調するとしても、主権と統治の区分という枠組み自体が両者に共通していること、そしてその枠組みがもった歴史的意義は失われないように思われる。また、タックはルソーについて、ホッブズの議論を近代的な民主主義のために前に進めたという評価をしており（本書一〇五頁）、単純な継承関係にあると論じているわけではない。タック自身、別の論文で、あらためてホッブズとルソーの連続性を強調しているところであるが、[v] 両者の関係については今後も議論が続けられるだろう。[vi]

　また、アダム・スミスなどのスコットランド、イングランド思想史を専門とするポール・セーガー〔Paul Sager〕によれば、タックの一八世紀に関する議論はルソーにしか着目しておらず、イングランドやスコットランドの思想家、とりわけデヴィッド・ヒュームやアダム・スミス、エドマンド・バークを等閑視している[vii]。彼らは、政府の背後には主権どころか何も存在せず、ただ「人々の意見（opinion of mankind）」、いわば世論のみが存在すると論じた。主権とは、人民の多数決による究極的な権威ではなく、さまざまな世論による権力闘争の結果として獲得される正当性に過ぎない。これはまさにルソーが排除したものであるけれども、商業社会における人民の要求にこたえる方策としての選挙権の拡大というデモクラシーの歴史をよりよく説明できるのは、世論による政治という概念ではないか、とセーガーは主張する。そして、ルソー的な人民投票は現代における標準装備とはいえず、実際、アメリカ合衆国憲法はタックも認めるとおり人民投票規定をもっていないではないか、と疑問を呈する。

セーガーの批判も興味深いが、タックは、終章において、イギリスは議会主権の原理によって、本来は政府に過ぎない議会が憲法事項を変更できることを指摘し、そもそも主権と統治の領域が未分離であるため、その点で前近代的であると評価している。この点がイギリス圏の政治思想が評価されない要因とも考えられる。もっとも、人民投票規定をもっていないアメリカ合衆国憲法が近代的な民主主義のモデルといえるのか、という疑問は真剣に受け止める必要があるだろう。むしろ、ブレグジットをめぐる国民投票が行われ、まさに本書でいうような主権者人民が決定を下したようにみえるイギリスの方が、この後に紹介するレヴィンソンが指摘するように、本書の議論が妥当するようにみえるからである[viii]。今後はブレグジットを経験したイギリスも射程に入れた議論が必要になるといえるかもしれない。

さらに、本書は憲法学を専門とする研究者からも注目を集めている。タックの主権論は憲法論に大きな示唆を与えるものであり、本書の構成からしても、アメリカを中心とした現代の民主主義論、人民主権論のあり方に強い関心があることが容易にみてとれるからである。たとえば、著名なアメリカの憲法学者であるサンフォード・レヴィンソン〔Sanford Levinson〕は、イギリスの国制に本書の議論を適用している[ix]。特に重要なのは、二〇一六年に行われたブレグジットの国民投票の結果を受けて、人民主権の原理によって長年維持されてきた議会主権の原則が覆されてしまった可能性を指摘する点であろう。こうしてレヴィンソンは、狭義の政治学者のみならず、「主権」や「民主主義」を考えるすべての人々にとって本書が有益であると評価している。

他、人民を「主権者」として実体化することへの警戒から、現代ではむしろシィエスやグロティウスを再評価すべきではないかという実践的な観点からの評価や[x]、タックの議論は主権者人民が立ちあらわれる前提条件を無視し、人民を所与のものとして単純化することで多数決主義に還元してしまうものとして批判するものがある[xi]。今後もタックの議論をめぐって活発な論争が繰り広げられることが期待されよう。

憲法学者が本書を翻訳する意義

さて、本書の訳者たちもまたレヴィンソンと同様、政治思想や歴史に強い関心をもっているものの、もっぱら実定法としての憲法を研究する者たちである。したがって、本書の思想史研究としての厳密な評価はそれぞれの専門家に委ねる他ない。それにもかかわらず我々が本書を翻訳するのは、本書の主題が、すでに言及したように、憲法学にとってもきわめて重大な問題を提起しているからである。本書の訳者たちも含め、タックの議論を素材にした研究が憲法学において続々とあらわれているのはその証左であろう[xii]。では、本書が憲法学にどのような示唆をもたらすのか。いくつか簡単に提示してみたい。

第一に、国民主権の解釈である。日本国憲法が国民主権を採用していることは良く知られている。しかし、そこでいう主権の意味とは何かについて、憲法学では、フランス革命期の主権理論も踏まえて、かつて活発な論争が繰り広げられたことがある。論争を経た現在、定評のある憲法学の教科書では、国民主権について、国民が自ら統治のあり方を最終的に決定するという権力性の要素と、国家権力を正当化し権威づける根拠が国民であるという正当性の要素があると説明されている[xiii]。

本書の主権論を前提にすると、国民主権はその権力性の要素こそが本質だということになろう。そして、ここでの「国民」は抽象的で理念的なものではなく、具体的に投票行動をすることのできる有権者団を意味することになる。また、「最終的に」決定するというのは、具体的にいえば、憲法改正や統治者の選任といったきわめて重要な事柄の決定権を有するという意味として解釈すべきであり、日常的な権力行使については、選任した統治者（政府）に委ねるべきだということになる。日本国憲法がタックのいう主権理論を採用しているかはまた別の問題であるが、通説的見解に新たな光を照らすものであることは間違いないだろう。

第二に、憲法制定権力である。シィエス『第三身分とはなにか』において主張された憲法制定権力は、憲法学においても議論の対象となってきた。もっとも、主権との異同や憲法制定権力論そのものの意義について、憲法学内部に明確なコンセンサスがあるとはいえない。シィエスの憲法制定権力論を額面どおり受け取るとすれば、それはまさに国民が憲法を制定する権力であり、本書が前提とする主権そのものであると評価できる。すなわち、憲法制定権力論は主権論に還元可能ということになる。ただし、本書では、シィエスは実際には主権―統治論の系譜ではなく、代表の理論を強調することによって、主権すなわち人民による決定権を否定的に解した論者であり、実際には統治の領域にのみ関心をもつものであると位置づけられている。シィエスや、その影響を受けたとされるカール・シュミットの位置づけについても再検討が迫られているといえよう。

第三に、立憲主義と民主主義の関係である[xiv]。アメリカ合衆国憲法第五条によれば、人民ではなく連邦議会の発議によって、そして人民ではなく州議会ないしは州の憲法会議の四分の三の賛成によって、憲法修正は成立する。本書の第四章から結論で詳しく論じられるように、「われら人民（We the People）」によって憲法が制定されたにもかかわらず、その憲法典は、憲法の改廃から人民を排除しているのである。また、実際には憲法修正自体も稀であり、むしろ連邦最高裁判所の判例によって憲法の内容が実質的に決定ないしは変更されてきた。すなわち、アメリカでは主権者は眠り続けているのである。こうした状況をどのように評価すべきか、人民の直接投票（民主主義）よりも憲法典および裁判所による憲法典の解釈（立憲主義）を優先すべきか、という問題は、アメリカの憲法学における最大の論点と言っても過言ではない[xv]。

本書の主権論は、立憲主義よりも民主主義を優先するものと評価できよう。しかし、人民投票による多数決主義こそが民主主義である、という本書の議論には異論もありうる。特に、人権保障や法の支配の確保を任務の一つとする憲法学の伝統的な立場からすれば、法に拘束されない主権者は、きわめて危険な存在であるとも評価できる。実際、日本の憲法学においては、主権とは「マサカリのようなもの」であり「精密使用に耐える剃刀」ではない[xvi]、とか、主権という「魔力からの解放」が必要であるといった一種の主権不要論が伝統的に主張されてきた。憲法典を解釈し、運用の方針を示そうとする憲法学が、定義からして実定法破壊的であるにもかかわらず、その内容が曖昧であった主権論に対して警戒するのはある意味当然ともいえよう。もっとも、本書の人民主権論は、従来の主権論とは異なり、人民投票による基本法の制定・改廃を行うものという明確な輪郭をもっており、従来の立憲主義と民主主義をめぐる論争に新たな視点をもたらす可能性がある。

第四に、現代政治へのアクチュアリティである。タックは、原著の出版後、母国イギリスのEU離脱問題において、いわゆるリベラルな知識人としては異例なことに、離脱賛成派として論陣を張った[xviii]。彼にとって、EUの憲法秩序は、各国の主権に基づく民主主義的決定のための障壁であり、これを除去すべきであるから、民主主義を重視する左派こそブレグジットに賛成すべきなのである。この主張が本書の主権論を基礎としていることは明らかである。このように、現代のアメリカ憲法の状況やブレグジットに積極的に主権―統治論を適用するタックの議論は、思想史研究にとどまらず、現代政治に対するアクチュアリティをもっているといえよう。

日本においても、たとえば、憲法改正手続を定める日本国憲法第九六条の解釈論や、国民投票法の制度設計について一定の示唆が得られるだろう。さらに、理論的には、憲法改正に限界はあるのか[xix]、といった伝統的な論点や憲法改正権と憲法制定権の相違などにつき、本書の議論から、従来の通説が問い直される可能性が開かれている。

以上の論点は、憲法学からみた本書の意義のほんの一部であるが、本書が政治思想のみならず憲法学にもきわめて豊かな視点を提供していることは明らかである。これこそが、本書をなぜ憲法学者たちが翻訳したのかの理由であり、そして、日々変化し続ける現代の民主主義や立憲主義のあり方を考える人々にとって、本書がきわめて重要な意義を有している理由でもある。

最後に、勁草書房の山田政弘さんには本書の出版に際して大変お世話になった。記して感謝申し上げる。

訳者を代表して　春山　習

眠れる主権者

——もう一つの民主主義思想史

2025年3月20日　第1版第1刷発行

著者　リチャード・タック

監訳者　小《こ》島《じま》慎《しん》司《じ》
春《はる》山《やま》　習《しゅう》
山《やま》本《もと》龍《たつ》彦《ひこ》

発行者　井村寿人

発行所　株式会社　勁《けい》草《そう》書房

112-0005 東京都文京区水道2-1-1　振替　00150-2-175253
（編集）電話 03-3815-5277／FAX 03-3814-6968
（営業）電話 03-3814-6861／FAX 03-3814-6854
平文社・松岳社

ISBN978-4-326-45145-6　Printed in Japan

■原著

リチャード・タック（Richard Tuck）
1949年生まれ。歴史学、政治史、政治思想史を専門とし、多数の著作、論文を発表している。ケンブリッジ大学で博士号を取得した後、1973年から1995年まで同大で教鞭をとった。現在ハーヴァード大学教授。1994年にはイギリス学士院の会員に選出されている。

■監訳・翻訳　※50音順

小島　慎司（こじま・しんじ）
担当：第1章翻訳
1978年生まれ。東京大学大学院法学政治学研究科博士課程単位取得退学。博士（法学）。東京大学大学院法学政治学研究科教授。

春山　　習（はるやま・しゅう）
担当：第3章翻訳、解題
1990年生まれ。早稲田大学大学院法学研究科博士後期課程修了。博士（法学）。日本大学法学部准教授（2025年4月～）。

山本　龍彦（やまもと・たつひこ）
担当：結論翻訳
1976年生まれ。慶應義塾大学院法学研究科博士課程単位取得退学。博士（法学）。慶應義塾大学大学院法務研究科教授。

■翻訳　※50音順

川鍋　　健（かわなべ・たけし）
担当：第4章翻訳
1989年生まれ。一橋大学大学院法学研究科博士後期課程法学・国際関係専攻修了。博士（法学）。同志社大学アメリカ研究所専任研究員・助教（有期）。

松本　有平（まつもと・ゆうへい）
担当：第2章翻訳
1994年生まれ。早稲田大学大学院法学研究科博士後期課程修了。博士（法学）。最高裁判所司法研修所司法修習生。

事項索引 ※50音順

【ア行】

アメリカの邦憲法　U. S. state constitutions　108–109, *67*
　ヴァーモント　Vermont　*67*
　ジョージア　Georgia　*67*
　脱退州（1861年）　secessionist states, 1861　172
　ニュー・ハンプシャー　New Hampshire　108, *55, 67*
　ニューヨーク　New York　*20*
　ペンシルヴェニア　Pennsylvania　108, 137, 142, *55*
　マサチューセッツ　Massachusetts　108, 142, *65–66*
　メリーランド　Maryland　*67*
アメリカ連邦憲法　U.S. federal constitution　147, 153
　「ヴァージニア案」　'Virginia Plan'　148
　修正第13条　13th Amendment　156, *79*
　修正第14条　14th Amendment　155, *71–72, 79*
　修正第15条　15th Amendment　176
　修正第21条　21st Amendment　152
　権利章典　Bill of Rights　153, *77*
　第4条　Article IV　154–155, *75*
　第5条　Article V　150, 153–156, 158, 209, 215, *71*
　第7条　Article VII　148, 156
暗黙の立法　tacit legislation　186, 192–198
一般意思　general will　*62*
　プーフェンドルフの論じる——　Pufendorf on　94
　ペシオンの論じる——　Pétion on　112–113
　ルソーの論じる——　Rousseau on　95, 102
ヴァージニア　Virginia
　「共和国」と自称　styled 'commonwealth'　131
王位継承法　Act of Settlement (1701)　Act of Settlement (1701)　180, *85*
欧州共同体法（1972年）　European Communities Act (1972)　180, *79*

【カ行】

慣習　custom　195–199, *84*
議会法（1911年）　Parliament Act (1991)　180
拒否権、停止的　veto, suspensive　106, 110–113, 122, *57*
　シィエスの論じる——　Sieyès on　118, 122–123, *60*
継承　succession
　グロティウスの論じる——　Grotius on　76
　ボダンの論じる——　Bodin on　76
　ホッブズの論じる——　Hobbes on　76
憲法制定権力　pouvoir constituant　109, 117–122, *59–60*
原意主義　originalism　200–203, *86*
合一　unions
　グロティウスの論じる——　Grotius on　80, *40, 47*
　プーフェンドルフの論じる——　Pufendorf on　80, *40*
合同法　Act of Union (1707)　180
高等法院　parlements　20–21, 23–24, *32*
国家　state
　アメリカ植民地が用いる用語　term

used by American provinces 131
プーフェンドルフの論じる―― Pufendorf on 76
ホッブズの論じる―― Hobbes on 76
コルシカ Corsica *53-54*
混合政体 mixed government
ボダンの論じる―― Bodin on 11-13, *21-22*
ホッブズの論じる―― Hobbes on 67

【サ行】
シチズンズ・ユナイテッド対連邦選挙委員会事件 *Citizens United v. Federal Election Commission* 181
市民の合一 civil union
プーフェンドルフの論じる―― Pufendorf on 77, 81
ホッブズの論じる―― Hobbes on 77, 81
集会 conventions
1399年協議議会 Convention Parliament of 1399 *65*
アメリカにおける in America
アラバマ Alabama 173
デラウェア Delaware 137
ニュー・ジャージー New Jersey *66*
ニュー・ヨーク New York *66*
ペンシルヴェニア Pennsylvania 137
イングランドにおける in England 133
ジェイムスンの論じる―― Jameson on 58
スコットランドにおける in Scotland *65*
脱退州における in secessionist states 172-173
ロックの論じる―― Locke on 133-134
主権 sovereignty
グロティウスの論じる―― Grotius on 46-47, 58-60, 181-182
シィエスの論じる―― Sieyès on 126-127, 184
タッカー、セント・ジョージの論じる―― St George Tucker on 156-157, *70*
ハレットの論じる―― Hallett on *75*
プーフェンドルフの論じる―― Pufendorf on 79, 181-183
ベイリンの論じる―― Bailyn on 177
ホッブズの論じる―― Hobbes on 63-64
マディスンの論じる―― Madison on 161
モーガンの論じる―― Morgan on 177, *78*
リーバーの論じる―― Lieber on 168
ルソーの論じる―― Rousseau on 93-96
ロックの論じる―― Locke on 85
ジュネーヴ Geneva 1-3, 27, 89-90, 96, 105, *28*, *48*, *52-53*
純粋支配権 *merum imperium*, debates on 24-25, *32-33*
審議 deliberation
シィエスの論じる―― Sieyès on 124
ジロンド派の論じる―― Girondins on 112
ホッブズの論じる―― Hobbes on 4, 72-75
ルソーの論じる―― Rousseau on

112, *19–20*
人民投票　plebiscite
アダムズの論じる――　John Adams on　140–141
ウェブスターの論じる――　Webster on　172
革新主義時代における　in Progressive Era　177
合衆国における――　in United States　*67–68*
コンドルセの論じる――　Condorcet on　109
サールの論じる――　Salle on 110–113
シィエスの論じる――　Sieyès on 118, 123
ジロンド派の提案　Girondin proposals　106, 110–116, *56*, *58*
ドイツ・ヴァイマールにおける　in Weimar Germany　177
統治章典としての　Instrument of Government as　*65–66*
脱退州における（1861 年）　in secessionist states, 1861　174–175, *67*
ニュー・ハンプシャーにおける　in New Hampshire　108, *55*, *67*
フランス　France　116
ブリソの論じる――　Brissot on 108–110
ペシオンの論じる――　Pétion on 110–114
ペンシルヴェニアにおける――　in Pennsylvania　138
マサチューセッツにおける――　in Massachusetts　108–109, 137, 183, *55*
人民への訴え　*appel au peuple*　106, 111–112
ソーバーン対サンダーランド市議会事件　*Thoburn v. Sunderland City Council*　*79*

【タ行】

代表　representation　5, *20–21*
ウェブスターの論じる――　Webster on　172–173
観念的――　virtual　31
グロティウスの論じる――　Grotius on　53–54
シィエスの論じる――　Sieyès on 32, 118–126, 171, 184, *36*, *62*
ジェムスンの論じる――　Jameson on　175–176, *76*
ホッブズの論じる――　Hobbes on 101–103, 181, *45–46*
ヤンシーの論じる――　Yancey on 173–174
ルソーの論じる――　Rousseau on 101–103, *36*
大陸会議（1775 年の）　continental congress, of 1775　141
勅令　edicts
ボダンの論じる――　Bodin on 16, 99
ルソーの論じる――　Rousseau on 99
多数決主義　majoritarianism　185–188, *80–81*
――とエージェンシー　and agency 187
アダムズの論じる――　Adams on *74–75*
ウィルスンの論じる――　Wilson on 165
カルフーンの論じる――　Calhoun on　172
クーニーの論じる――　Cooney on *77*
グロティウスの論じる――　Grotius on　49
ジェムソンの論じる――　Jameson

on 176
シィエスの論じる―― Sieyès on 118, 126
ジェファスンの論じる―― Jefferson on 166
ストーリーの論じる―― Story on 164–165
タッカー、セント・ジョージの論じる―― St George Tucker on 157–159
デーンの論じる―― Dane on 163
ハレットの論じる―― Hallett on 170–171
プーフェンドルフの論じる―― Pufendorf on 82, *45*
ホッブズの論じる―― Hobbes on 69, *43*
マディスンの論じる―― Madison on 159, 163, 165
モリスの論じる―― Morris on 165–166
リーバーの論じる―― Lieber on 167–168
ルソーの論じる―― Rousseau on 95
ロックの論じる―― Locke on 85–86
チェロキー族対ジョージア州事件 *The Cherokee Nation v. The State of Georgia* *74*
ドイツ憲法 German constitution
ヴァイマール Weimar *59, 78*
戦後 post-war *58–59*
同意（1650年の） Engagement, of 1650 *48*
統治章典 Instrument of Government 153, *77*
ドアの反乱（ロード・アイランド） Dorr's Rebellion, Rhode Island 169–172, 174, *75*
独裁官 dictator 15
グロティウスの論じる―― Grotius on 46, 56–57
トマス・エリオット卿の論じる―― Sir Thomas Elyot on 14
バルベライラクの論じる―― Barbeyrac on *46–47*
プーフェンドルフの論じる―― Pufendorf on 79
ボダンの論じる―― Bodin on 13–15, 201–202
ホッブズの論じる―― Hobbes on 61, 63, 202, *42*
ポンポニウスの論じる―― Pomponius on 14
特別多数決 supermajorities 158, 188, *72*

【ナ行】

二重契約理論 double contract, theory of
グロティウスの論じる―― Grotius on 48, 95
ビュルラマキの論じる―― Burlamaqui on 95, *50*
プーフェンドルフの論じる―― Pufendorf on 48, 80, 95
ルソーの論じる―― Rousseau on 95
ニュー・ハンプシャー New Hampshire
――における人民投票 plebiscite in 108–109
憲法 constitution 108

【ハ行】

ハーヴァード大学 Harvard College *64*
ピッツフィールド請願（1778年） Pittsfield Petition, 1778 139, 144

負債　debts
　グロティウスの論じる——　Grotius on　54
　国家の債務　incurred by states　190-191
　ボダンの論じる——　Bodin on　54
不使用原則　desuetude　198, *84*
フランス憲法　French constitutions
　1791 年憲法　Constitution of 1791　110, 128-129
　1792 年から 1793 年にかけてイギリスから送られた憲法草案　projects sent from England 1792-1793　*57*
　1793 年ジャコバン憲法　Jacobin constitution of 1793　115-116, 125, 138, *58*
　1793 年ジロンド憲法　Girondin Projet of 1793　113-115, 125, 209, *56*, *58*
　1795 年総裁政府憲法（共和暦 3 年憲法）　Directorate constitution of 1795　116, 126-129
　共和歴 8 年憲法（1799 年）　Constitution of the Year VIII (1799)　116, 127, 129, *63*
　共和歴 12 年憲法（1804 年）　Constitution of the Year XII (1804)　128
ペンシルヴェニア　Pennsylvania
　「共和国」と自称　styled 'commonwealth'　131
　憲法　constitution　108, 137, 142, *55*
　人民投票への反対　142, 146
ポリテウマ　politeuma（πολίτευμα）、その意味　7-9, *22-25*
ポワシーの契約　Poissy, Contrat de　23

【マ行】
マーベリー対マディスン事件　*Marbury v. Madison*　*73*
マカロック対メリーランド州事件　*McCulloch v. the State of Maryland*　162
マサチューセッツ　Massachusetts
　——における人民投票　plebiscite in　138, 183, *67*
　「共和国」と自称　styled 'commonwealth'　131, *64*
　憲法　constitution　132, 138, 142, *66*
マンチェスター、議会の代表　Manchester, Parliamentary representation of　*65-66*
南アフリカ法（1909 年）　South Africa Act 1909　*66*
民主政　democracy
　プーフェンドルフの論じる——　Pufendorf on　68-69
　ホッブズの論じる——　Hobbes on　60-63, 68-75, 104-105, 183

【ヤ行】
雄弁家　orators
　ホッブズの論じる——　Hobbes on　73, 104, *52*
　ルソーの論じる——　Rousseau on　72, 104, *44*

【ラ行】
立憲主義　constitutionalism　26
領土権　territoriality　189
　ルーサー対ボーデン事件　Luther v. Borden　169-172, *75-76*
連合規約　Articles of Confederation　131

人名索引※アルファベット順

【A】
Achilles Tatius　アキレウス・タティオス　*39*
Ackerman, Bruce　アッカマン　155, 177–178, *79*
Adams, John　アダムズ　*74*
　人民投票について　on plebiscite　141
Adams, Samuel　アダムス　*55*
Albada, Aggaeus van　アルバダ　28
Amar, Akhil Reed　アマール　155, 165, 177, 201, *71, 86*
Antraigues, Louis' Alexandre, Comtede　アントレーグ伯爵　*54*
Aquinas, Thomas　アクィナス、トマス　8
Aristotle　アリストテレス
　トマス・アクィナスの論じる――　Aquinas on　8
　主権について　on sovereignty　7
　ボダン論じる――　Bodin on　6–7, 10–11
　翻訳者　translated by
　　ヴェットーリ　Vettori, Pietro　*24*
　　エトルベのジャック　d'Estrebay, Jacques　9, *24*
　　エリス　Ellis, Willian　*24*
　　ギリーズ　Gillies, John　*24*
　　シャンパーニュのジャン＝フランソワ　Champagne, Jean-François　*24*
　　ジョウェット　Jowett, Benjamin　7, *23*
　　セプルベダ　Sepulveda, Juan　*23*
　　バーカー　Barker, Ernest　*24–25*
　　ブルーニ　Bruni, Leonardo　9
　　ペリオン　Périon, Joachim　*24*
　　ムールベーカのギヨーム　Moerbeke, William of　8–9, *23*
　　ランバン　Lambin, Denis　*24*
　　ル・ロワ　Le Roy, Louis　*24*
Augustus　アウグストゥス　17, *27–28*
Aulard, Alphonse　オラール　*57–58*
Austin, John　オースティン　64, 194, *76, 82*
Azo　アーゾ　24

【B】
Bailyn, Bernard　ベイリン　177
Baker, Keith　ベイカー　107, *56*
Baldwin, Henry　ボールドウィン　228
Barbeyrac, Jean　バルベイラク　47, 57, 77, 81, 89–90, *39*
　独裁官について　on dictator　*46–47*
　不使用原則について　on desuetude　*83–84*
Barclay, William　バークレイ　*34*
Barker, Ernest　バーカー　*24*
Barnes, Jonathan　バーンズ　*23*
Barny, Roger　バーニー　107
Bastid, Paul　バスティード　*62*
Bauclair, Paul-Louis de　ボークレール　*49*
Beard, Charles　ビアード　*77*
Beaumont, Gustave de　ボーモン　*75*
Bentham, Jeremy　ベンサム　114, 128, 135, 172, *57, 62, 64, 82*
　暗黙の立法について　on tacit legisation　194
Bentley, Thomas　ベントレー　*69*

Bernardi, Bruno　ベルナルディ　*50*
Beza, Theodore　ベザ　28
Black, Antony　ブラック　30, 33, *35*
Bodin, Jean　ボダン　181
　——と旧教同盟　and Catholic Leagu　23, 38, *32, 34*
　——とミケリ・ドゥ・クレスト　and Micheli du Crest　*48*
　——とルソー　and Rousseau　*50*
　暗黙の立法について　on tacit legislation　191
　アリストテレスについて　on Aristotle　6, 7, 11, *21–22*
　継承について　on succession　76
　オッピアノス版　edition of Oppian　*39*
　カルヴァンについて　on Calvin　27
　ギレスピーの論じる——　George Gillespie on　*38*
　グロティウスの論じる——　Grotius on　43–44
　高等法院について　on parlements　6, 20–22, 35, *32*
　『国家論』　*Demonomanie*　50
　『国家論』の引用について　editions of the Six Bookes　*25*
　混合政体について　on mixed government　11–13, *21–22*
　根本法について　on fundamental laws　33–36
　『自然の劇場』　*Theatrum Universae Vitae*　19
　『七賢人の対話』　*Heptaplomeres*　19
　主権について　on sovereignty　9–10, 12–13, *25, 29*
　純粋支配権について　on merum imperium　24
　宣誓について　on oaths　34–35
　勅令について　on edicts　99
　抵抗について　on resistance　37
　独裁官について　on dictator　13–15, 201–202
　認知　cognitionem　6, *21*
　パーカーの論じる——　Henry Parker on　41
　フィルマーの論じる——　Robert Filmer on　43
　プーフェンドルフによる批判　criticised by Pufendorf　83
　負債について　on debts　54
　プリンの論じる——　William Prynne on　42, *38*
　法律と契約について　on law and contract　22, 38
　法律と勅令について　on laws and edicts　16
　『方法』と『国家論』との関係　relationship between *Methodus* and *Republic*　19–20, 33–38
　ホッブズの論じる——　Hobbes on　63–64
　マキャヴェリについて　on Machiavelli　26
　全身分会議について　on Estates General　35, *34*
　民主政について　on democracy　17–18, 179, *28*
　『歴史を平易に知るための方法』　Methodus ad facilem historiarum cognitionem　6, *21*
　ロビンソンの論じる——　John Robinson on　40–41, *38*
Boswell, James　ボスウェル　*53*
Boucher, Jean　ブシェ　*34*
Boulay de la Meurthe, Antoine　ブーレイ・ドゥ・ラ・ムルテ　128, *63*
Bourke, Richard　バーク　*25*
Brett, Annabel　ブレット　50, *39*
Brisson, Barnabé　ブリッソン　*32*
Brissot, Jacques-Pierre　ブリソ　116,

60
『1789年の三部会における人民の代議員のための行動計画』 *Plan De Conduite Pour Les Députés Du Peuple* 109
アメリカについて on America 108
『回想録』 *Mémoires* 120–121
シィエスによる批判 criticised by Sieyès 121–122
シィエスの批判 critic of Sieyès 109–110, 120–121
Brown, John L. ブラウン *29–30*
ブラウン派 39–40
Bruni, Leonardo ブルーニ 9, *22–24*
Brunt, P.A. ブルント *28*
Buchanan, George ブキャナン *34*
Burgh, James バー
『政治論究』 *Political Disquisitions* 143–145
タッカー、セント・ジョージによる引用 cited by St George Tucker *72*
ハレットによる引用 cited by Hallett 170
Burlamaqui, Jean-Jacques ビュルラマキ 121, 129
Burnet, Gilbert バーネット *84*
Burns, J. H. バーンズ *29, 57*
Bush, Judith ブッシュ *19*

【C】
Calvin カルヴァン、ボダンの論じる Bodin on 27
Carrington, Dorothy キャリントン *53*
Case, John ケース *24*
Chalmers, George チャルマーズ 146, *69*
Champagne, Jean-François シャンパーニュ *22, 24*
Charles IX, King of France フランス王シャルル9世 12, 23, 38, *32*
Chastellux, François-Jean, Marquis de シャテルー伯爵 *55*
Cicero キケロ 51, *45*
Clapham, Sir John クラファム *59*
Clichtove, Josse クリシュトヴ、独裁官について on dictator 14
Clure, Graham クルール *19*
Cohler, Anne M. コーラー *49*
Coindet, François コワンデ *52–53*
Condorcet, Nicolas de コンドルセ 108, 115–116
憲法に関する報告書 report on constitution 113
シィエスによる批判 criticised by Sieyès 122
『市民に憲法を承認させる必要性について』 *Sur la necessité de faire ratifier le constititution par les citoyens* 110, 190
人民投票について on plebiscite 109
特別多数決について on supermajorities *72*
『ニュー・ヘイブンのブルジョワからの手紙』 *Lettres d'un bourgeois de New-Heaven* [sic] 109, *2*
Conon, of Samos サモスのコノン 51, *39*
Constant, Benjamin コンスタン 32, *36*
Cooney, Thomas コーニー *77*
Cordes, Jean コルド 44
Crahay, Roland クラエー *26*
Cusa, Nicholas of クザーヌス 31

【D】
D'Ailly, Pierre ダイイ 30
Dane, Nathan デーン 163–164
Danton, Georges Jacques ダントン

113
Dauber, Noah ドーバー *39*
Daubresse, Sylvie ドーブレッセ *31–32*
Denzer, Horst デンザー *29*
Desmeunier, Jean-Nicolas デムーニエ *55*
Dewey, John デューイ *76*
Dionysius of Halicarnassus ハリカルナッソスのディオニュシオス *27, 47*
Dodd, Walter Fairleigh ドッド *57*
Dorr, Thomas ドア 169, *55*
Du Pont de Nemours, Pierre-Samuel デュポン・ド・ヌムール 3, *19, 56*
Dupin, Louis Ellies デュパン *35*

【E】
Ellis, William エリス *24*
Ellsworth, Oliver エルズワース 149, *70*
Elyot, Sir Thomas エリオット、独裁者について on dictator 14
Engels, Friedrich エンゲルス *78*
Erskine, John エルスキン *83*
Estrebay, Jacques d' エトルベのジャック 9
Everson, Stephen エバソン *23*

【F】
Fatio, Pierre ファティオ *48*
Fauré, Christine フォーレ *59, 63*
Fichte, Johan Gottlieb フィヒテ *79–80*
Filmer, Robert フィルマー 42–43, *47*
Fontana, Biancamaria フォンタナ *36*
Franklin, Julian フランクリン 18, 26, 39, *26–27, 29, 31, 36–37, 40, 81*
Fritz, Christian G. フリッツ *68, 75*

【G】
Gardner, John ガードナー 180
Gem, Richard ジェム *51, 81*
Gerry, Elbridge ゲリー 149, 154
Gerson, Jean ガーソン *35*
Gierke, Otto von ギールケ *46*
Giesey, Ralph ギーシー *30, 32*
Gillespie, George ギレスピー *38*
Gillies, John ギリーズ *24*
Gilmore, Myron P. ギルモア 24, *30, 33*
Goebel, Thomas ゲーベル *77*
Goldie, Mark ゴールディ 88, 143, *29, 68*
Goldsmith, Maurice ゴールドスミス *43, 45*
Goulart, Simon グラール 27–28, *28, 33–34*
Gourevitch, Victor グレヴィッチ *19*
Goyard-Fabre, Simone ゴヤール - ファーブル *45*
Grace, Eve グレース *19*
Gregoire, Pierre グレゴワール *34*
Grewal, David グレウォル *50, 86*
Grimaudet, François グリモーデ *34*
Grotius, Hugo グロティウス
——とホッブズ and Hobbes *39*
——とロック and Locke 85–87
『オランダ共和国の古層について』 *De Antiquitate Reipublicae Batavicae* *41*
群衆と人民について on *multitudo* and *populus* *39*
継承について on succession 75
契約について on double contract 48, 95
合一について on unions 80, *40, 47*
主権について on sovereignty

46–47, 58–60, 181–182
『諸国家の比較』 *Parallelon Rerumpublicarum* 44
人民のアイデンティティについて on popular identity 49–58
多数決主義について on majoritarianism 49
独裁官について on dictator 45–46, 57–58
表現について on representation 53
プーフェンドルフによる批判 criticised by Pufendorf 79–80
負債について on debts 54
ボダンについて on Bodin 43–44
ホッブズによる批判 criticised by Hobbes 60–61, 63, 68, *41*
Grouchy, Nicholas グルーシー 16, *27*

【H】
Hale, Matthew ヘイル 198–199, *83–84*
Hallett, Benjamin ハレット 169, 171, 174, *75*
Hamilton, Alexander ハミルトン *20, 73*
Handlin, Mary ハンドリン、マリー *65–66, 69*
Handlin, Oscar ハンドリン、オスカー *65–66, 69*
Hankins, James ハンキンズ 15
Hart, H. L. A. ハート 194–197, *82–83*
Hay, Carl H. ヘイ *68*
Hélie, Faustin-Adolphe エリー *58, 63*
Hexter, J. H. ヘクスター *22*
Hirst, Derek ハースト *68*
Hitler, Adolf ヒトラー *80*
Hobbes, Thomas ホッブズ
——とグロティウス and Grotius *39*
——とロック and Locke 85–87
「仮構上の人間」について on ‘fictitious men’ *43*
慣習について on custom 195
グロティウスの批判 critic of Grotius 59–60, 63, 68, *41*
継承について on succession 75
国家について on the state 76
混合政体について on mixed government 67
残部議会について on Rump Parliament *44*
市民の合一について on civil union 77, 81
『市民論』 *De Cive* 182, *19*
『市民論』と『法の原理』との関係 relationship between *De Cive* and *Elements of Law* 60, *41*
主権について on sovereignty 62–69
審議について on deliberation 4, 72–74
代表について on representation 101–103, 181, *45–46*
多数決主義について on majoritarianism 69, *43*
多数と人民について on multitude and people 70–72
独裁官について on dictator 61, 63, 202, *42*
『人間論』 *De Homine* *43, 45*
眠れる主権者としての神について on God as sleeping sovereign 66–67
プーフェンドルフとの比較 compared with Pufendorf 81–82
プーフェンドルフによる批判 criticised by Pufendorf 68,

76-79, 83
プレスビテリアンについて on Presbyterians 40, *38*
『ベヒーモス』 *Behemoth* *46*
ボダンについて on Bodin *42*
民主政と君主政は同等 democracy and monarchy equally good 72-73
民主政について on democracy 60-63, 68-74, 104-105, 183
雄弁家について on orators 72, 104, *52*
ルソーとの比較 compared with Rousseau 74-75, 94, 101-105, *52*
Hoekstra, Kinch ホークストラ 65, *21*, *42*
Honey, Samuel Robertson ハニー *77*
Hont, Istvan ホント *69*
Houston, Sam ヒューストン 173
Hume, David ヒューム 3

【I】
Isaac, Marie-Thérèse アイザック *26*

【J】
Jackson, James ジャクスン *71*
Jameson, John Alexander ジェムスン 174-177, *66*, *71*, *76-77*
Jaume, Lucien ジョーム *45*, *57*
Jefferson, Thomas ジェファスン 166, *73*, *81*
憲法の更新について on renewal of constitution 101, *51*
Jens, Johannes イェンス 90
Jowett, Benjamin ジョウエット 7, *23*

【K】
Kautsky, Karl カウツキー *78*
Keckerman, Bartholomew ケッカーマン 39
Kelly, Christopher ケリー、クリストファー *19*
Kelsen, Hans ケルゼン *83*
Kennet, Basil ケネット *40*
Kercheval, Samuel カーチェヴァル *81*
Knolles, Richard ノールズ 42, *26*
Kramnick, Isaac クラムニック 143, *68*

【L】
l'Hopital, Michel de ロピタル 24, *32*
La Popelinière, Lancelot-Voisin ラ・ポプリニエール *34*
Lambin, Denis ランバン *24*
Lane, Melissa レーン *25*
Laslett, Peter ラズレット 86, *47*
Laud, William ロード *38*
Launay, Michel ローネー *19*
Laws, John, Lord Justice ローズ、判事 *79*
Le Roy, Louis ル・ロワ *24*
Lee, Daniel リー *21*
Lefèvre d'Etaples, Jacques ルフェーヴル・デタープル 14, *21-23*
Leigh, Ralph A. リー *48*
Lenger, Marie-Thérèse ランガー *26*
Lenieps, Toussaint Pierre ルニウプ 91, *48*
Lessig, Larry レッシグ 181
Leszczynski, Stanislas スタニスワフ1世 *19*
Lieber, Francis リーバー 167-168, 175-176, 185, *76*
不使用原則について on desuetude *84*

Livermore, Samuel　リヴァーモア　*71*
Lloyd, Howell A.　ロイド　*34*
Lobingier, Charles Sumner　ロビンジェ　*77*
Locke, John　ロック　97
　——とグロティウス　and Grotius　85-87
　——とホッブズ　and Hobbes　85-86
　アメリカ人による援用　used by Americans　147
　集会について　on conventions　133-134
　主権について　on sovereignty　85
　タッカー、セント・ジョージによる引用　cited by St George Tucker　156-157
　投票権について　on the franchise　143-144
　多数決主義について　on majoritarianism　85-86
　ハレットによる引用　cited by Hallett　170
　黙示的同意について　on tacit consent　*81*
　領土権について　on territoriality　262
　ルソーとの比較　compared with Rousseau　87
Lothair, jurist　ロテール、法学者　24
Loughlin, Martin　ラフリン　184, *64*
Louis II, Count of Flanders　フランドル伯ルイ２世　37
Luzac, Elie　リュザク　97

【M】
Machiavelli　マキャヴェリ
　ボダンの論じる——　Bodin on　26, *33*
Machielsen, Jan　マヒールセン　*34*
Madison, James　マディスン　148, 150-152, 159-162, *51*, *70*, *73*, *81*
　『ザ・フェデラリスト』第39篇　*Federalist* No. 39　159
　主権について　on sovereignty　161
　多数決主義について　on majoritarianism　159, 163, 165
Maier, Pauline　メイア　*64*, *71*, *73*
Malberg, Carré de　マルベール　*63*
Malcolm, Noel　マルコム　*38*
Malebranche, Nicolas　マルブランシュ　95
Maloy, Jason　メロイ　39, *37*
Manin, Bernard　マナン　188
Marshall, John　マーシャル　162, 164, *73*
Marsiglio, of Padua　パドヴァのマルシリウス　32-33
Martucci, Robert　マルトゥッチ　*55*
Marx, Karl　マルクス　60
Mason, George　メイスン　148-149, 152
Mazzei, Philip　マッツィ　141, *20-21*, *63*, *67*
McRae, K.D.　マクラエ　*25*
Meadowcroft, J.　メドウクロフト　*77-78*
Menage, Gilles　メナージュ　*31*
Menut, Alfred Douglas　メヌート　*23*
Mercier, Louis-Sébastien　メルシエ　*59*
Micheli du Crest, Jacques-Barthélemy　ミケリ・ドゥ・クレスト　89-90, *48*
Miglietti, Sara　ミリエッティ　*21*, *31*
Mill, John Stuart　ミル　172, *76*
Millar, Fergus　ミラー　*28*
Moerbeke, William of　ムールベーカの

ギヨーム　8
Momigliano, Arnaldo　モミリアーノ　*22*
Montesquieu, Charles-Louis Secondat, Baron de　モンテスキュー　90–91, 97, 102, *49*
Moreau-Reibel, Jean　モロー・レベル　*30*
Morgan, Edmund　モーガン　177, *78*
Morris, Gouverneur　モリス　148, 165
Moultou, Paul-Claude　ムルトゥ　*52*
Mounier, Jean　ムーニエ　111, *54*, *56*
Müller, Corinne　ミュラー　*33*
Muthu, Sankar　ムトゥー　*34*

【N】
Nakhimovsky, Isaac　ナキモフスキー　*80*
Napoleon Bonaparte　ナポレオン　116, 127
Napoleon III, Emperor of France　ナポレオン3世、フランス皇帝　116
Nelson, Eric　ネルソン　143
Nozick, Robert　ノージック　189

【O】
Oresme, Nicolas　オレーム、アリストテレスの翻訳　translation of Aristotle　*23*
Oster, Daniel　オスター　*49*
Owen, T. M.　オーウェン　*68*

【P】
Paine, Thomas　ペイン　*82*
Paoli, Pasquale　パオリ　*53*
Parker, Henry　パーカー　41
Pasquino, Pasquale　パスキーノ　117, 126–127, *36*, *59*, *61*, *64*
Patin, Gui　パタン　43
Périon, Joachim　ペリオン　*24*
Perkins, Jean A.　パーキンス　*19*
Pétau, Denis　ペト　*39*
Peters, Ronald M.　ピータース　*65–66*
Pétion de Villeneuve, Jérôme　ペシオン・ド・ヴィルヌーヴ　110, 112–113, 116, 118, *52*, *57–58*
Pinckney, Charles　ピンクニー　*70*
Pintard, René　パンタード　*38*
Polybius　ポリュビオス　*22*
Pomponius　ポンポニウス、独裁官について　on dictator　14
Price, Richard　プライス　147
Priestley, Joseph　プリーストリー　147
Prynne, William　プリン　42, *38*
Pufendorf, Samuel　プーフェンドルフ　174, 176
――とモンテスキュー　and Montesquieu　90–91
一般意思について　on general will　81, 94
グロティウスの批判　critic of Grotius　82
合一について　on unions　80, *40*
国家について　on the state　76
『自然法にもとづく人間と市民の義務』 *De Officio Hominis et Civis*　*46*
市民の合一について　on civil union　77, 81
主権について　on sovereignty　79, 181–183
多数決主義について　on majoritarianism　82, *45*
『ドイツ帝国国制論』 *De statu imperii Germanici*　83, 90
独裁官について　on dictator　79
二重契約について　on double contract　48, 80, 95
ハリカルナッソスのディオニュシウス

について　on Dionysius of Hallicarnassus　*47*

『普遍的法学の諸要素について』 *Elementorum Jurisprudentiae Universalis*　*46, 50*

ボダンの批判　critic of Bodin　83

ホッブズとの比較　compared with Hobbes　81

ホッブズの批判　critic of Hobbes　67–68, 78–79, 82

民主政について　on democracy　68–69

【Q】

Quintilian　クィンティリアヌス　*45*

【R】

Rawson, Claude　ラウソン　*48*

Read, George　リード　*73*

Reynolds, Beatrice　レイノルズ　*21, 29*

Richard II　リチャード２世　*65*

Riley, Patrick　ライリー　94, *50*

Rittinghausen, Moritz　リッティングハウゼン　*78*

Robespierre, Maximilien　ロベスピエール　*58*

Robinson, John　ロビンソン　40

Roelker, Nancy Lyman　レールカー　*42*

Rosanvallon, Pierre　ロザンバロン　*20*

Rose, Paul Lawrence　ローズ　*32*

Rosenblatt, Helena　ローゼンブラット　89

Rousseau, Jean-Jacques　ルソー

——とボダン　and Bodin　*50*

——とミケリ・ドゥ・クレスト　and Micheli du Crest　*48*

アメリカ革命について　on the American Revolution　*69*

暗黙の立法について　on tacit legislation　192–193

一般意思について　on general will　94

共和政について　on republic　2

「経済学」 *Economie*　91, *50*

公衆の意見について　on public opinion　185

『コルシカ憲法草案』 *Projet for Corsica*　107, *53*

サールによる引用　cited by Salle　112

シィエスとの比較　compared with Sieyès　67, *59–60*

主権について　on sovereignty　93–96

審議について　on deliberation　112, *19–20*

代表について　on representation　32, 101–103, *36*

タッカー、ジョサイアの論じる—— Josiah Tucker on　*70*

タッカー、セント・ジョージの論じる—— St George Tucker on　*72*

多数決主義について　on majoritarianism　95

チャルマーズの論じる—— Chalmers on　146

民主政について　on democracy　104

二重契約理論について　on double contract theory　95

ペシオンによる引用　cited by Pétion　*57*

『ポーランド統治論』 *Considerations on the Government of Poland*　3, 107–108, 209, *54*

ホッブズとの比較　compared with Hobbes　75, 94, 101–105, *52*

命令について　on edicts　99

メルシエによる批判　criticised by Mercier　*59*
モンテスキューの批判　critic of Montesquieu　102
『山からの手紙』 *Letters from the Mountain*　1–3, 5, 105, *48, 70*
雄弁家について　on orators　72, 104, *44*
ロックとの比較　compared with Locke　87
ロバンジェによる引用　cited by Lobingier　59
Rucellai, Bernardo　ルチェッライ　*22*
Runciman, David　ランシマン　76, *46*

【S】
Saige, Guillaume-Joseph　セージュ　107–108, *54*
Salle, Jean-Baptiste　サール　110–113, 115–116, 124, *56–57*
Scalia, Antonin　スカリア　200–201
Schiffers, Reinhard　シッファース　*78*
Schultz, Birl E.　シュルツ　*77*
Scott Brown, James　スコット・ブラウン　*35*
Segovia, John of　セゴヴィアのヨハネス　30, 32–33
Seidler, Michael J.　ザイドラー　*47*
Selden, John　セルデン　197–198, *83*
Selsam, J. Paul　セルザム　*54–55*
Sepulveda, Juan　セプルベダ　*23*
Sherman, Roger　シャーマン　149, 153–155
Sidney, Algernon　シドニー　170
Sieyès, Emmanuel Joseph　シィエス
――と憲法裁判所　and constitutional court　117, 127, *63*
――とナポレオン　and Napoleon　127
『憲法委員会報告書に関する考察』 *Observations sur le Rapport du Comité de Constitution*　*61*
憲法制定権力について　on pouvoir constituant　117–122
『憲法前文』 *Préliminaire de la Constitution*　120–122
『国王拒否権の問題についてのアベ・シィエスの発言』 *Dire … sur la question du Veto Royal*　118, 122, *60*
コンドルセの批判　critic of Condorcet　122
『執行手段についての見解』 *Vues sur les moyens d' exécution*　117–119, 122
主権について　on sovereignty　126–127, 184
女性参政権について　on female suffrage　*62*
審議について　on deliberation　124
人民投票について　on plebiscite　118, 123
『第三身分とは何か』 *Qu'est-ce que le Tiers Etat*　117–118, 122, *60*
「大選任官」について　on 'Great Elector'　128
代表について　on representation　32, 118–126, 171, 184, *36, 62*
多数決主義について　on majoritarianism　118, 126
停止的拒否権について　on suspensive veto　118, 122–123, *60*
テルミドール二年の『意見』 *Opinion* of 2 Thermidor　127
ブリソによる批判　criticised by Brissot　109–110, 120–121
ブリソの批判　critic of Brissot

122
分業について on division of labour 122–124, *61–62*
ルソーと対立 opposed to Rousseau 117, *59*, *85*
Sigmund, Paul E. シグムンド *36*
Silverthorne, Michael シルバーソーン *20*, *41*
Skinner, Quentin スキナー 76, *46*
Smith, Adam スミス、アダム 211–212, *61*
Smith, Sophie スミス、ソフィー *25*
Somers, John, Lord Somers サマーズ、サマーズ卿 *68*
Sommerville, Johann サマービル *38*
Sonenscher, Michael ソネンシャー 101, *51*, *60–62*
Sorbière, Samuel ソルビエール *45*
Spelman, John スペルマン *38*
Spooner, Lysander スプーナー 201, *72*
Story, Joseph ストーリー 164–165, 170, *74*
Stourzh, Gerald シュトルーツ *20*
Strachey, John St Loe ストラチー *78*
Suarez, Francisco スアレス *35*

【T】
Taylor, John テイラー、ジョン、「キャロライナの」 'of Caroline' *70*
Taylor, M. W. テイラー、M. W. *77–78*
Thibaudeau, Antoine Claire チボードー *63*
Thoma, Richard トーマ *78*
Titius, Gottlieb Gerhard ティティウス 77
Tocqueville, Alexis de トクヴィル 168, *75*
Toennies, Ferdinand トーニエ *42*
Tuck, Richard タック、リチャード 187, *20–21*, *40*, *42*
Tucker, Josiah タッカー、ジョサイア 147
Tucker, St George タッカー、セントジョージ 149, 156–162
暗黙の立法について on tacit legislation 193–194
ストーリーによる批判 criticised by Story 165, *74*
主権について on sovereignty 156–157, *70*
多数決主義について on majoritarianism 158–159
ルソーについて on Rousseau 157, *70*
Turgot, Anne Robert Jacques テュルゴー 3
Tyrrell, James ティレル 84

【U】
Urbinati, Nadia ウルビナーティ *20*
Ussher, James アッシャー 41

【V】
Vane, Sir Henry, the younger ヴェイン、ヘンリー卿（子） 134–135
Vernet, Jacob ヴェルネ 96, *48*
Vespasian ウェスパシアヌス 17, *27–28*
Vettori, Pietro ヴェットーリ *24*
Vitoria, Francisco de ヴィトリア 29–30, 182
Volk, Kyle G. ヴォルク *75*

【W】
Waldron, Jeremy ウォルドロン 188, *81*
Warrender, Howard ウォレンダー

20
Watkins, F. M.　ワトキンス　*53*
Weber, Max　ヴェーバー　*78*
Webster, Daniel　ウェブスター、ダニエル　165, 169, 171–174, *74*
Webster, Noah　ウェブスター、ノア　*20*
Whatmore, Richard　ワットモア　*48, 52*
Whiting, William　ホワイティング　139–140
Whittington, Keith　ウィッティントン　200–201, *85*
Wilson, James　ウィルスン、ジェームス　148, 165, 170, *74*
Wilson, Stephen　ウィルソン、ステファン　*53*
Wood, Gordon　ウッド　*73*
Wormald, Patrick　ウォーモルド　*83*

【Y】
Yancey, William Lowndes　ヤンシー　*76*

原　注

第一章　ジャン・ボダン

1　Michel Launay (ed.), *Oeuvres complètes* (Paris: Éditions du Seuil, 1971), vol. III, p. 465; for translation, see translation by Christopher Kelly and Judith Bush, in Christopher Kelly and Eve Grace (eds.), *Letter to Beaumont, Letters Written from the Mountain, and Related Writings* (Hanover, NH: University Press of New England, 2001), p. 257.

2　Launay (ed.). *Oeuvres complètes*, vol. III, p. 483; *Letter to Beaumont, Letters Written from the Mountain, and Related Writings*, pp. 292–3.「親切な哲学者」というのは〈ポーランド王〉スタニスワフ1世〔Stanislas Leszczynski〕であり、引用はその *La voix libre du citoyen, ou Observations sur le gouvernement de Pologne* (n. p., 1749) Part I, p. 195.

3　たとえば、「ポーランドの国制の欠点の一つは、立法と行政で明確な区別を行わないこと、国会が、立法権を行使するにあたって行政を混ぜ込み、主権者の行為と統治の行為を区別なく行って、しばしば、その構成員が同時に高官でありかつ立法者でもあるような混合行為さえなすことである」(第9章)。Launay (ed.), *Oeuvres complètes*, vol. III, p. 546; translation from Victor Gourevitch (ed.), *The Social Contract and Other Later Political Writings* (Cambridge University Press, 1997), p 217.

4　'ce livre se réduit à la distinction précise du souverain et du gouvernement; mais cette distinction présente une vérité bien lumineuse, et qui me paraît fixer à jamais les idées sur l'inaliénablité de la souveraineté du people dans quelque gouvernement que se soit', *Oeuvres de Turgot et documents le concernant*, ed. Gustave Schelle (Paris: F.Alcan, 1913–23), vol. II, p. 660.

5　Jean A. Perkins, 'Rousseau jugé par Du Pont de Nemours', *Annales de la Société J.-J. Rousseau* 30 (1972), p. 186. この著作についてはグラハム・クルール〔Graham Clure〕のご教示を受けた。

6　Book II, chapter 3. Launay (ed.), *Oeuvres complètes*, vol. II, p. 527; G. D. H. Cole (ed. and trans.), *The Social Contract and Discourses*, rev. by J. H. Brumfitt and John C. Hall (London: J. M. Dent, 1973), p. 185.

7　ホッブズは『市民論』第10章第15節でこのことを明確に述べている。「民主政において、人民が戦争、平和や立法についての審議を一人、または、非

常に少数の者の手に集中させることを決めて、高官や大臣を任命することで、つまり執行権なしの権威［*authoritate sine ministerio*］で満足してしまうならば、民主政と君主政がこの点では変わらないことを認めねばならないであろう」。Richard Tuck and Michael Silverthorne (eds.), *On the Citizen* (Cambridge University Press, 1998), p. 125. ラテン語版については、Howard Warrender (ed.), *De Cive: The Latin Version* (Oxford University Press, 1983), p. 179 を参照。

8　この点の詳細な議論については、Nadia Urbinati, *Representative Democracy: Principles and Genealogy* (Chicago University Press, 2006) を参照。シュトルーツ〔Gerald Stourzh〕が最初に述べたことだ（と私は思う）のだが、代表民主政（*representative democracy*）は、1777 年に新しいニューヨーク州憲法を称賛するハミルトン〔Alexander Hamilton〕の書簡に初めて登場した（Gerald Stourzh, *Alexander Hamilton and the Idea of Republican Government* (Stanford: Stanford University Press, 1970), p. 49 and p. 223, n. 36; Pierre Rosanvallon, *Le peuple introuvable* (Paris: Gallimard, 1998), p. 11, n. 2 も参照)。ハミルトンの書簡は、1904 年まで公開されなかったので（in Henry Cabot Lodge's edition of *Hamilton's Works* (New York: G. P. Putnam's Sons, 1904), vol. IX, p. 72)、印刷された形での最初の登場は、辞書学者ウェブスター〔Noah Webster〕の *Sketches of American Policy* (Hartford, CT, 1785) であったようである。その文脈は（不思議なことであるが）18 世紀の標準的な英訳版 *A Treatise on the Social Compact; or The Principles of Politic Law* (London, 1764) で『社会契約論』からの、知られていない一連の抜粋を通じたものである。ルソーの考えを忠実に繰り返しながら、ウェブスターは突然に次のように結論を述べた。「大きな共同体では、立法のために集まるにはあまりに人が多過ぎる。そのために、人民は、代理人、つまり、自分たちで選んだ人々によって出現する。したがって、代表民主政は、地上で実施しうる最も完全な統治形態であるように思われる」(p. 11)。フランスでは、この用語は（*démocratie représentative* という形で）コンドルセ〔Condorcet〕の *Lettres d'un bourgeois de New-Heaven* [sic.] *à un citoyen de Virginie*, in Philip Mazzei's *Recherches Historiques et Politiques sur les États-Unis de l'Amérique Septentrionale* (Paris, 1788), vol. I, p. 361 で最初に登場している。コンドルセは、おそらくそれをハミルトンというよりもウェブスターから受け継いだのであろう。謎が残るのは、マッツィ〔Filippo Mazzei〕自身の随筆における用語の使い方についてである。彼の『マッツィの生涯と彷徨の追憶』（死後 1846 年にルガーノで公表されたが、およそ 1813 年に書かれた）は、「ヴァージニア市民によるアメリカ独立革命初期時論集」

（「ヴァージニア市民」というのはマッツィの筆名。本書第3章注45を参照）を含んでいる。この「時論集」においてマッツィは、*democrazia*（*voglio dire una democrazia reppresentativa*）を、そのもとで人が自由を享受しうるような、唯一の統治であるとして称揚している。「時論集」は、主に、イングランドの国制に対する攻撃である。イングランドの国制は、『追憶』において、彼が1776年に書面および口頭で攻撃していたというものであり（vol. I, p. 367）、同年以降のものと思われるマッツィの現存の文書のうち、多くの草稿で批判されているものでもある（ただし、それらの状況、明確にいえば、著者が誰なのかということが必ずしも明らかでないが。Philip Mazzei, *Selected Writings and Correspondence*, ed. Margherita Marchione [Prato: Edizioni del Palazzo, 1983], vol. I, pp. 98, 102, 106, 112）。しかし、同時期の雑誌のいずれの論文もマッツィが思い出を語っているところには合致しないし、彼の文書は『追憶』に再録された「時論集」を含んでいない。

9　ボダンがこの区別を用いたことは、長く無視された後に、研究者の注意を引き始めている。Daniel Lee, 'Office is a thing borrowed: Jean Bodin on offices and seigneurial government', *Political Theory* 41（2013）, pp. 409–40 と Kinch Hoekstra, 'Early modern absolutism and constitutionalism', *Cardozo Law Review* 34（2012–13）, pp. 1079–98 を参照。

10　ボダンの『方法』の第1版と第2版の間には重要な違いがある。それらは、サラ・ミリエッティ〔Sara Miglietti〕の校訂版で近年明らかになった。*Methodus ad facilem historiarum cognitionem*, trans. into Italian by Sara Miglietti（ed.）,（Pisa: Edizioni della Normale, 2013）を参照。便宜のため、以下では、Miglietti版、第1版（パリ、1566年）、第2版（パリ、1572年）と Beatrice Reynolds による英語訳 *Method for the Easy Comprehension of History*（New York: Columbia University Press, 1945）を引用する。

11　第6章の議論の配列を、間違いなくボダンが通じていたであろうルフェーヴル・デタープル〔Jacques Lefèvre d'Etaples〕の *In Politica Aristotelis Introductio*（1508, but regularly reprinted in the early sixteenth century）と比較することで、このことは特に明確にわかる。同書は『政治学』の要約であり、ボダンが第6章で扱っている、まさにその主題を、ボダンが扱うのと同じ順序で強調していた。家政に関する *Introductio* の最初の部分と教育に関する最後の部分のみ、ボダンの批判では使われていない（ただし、『方法』にも家政についての簡単な議論が存在する）。私の考えでは、ボダンのよく知られた混合政体（mixed constitutions）への攻撃さえも、ルフェーヴルのアリストテレス主義に対するボダンの批判と結びついている。ボダンは、アリストテレス自身が混合政体について多くを述べていないことを認めていた

が、アリストテレスがスパルタについて指摘する際に「誤りの機会を作った」というのである（p. 414 of Miglietti, p. 216 of the 1566 edition, p. 282 of the second edition and p. 185 of Reynolds）。ここで明確に参照されているのは、ルフェーヴルである。ルフェーヴルは、ローマの国制についてのポリュビオスの説明（少し前に再発見されたばかりであった）を最初に使った論者の一人であり、『政治学』についての他の著作、すなわち、彼が1506年にブルーニ訳を改訂するにあたって付け加えた注釈においてこれを使った。ルフェーヴルは、注釈の一つで次のように述べている。

> ［アリストテレスが］ここで一覧にした［国制の］類型は純粋なもの［*simplices*］である。それらは、ポリュビオスによればスパルタやローマにおいてそうであったように、都市［*civitates*］において混合されるべきでもある［*volunt ... componi*］。……確かに、ある都市において二つか三つの類型が組み合わされている場合には、国家（*respublica*）が混合的だといってよい。しかしながら、いずれかの類型が他の類型に優位している［*praeficiatur*］場合には、国家の頂点（*summa reipublicae*）がそこにあるといえ、国家はその支配的な類型を基礎に呼ばれる。（III.5, p. 42. 現在でいう III.7）

これは、ポリュビオスの第6巻が初めて使用された（ルチェッライ〔Bernardo Rucellai〕の『ローマ論（*Liber de urbe Roma*）』による）のとほぼ同時期であるが、ルチェッライの本が18世紀まで印刷されなかっただけに、はるかに重要である。ルチェッライについては、Arnaldo Momigliano, 'Polybius' reappearance in Western Europe' in his *Essays in Ancient and Modern Historiography* (Oxford: Basil Blackwell, 1977), pp. 87–8. モミリアーノには珍しく、ルフェーヴルによるポリュビオスの引用を見落としてしまっている。J. H. Hexter, 'Seyssel, Machiavelli and Polybius VI: the mystery of the missing translation', *Studies in the Renaissance* 3 (1956), pp. 75–96 も参照。

12 Page 358 of Miglietti, p. 181 of the 1566 edition, p. 235 of the second edition and p. 156 of Reynolds. 興味深いことに、シャンパーニュ〔Jean-François Champagne〕は、革命歴5年（1796–7年）に出版されたアリストテレス『政治学』の翻訳で、明らかにボダンではなくルソーに従う形で、同じ点を述べている。すなわち、シャンパーニュは第3巻第6章に注釈を付して、アリストテレスはここで、主権者と国王を、すなわち、立法権と執行権を混同している、というのである（*La Politique d'Aristote, ou La Science des Gouvernemens* (Paris: An V), vol. I, p. 188）。翻訳全体が明らかにルソー主義的である。p. lxii を参照。

13 「πολιτεία とは実は πολίτευμα である」（πολίτευμα δ'έστίν ή πολιτεία）

（1278b10、III.6）、「πολιτεία と πολίτευμα とは同じ意味である」（1279a25、III. 7）。

14 Page 356 of Miglietti, p. 181 of the 1566 edition, p. 234 of the 1572 edition and p. 156 of Reynolds.

15 これは、Stephen Everson edition of the *Politics*（Cambridge University Press, 1988）, p. 103 からの引用である。同書は、ジョウェット訳をバーンズ〔Jonathan Barnes〕が改訂したものを用いている。私は、'there the government is an aristocracy or a constitutional government' というのを 'there is an aristocracy or a polity' に、わずかながら改めた。原文では、'αριστοκρατία ἤ πολιτεία' というだけで、'government' に対応する語はないからである。ここでいう πολιτεία はもちろん、混合政体または穏和な政体というアリストテレスの専門的な意味である。

16 *Opera omnia iussu Leonis XIII P. M. edita* 48（Rome: Ad Sanctae Sabinae, 1971）XXXI.6, n. 2. オレーム〔Nicolas Oresme〕は、14 世紀における『政治学』のフランス語版で、ムールベーカに倣って、鍵となる概念を原語のままとした。πολιτεία には *policie*、πολίτευμα には *policeme* を当てたのである。'Le Livre de Politiques d'Aristote. Published from the Text of the Avranches Manuscript 223', Albert Douglas Menut（ed.）, *Transactions of the American Philosophical Society* N. S. 60（1970）, pp. 126, 128.

17 *Politica Aristotelis a Leonardo Aretino e greco in latinum traducta*（Leipzig, 1502）f. 35v. ブルーニは、第 3 巻第 6 章 1278b10 において、πολίτευμα に言及することなく、国家（*respublica*）は、「高官、主として、都市における最高の権威［*summam auctoritatem*］を有しているもの、最も高い［*principalissimum*］はずのものに関わる都市（*civitas*）の組織である。最も高いものとは、民衆的な都市における人民［など］のように、都市をあまねく統治し支配するものである」（f. 35r.）と述べるにとどまる（ブルーニの *respublica* の使用については、James Hankins, 'Exclusivist Republicanism and the non-monarchical republic', *Political Theory* 38（2010）, pp. 452-82 を参照）。ルフェーヴルは、ブルーニ訳を改訂し、アリストテレスのテキストを復元しようと、この個所に、「そして、統治するものが国家である」（*quod autem gubernat, respublica est*）と付け加えた（*Politicorum Libri Octo ...*（Paris: Henricus Stephanus, 1506）, ff 49r-49v）。

18 *Aristotelis Politica ab Iacobo Lodoico Strebae ... conversa*（Paris, 1542）, p. 98.

19 とりわけ、以下のものを参照。Juan Sepulveda（trans.）, *Aristotelis de Republica Libri VIII*（Paris, 1548）, pp. 79r, 80v（*administratio* と訳す）; Louis

Le Roy (trans.), *Les Politiques d'Aristote* (Paris, 1576), p. 165 (πολιτεία を *police* と訳したのに対して、*gouvernement politique* と訳す。英訳版 *Aristoteles politiques, or Discourses of gouerment* (London, 1598), p. 150 では、同じ用語が 'civil government' と 'commonweale' である); William Ellis (trans.), *A Treatise on Government. Translated from the Greek of Aristotle* (London, 1776), p. 128 (πολιτεία が 'constitution'、πολίτευμα が 'administration'); Benjamin Jowett (trans.), *The Politics of Aristotle* (Oxford University Press, 1885), vol. I, p. 79 (πολιτεία が 'constitution'、πολίτευμα が 'government'). πολίτευμα と 'government' との間で区別をしようという試みが、エトルベ訳に対抗するペリオン〔Joachim Périon〕の翻訳に見出される (*Aristotelis De Republica, Qui Politicorum dicuntur, Libri VIII* (Basle, 1549) (first pub. Paris, 1543))。ペリオンは、πολίτευμα の訳語として、*reipublicae gerendae ratio*、すなわち統治がとる形式を決定するものを用いた（たとえば、p. 86)。ランバン〔Denis Lambin〕は、ペリオンを支持して、*Aristotelis De Reip. Bene Administrandae Ratione, Libri Octo* (Paris, 1567) において、πολιτεία を *civitatis administrandae forma* と、πολίτευμα を *civitatis administrandae ratio* と訳した（たとえば、p. 95)。ヴェットーリ〔Pietro Vettori〕は、1576 年の翻訳と注釈で、πολιτεία に *respublica* を、πολίτευμα に *arbitrium urbis* を用いて一定程度ブルーニの用語法に戻った (*Commentarii* in vol. VIII *Libros Aristotelis De Optimo Statu Civitatis* (Florence, 1576), p. 215)。18 世紀末になって初めて、ボダンやルソーの基本線に従って、アリストテレスの用語法を作り直そうという真剣な試みが見られた。最も興味深い例は、ル・ロワ〔Louis Le Roy〕以降初めての『政治学』のフランス語訳、ルソー主義者を自認する (vol. I, p. lxii を参照) シャンパーニュの翻訳 *La Politique d'Aristote, ou La Science des Gouvernemens. Ouvrage traduit dur Grec ... Par le Citoyen Champagne* (Paris: An V [1797]) である。同書では、πολιτεία は gouvernement、πολίτευμα は souverain となっている（もっとも、『社会契約論』第 3 編に言及する注では、アリストテレスは「主権者と君主 (prince)」、つまり「立法権」と「執行権」を「混同している」という (I, p. 188))。同年、スコットランドのギリーズ〔John Gillies〕の（厳密でない）翻訳 *Aristotle's Ethics and Politics, comprising his practical philosophy, translated from the Greek* (London, 1797) は、πολιτεία に 'form of government'、πολίτευμα に 'sovereignty' を用いた (II, p. 175)。もっとも、彼の翻訳の意図は、シャンパーニュと異なり、ロックやルソーの誤りを明らかにすることであった (II, p. 3)。バーカー〔Ernest Barker〕の 1946 年の『政治学』翻訳は、英語訳がふつうそうであるように、πολιτεία を 'constitution' とし、しかしながら、

πολίτευμα には 'the civic body' または 'the body of persons established as sovereign by the constitution' を当てることを提案した（*The Politics of Aristotle*（Oxford University Press, 1946), p. 106)。ケイス〔John Case〕についてのスミス〔Sophie Smith〕のケンブリッジ大学博士論文は、この領域についての16世紀のアリストテレス的語彙について詳細な検討をしている。

20 Page 356 of Miglietti, p. 181 of the 1566 edition, p. 234 of the second edition and p. 156 of Reynolds.

21 Page 358 of Miglietti, pp. 181-2 of the 1566 edition, p. 235 of the 1572 edition and p. 156 of Reynolds.

22 '[Q]*uis imperium magistratibus dare & adimere, quis leges iubere aut abrogare possit*', p. 400 of Miglietti, p. 271 of the 1572 edition and pp. 178-9 of Reynolds. 1566年版（p. 207）には単に '*quis imperium magistratibus dare & adimere possit*' とある。これは、ボダンが『国家論』で述べようとしていることの基本線で1572年版を書いていることの良い例である（本章末尾の詳解を参照）。いずれの版でも数行後には、ボダンは、「高官を任命すること以外に権限がなくともなおも主権を有している」人民に言及している。これは、第1版から修正されずに残された一節であったのだろう。ボダンは、1566年には高官選任権に力点を置いていたが、1572年までには立法も同様に重要だと判断したのだと推定することができる。レーン〔Melissa Lane〕は、バーク〔Richard Bourke〕＝スキナー〔Quentin Skinner〕編の「人民主権」についての本［*Popular sovereignty in historical perspective*（Cambridge University Press, 2016)］のなかで、アリストテレスにとっても、高官の選任はどこに κύριον があるのかを決める鍵となる権力であったのであって、ボダンは、自身が認めているよりもはるかにアリストテレスに近いのだ、と論じている。この点は正しいであろう。しかし、ボダンがそれを見逃したのも無理のないことである。とりわけ、すでに引いた第4巻の一節は異なる方向を指し示しているからである。

23 私はボダンの偉大な著作の題名を *Republic* と訳して、1576年初版で間隔を開けた後に1587年に訂正版が出た *Les six Livres de la Republique* という名前のフランス語版と、（しばしば非常に異なっている）1586年に出され、その後の版ではあまり訂正されていない *De Republica libri sex* ラテン語版の両方に対応させる。唯一の英訳は、二つのテキストを合成したものであるが（McRae's 'Introduction' to his edition, p. A38を参照）、1606年に *The Six Bookes of a Commonweale*, translated by Richard Knolles として出版された。マクラエ〔Kenneth Douglas McRae〕が1962年にHarvard University Pressから出した、学術的な序文等の一式の付された写真によるリプリント

が、なお標準的な英語版である。多くのヴァリアントを辿った版は存在しない。しかし、ボダンの著作の優れた書誌学的研究 Roland Crahay, Marie-Thérèse Isaac and Marie-Thérèse Lenger, *Bibliographie critique des éditions anciennes de Jean Bodin*（Académie Royale de Belgique, 1992）が存在する。私は、1576 年のフランス語版（パリ、Jacques du Puys）および、Crahay, Isaac and Lenger が「実際上はここでテキストが確定段階に達した」(p. 111) という 1579 年の第 6 版の頁に言及する。私はまた、1586 年のラテン語版（パリ、Jacques du Puy）と McRae 版にも言及する。ボダンの著作からのすべての翻訳は、断りがない限り、私によるものである。

24 *Republique* 1576, p. 281; 1579, p. 235. 最後の語句は、*donner loy à chacun* である。ノールズ（MaRae, ed., p. 249）はこれを 'give lawes unto every man' と訳した。しかし、ラテン語版にはこの語句はなく、我々は国家類型を、高官の分配によるのではなく、主権的な諸権利を有する者によって（*ex eorum persona, qui iura maiestatis habent*）決めるべきである、と書いてあるだけである（*Republica* 1586, p. 233）。面白いことに、この点で、ラテン語版は『方法』の 1566 年版に近く、フランス語版は 1572 年版に近い（注 12 を参照）。

25 *Republique* 1576, p. 233; 1579, p. 189; *Republica* 1586, p. 189; McRae, ed., p. 199.

26 *Republique* 1576, p. 282; 1579, p. 236; *Republica* 1586, p. 234; McRae, ed., pp. 249–50.

27 *Republique* 1576, pp. 233–4; 1579, pp. 189–90; *Republica* 1586, p. 189; McRae, pp. 199–200.

28 *Republique* 1576, p. 282; 1579, p. 235; *Republica* 1586, pp. 233–4; McRae, p. 249.

29 実は、この箇所はフランス語第 1 版では、第 9 章である。旧第 8 章を第 5 巻第 6 章に移した正式の第 2 版（Paris: du Puys, 1577）で第 8 章となり、以降の版ではこの位置にとどまった（Roland Crahay, Marie-Thérèse Isaac and Marie-Thérèse Lenger, *Bibliographie critique des éditions anciennes de Jean Bodin* [Académie Royale de Belgique, 1992], pp. 101–2）。ラテン語版では、最初から第 8 章であった。

30 Julian Franklin (ed.), *Bodin: On Sovereignty*（Cambridge University Press, 1992), pp. 1–2 の翻訳。*Republique* 1576, p. 152（*recte* 125); 1579, p. 85; *Republica* 1586, p. 79; McRae, p. 84.

31 Julian Franklin (ed.), *Bodin: On Sovereignty*（Cambridge University Press, 1992), pp. 1–2〈pp. 2–3 の誤記か〉の翻訳。*Republique* 1576, pp. 125–

6; 1579, pp. 85–6; *Republica* 1587, p. 79; MaRae, p. 85. これは、元々は、ディオニュシオス〔Dionysius of Halicarnassus〕第5巻第73節〔*The Roman Antiquities of Dionysius of Halicarnassus with an English translation by Ernest Cary*, III（Harvard University Press, 1953）, pp. 222–3〕における独裁官職や取締官職（*aisymnetai*）についての考察に基づく一覧である（もっとも、デュオニシオスは両者を「選挙による暴君（tyrants)」とみなしているが）。アリストテレスがディオニュシオスの一覧と同じ高官たちを「国王」と呼んでいることを攻撃する第2部第3章のボダンの言及も参照。

32 「彼は最高の権力をもっていたため、この政務官（高官）職を6か月目を越えて保有することは正しくなかった（*Hunc magistratum, quoniam summam potestatem habebat, non erat fas ultra sextum mensem retineri*）」。Digest I.2.2.18.

33 *In Politica Aristotelis, introductio Iacobi Fabri Stapulensis: adiecto commentario declarata per Iudocum Clichtoveum Neoportuensem*（Paris, 1535）, p. 12r. 注釈は元々1516年に公刊された。

34 Franklin, *Bodin: On Sovereignty*, p. 4; *Republique* 1576, p. 127; 1579, p. 87; *Republica* 1586, p. 86; *Six Bookes*, p. 86.

35 ボダンは、フランスとイギリスの君主政のみが厳密な意味で世襲的であると（正しく）考えていた。Julian Franklin（ed.）, *Bodin: On Sovereignty*（Cambridge University Press）, p. 6の翻訳。*Republique* 1576, p. 128; 1579, p. 88; MaRae, p. 87. ラテン語版ではボダンは、「世襲的な君主はほどんど」いないという言葉を取り除いている。*Republica* 1586, p. 81.

36 *Republique* 1576, pp. 427–8; 1579, pp. 375–6; *Republica* 1586, pp. 390–1; McRae, pp. 434–5.

37 *Republique* 1576, pp. 193ff; 1579, pp. 150ff; *Republica* 1586, pp. 150ff; McRae, pp. 156 ff.

38 *De Comitiis Romanorum Libri Tres*（Paris, 1555）p. 3r.『方法』において、ボダンは、高官が独立した権威をもたないとするグルーシーの見方には、当然ながら、やや批判的であることは述べておくべきである。Miglietti, p. 384; 1566 edition, p. 197; 1572 edition, p. 257; Reynolds, p. 170.

39 Julian Franklin（ed.）, *Bodin: On Sovereignty*（Cambridge University Press, 1992）, p. 107の翻訳。*Republique* 1576, p. 231; 1579, p. 187; *Republica* 1586, p. 186; McRae, p. 196. ウェスパシアヌスへの言及はラテン語版、英語版にはあるが、フランス語版にはない。フランス語版では、代わりに、アウグストゥスよりも「はるか後」にもローマが真に共和政であったことについて語っている。ウェスパシアヌスは重要であった。14世紀から知られており、

現在ではカピトリーノ美術館にあるローマ時代の碑文、有名な *lex de imperio Vespasiani* が、立法権をウェスパシアヌスに委ねているように見えるからである。もっとも、同法は、ウェスパシアヌスがアウグストゥス、ティベリウス、クラウディウスに与えられたのと同じ権威をもつべきであるとは述べているので、皇帝の法的な地位に違いをもたらしたといえるかは明らかではない。現代の学問は、元首政の法的基礎についてのボダンの概観を裏づけている。P. A. Brunt, 'Lex de Imperio Vespasiani', *Journal of Roman Studies* 67 (1977), pp. 95–116 および F. Millar, 'Imperial Ideology in the *Tabula Siarensis*' in J. González and J. Arce (eds.), *Estudios sobre la Tabula Siarensis* (Madrid: C.S.I.C., Centrro de Estudios Históricos, 1988), pp. 11–19.

40　私の翻訳はラテン語版 *Republica* 1586, p. 187 からのものであり、McRae, p. 197 も同版からのものである。フランス語版は少し異なる。「国家については［*en matiere d'estat*］、実力の主たる者が人々、法律、国家全体の主である。しかし、権利については［*en termes de droit*］、パピニアヌスがいうように、ローマで何がなされているかではなく、まさに［*bien*］何がなされるべきかに注意を払う必要がある」。*Republique* 1576, p. 231; 1579, pp. 187–8.

41　たとえば、『国家論』第 6 巻第 4 章における民主政についての次の指摘を参照。「スイスの諸邦は、国家の規定方法の理解について最も高い評判を得ており、人民主権［*popularis Imperii*］の形態を示しているけれども、実際には貴族政的に統治されている。そこには二つまたは三つの参事会があり、一般の人民が統治の秘密［*arcana imperii*］に触れることはできる限り少なくされ、統治［*gubernaculis*］から十分に遠ざけられている」。私の翻訳はラテン語版 *Republica* 1586, p. 703 からのものであり、英語訳（McRae, p. 708）も同版からのものである。フランス語のテキストはスイスに触れず、その代わりに、「同盟諸侯のなかでもよく統治された者たち」に言及している（*Republique* 1576, p. 683; 1579, p. 662）。ルソーとの関係ではそれを先取りするかのように、ボダンはジュネーヴについて、1536 年の司教追放の後に「ジュネーヴは、司教による君主政から、貴族政的に統治された民主政の国家へと変わった」という（II.6, *Republique* 1579, p. 220）。これは、グラール〔Simon Goulart〕の異論を受けてボダンが変更した一節である（本書 27 頁を参照）。すなわち、第 1 版はジュネーヴを単に貴族政と描写していたのである（*Republique* 1576, p. 267.「ジュネーヴは、司教による君主政から貴族政へと変わった」）。興味深いことに、ラテン語版では、ジュネーヴは、「司教によって放り出されたため、民主的な状態へと（*in popularem statum eiecto pontifice*）」変わったというに過ぎない（*Republica* 1586, p. 220）。

42　とりわけ、*Jean Bodin and the Sixteenth-Century Revolution in the Meth-*

odology of Law and History (New York: Columbia University Press, 1963); *Jean Bodin and the Rise of Absolutist Theory* (Cambridge University Press, 1973); 'Jean Bodin and the end of medieval constitutionalism' Horst Denzer (ed.), *Verhandlungen der Internationalen Bodin Tagung in München* (Munich: C. H. Beck, 1973), pp. 167–86; 'Sovereignty and the mixed constitution: Bodin and his Critics' in J. H. Burns (ed.), with the assistance of Mark Goldie, *The Cambridge History of Political Thought 1450–1700* (Cambridge University Press, 1991), pp. 298–328 および彼が編集した *Bodin: On Sovereignty* (Cambridge University Press, 1992).

43　彼の 'Sovereignty and the mixed constitution', p. 303 を参照。

44　たとえば、フランクリンは、永続性の主題を *Jean Bodin and the Rise of Absolutist Theory* の補遺へと追いやり、「永続性という論点は、当時の国制上の論争において実際的にはまったく重要ではなかったし、ボダンの学説の他の要素との関係も薄いものにとどまるので、本文内には入れられる適切な場所がなかった」(p. 109) という。彼はまた、同じ著作の末尾で、「ボダンのより永続的な貢献は、間接的であるにしても、重要である。ボダンの主権論は、およそ法体系には、最高の法規範や、すべての決定がそれによって調整されるような一連の手続が存在する、という考え方の直接の発生源であった。より古い言葉遣いでいうと、主権的権力は、すべての国家に存在する必要があり、一般的な共同体に受け入れられた規範のなかに常に位置づけられる必要がある。ボダンは、この権威が、我々であれば統治と呼ぶであろうもののなかに与えられなければならない、と誤認していた」(p. 108)。ボダンが、自分が主権は「我々であれば統治と呼ぶであろうもののなかに与えられなければならない」と考えていた、などというくだりを読んだならば、驚愕したであろう。

45　「1570年代以前には、フランス的伝統の主流は、一応、立憲主義的なものであったし、ボダン自身も、1566年の『方法』においてその傾向に力強い表現を与えていた。同書で作られた、より初期の彼の主権論は、暗黙のうちに、制限された最高性の概念に合うように変えられていた」(*Jean Bodin and the Rise of Absolutist Theory*, p. vii)。p. 23 も参照。

46　*Jean Bodin and the Rise of Absolutist Theory*, p. vii. 二つの著作間の関係についてのフランクリンの見方は、1945年の『方法』の翻訳における Beatrice Reynolds にも一定程度共有されている。彼女は、『方法』をボダンの「より初期の、よりリベラルな著作」とみなしていたからである (p. x)。しかし、こうした見方は、*The Methodus ad facilem historiarum cognitionem of John Bodin: A Critical Study* (Washington, DC: Catholic University of

America Press, 1939）におけるブラウン〔John L. Brown〕の、『方法』の最初の、最も注意深い分析においては見られないし、それ以前には一般的な見方ではなかったようである。この関係については、Ralph E. Giesey, 'Medieval jurisprudence in Bodin's concept of sovereignty' in Horst Denzer (ed.), *Verhandlungen der Internationalen Bodin Tagung in München*（Munich: C. H. Beck, 1973), pp. 178-9 や、『方法』と『国家論』には明確な区別がないと同意するミリエッティ版での彼女の記述（pp. 31-48）において、賢明な指摘が見られる。

47　1572 年版の『方法』は、ボダンが多様な話題をより十分に論じたという他の著作に、3 箇所で参照があり、そのいずれも 1566 年版には存在しない。p. 249 では、外国人をその意思に反して収容するモスクワ人やエチオピア（アビシニア）人について、「これらのことについては、『命令論（*De decretis*)』で詳細に論じた」と述べる（Reynolds, trans., p. 165)。この部分は 1566 年版の p. 191 には存在しない。1572 年版の p. 255（1566 年版の p. 195 と対比せよ）では、高官の権力に関わるアイスキネス〔Aeschines〕とデモステネス〔Demosthenes〕との間の論争についての一節を加えている。その最後は、「しかし、これらのことは *De imperio* の本で更に徹底的に論じた」と結ばれている（Reynolds, p. 169)。また、1572 年版の pp. 261-2（1566 年版の p. 200 と比較せよ）では、ボダンは、主権の指標の説明に、「しかしながら、それらは、*De jure imperio*［sic］の主権の権利についての章において、より十分に議論した」と加えた（レイノルズはこの最後の言及を 1566 年版への加筆箇所であると発見したが、残り二つの参照も同じであることを見逃した)。これらの参照すべてが 1572 年に登場し、そこには、ボダンが、読者が少なくとも近い将来にそれらの参照を見ることができることを期待しているという含意があることは、それらが当時取り組んでいた仕事に言及するものであって、(ギルモアがモロー・レベル〔Jean Moreau-Reibel〕の意見に従いつつ考えているように）若い頃の論文に言及しようというのではないことを示している（Myron P. Gilmore, *Argument from Roman Law in Political Thought 1200-1600*（Harvard University Press, 1941), p. 94 and Jean Moreau-Reibel, *Jean Bodin et le droit public comparé*（Paris: Vrin, 1933), p. 24)。自然な解釈は、それらは『国家論』の草稿であったというものである。実際、外国人を収容するモスクワ人とエチオピア人は、『国家論』第 1 巻第 6 章に詳しく論じられている（McRae, pp. 60ff)。アイスキネスとデモステネスの論争については、第 3 巻第 2 章で「徹底的に」扱われている（McRae, p. 283)。そして、主権の指標は、第 1 編第 10 章の主題であり、同章のラテン語のタイトルは「主権的な諸権利はいったいいかなる点で固有なのか（Quae-

nam propria sunt iura maiestatis?)」である。メナージュ〔Gilles Menage: 1613-1692〕は、その *Vitae Petri Aerodii Quaesitoris Andegavensis et Guillelmi Menagii Advocati Regii Andegavensis*（Paris, 1675）, p. 143 の補遺に書かれたボダンについての伝記的記述で、「ボダンは遺言――私は現物を見たのだが――で、*Imperio, & Juridictione, & Legis actionibus, & Decretis, & Judiciis* の本は燃やすように命じた。それは、彼の死の前に彼の眼前で行われた」と記録した。しかし、このことから、それらが、処分するべき原稿というよりも若書きの著作であった、と結論づけることには、何ら理由がない。ミリエッティも同じ結論に至っている（Miglietti (ed.), *Methodus*, pp. 44-7)。

48 たとえば、*Republica*, pp. 46, 402, 421, 422 and 513. これはブラウンにより指摘されている［Brown, *The Methodus ad facilem historiarum cognitionem of John Bodin*, p. 149］。

49 Franklin, *Bodin: On Sovereignty*, p. 59 の 翻 訳。*Republique* 1576, p. 199（*droits de souveraineté*); 1579, p. 159; *Republica* 1586, p. 155（*propria maiestatis capita*); McRae, p. 163.

50 *De la Demononamie des Sorciers*（Paris: Jacque du Puys, 1580), sig. á2r.

51 国王官吏に対してカトリックの信仰告白を義務づけるのを止めさせようとする 1563 年 5 月の建白は良い例である。Sylvie Daubresse, *Le Parlement de Paris, ou, La Voix de la raison（1559-1589）, Travaux d'Humanisme et Renaissance* CCCXCVIII（Geneva : Librairie Droz, 2005), pp. 490-4.

52 Daubresse, *Le Parlement de Paris*, pp. 46ff.

53 Page 124 of Miglietti, pp. 29-30 of the 1566 edition, p. 37 of the 1572 edition and p. 32 of Reynolds.

54 Reynolds, p. 252 の翻訳であるが、少し変更している。p. 536 of Miglietti, p. 300 of the 1566 edition and p. 395 of the second edition.

55 Reynolds, p. 257 の翻訳を修正した。p. 544 of Miglietti, p. 306 of the 1566 edition and p. 403 of the second edition. この一節は次のように続く。「この種の裁判所は 7 つあり、その最大のものは 140 人の判事からなって、上訴は許されていない」。もちろん、上訴審の不存在が、ボダンが裁判所を、国王から委任を受けたに過ぎない者なのではないと考えようとした大きな理由であった。

56 Reynolds, p. 249 の翻訳。p. 530 of Miglietti, p. 297 of the 1566 edition and p. 390 of the second edition.

57 Franklin, *Bodin : On Sovereigny*, p. 35. *Republique* 1576, pp. 147-8; 1579, p. 106; *Republica* 1586, p. 99; McRae, p. 106.

58 ボダンが日付や文献参照などに無頓着であったことは知られているが（そ

の無頓着ぶりについては、たとえば、Giesey, 'Medieval jurisprudence', *Verhandlungen*, p. 168, n. 3 and p. 176 を参照)、この建白の日付を1563年としたことは、おそらく誤りではない。フランスは、1564年に、3月25日ではなく1月1日を新年とし始めた（旧暦1563年1月のシャルル9世のルシヨンの王令。パリの高等法院で旧暦・新暦1564年12月に登録された)。王令は旧暦1563年1月を新暦1564年1月とみなすべきだとしていたが、実際上は、新しい日付は翌年まで使われなかった。したがって、ボダンが1563年3月と述べたときには、彼が意図しようとしていたのは、新暦1564年3月であった。ドブレスは、ボダンが1563年3月だという建白の日付は存在しないと注に書いているが（*Le Parlement de Paris*, p. 123, n. 12)、年の数え方が変更されたことに伴う問題を考慮しておらず、彼女がp. 127で描いている1564年3月11日の建白とボダンの言及を結びつけていない。ボダンが念頭に置いていたのは、明らかにこの建白である。

59 Daubresse, *Le Parlement de Paris*, p. 127.

60 Paul Lawrence Rose, 'The politique and the prophet: Bodin and the Catholic League 1584-1594', *The Historical Journal* 21 (1978), pp. 783-808. ボダンは、1589年3月に（おそらくパリ高等法院長ブリッソン〔Barnabé Brisson〕に宛てた）書簡を書いて、旧教同盟支持への切替えを正当化しており、その書簡は *Lettre d'un Lieutenan-Général de Province á un des premiers magistrats de France* (Paris, 1589）として匿名で出版されたが、その書簡で次のように述べている。「全国的な反乱は反乱と呼ぶべきではありません。私が指摘した多くの都市や人民の結合が罰せられることはありえません。主にそれは、まず、強固な障壁であるこの王国の高等法院が結合しているからです」(Jean Moreau-Reibel, 'Bodin et la ligue d'après des lettres indédites', *Humanisme et Renaissance*, 1935, t. 2, No. 4 (1935), p. 426)。言い換えれば、ボダンは、パリの高等法院とそれ以外の高等法院が分裂して、その大半の構成員が旧教同盟に加入した際に、同盟に加入したということになる。

61 これらの演説については、Michel de l'Hôpital, *Oeuvres completes* II (Paris, 1824)、とりわけ、高等法院は法律に従って当事者間での紛争に判決を下しているだけでよいというロピタルの議論についてはpp. 12ffを、法律が「正しいか、有用か、可能か、合理的か」を考慮しなければならないという高等法院長からの応答についてはp. 17を参照。ロピタルの演説（*harangues*）に関する簡単な議論について、Nancy Lyman Roelker, *One King, One Faith: The Parlement of Paris and the Religious Reformations of the Sixteenth Century* (University of California Press, 1996), pp. 297 and 311を参照。

62 ギルモアは（二つの著作を区別したいという希望に沿って）純粋支配権

（*merum imperium*）についての説示の間に、私が妥当だと思う以上の違いを見出そうとした。『国家論』は、より正確には、基本的な考え方を少し新しい形式で表現しようとする取り組みだと読むことができる。その取り組みが、『国家論』の初版を読んだときにクジャス〔Jacques Cujas〕が示した筋道に沿って、すでに法律家に批判されていたことからも、それは明らかである。

63 III.5. *Republica* 1586, p. 306; McRae, p. 335.（この一節はないが）フランス語版の関連頁は、*Republique* 1576, p. 359; 1579, p. 308 である。

64 マキャヴェリは、フランス語版への序文で明示的に攻撃されている。抵抗権論者への参照は、「高官の義務について書いたものや他の類似の本」I.8（*Republique* 1576, p. 137; 1579, p. 96; McRae, p. 95）――これは、Beza の *De Iure Magistratuum in subditos* への参照に違いないと思われる（もっとも、ラテン語版では単に *libris pervulgatis*（*Republica*, p. 89）を参照しているだけである）――および「印刷された本」II.5（*Republique* 1576, p. 259; 1579, p. 212; McRae, p. 224）（ラテン語では *perniciosissimis scriptis*, p. 212）になされている。グラールは、この分野でのボダンの特定性の欠如に不満を述べている（*Les Six Livres de la Republique*（n.p. [Geneva] 1577）sigs ⋆1-⋆1V の序文における彼の言及を参照）。「高官の義務」についての言及は p. 205 に、「印刷された本」についての言及は p. 389 にある。

65 グラールは、「ボダンの言説には、自由に述べられており有益でありうることが多数存在するのであるから、それが、持ち運びも購入も容易な小さいかさで、提供されることは、フランス人にとっても喜びであろうと考えられた。公刊された初版以降、書店が印刷を禁止されていたためにフランス人は読むことができなかったのであるからなおさらである」と述べた（sigs ⋆5r-⋆5v）。この版についての議論については、Corinne Müller, 'L'édition subreptice des *Six Livres de la République de Jean Bodin* [Genève, 1577]. Sa génèse et son influence', *Quaerendo* 10（1980）, pp. 211-36 を参照。

66 'homme qui a beaucoup leu á la verité'（sig. ¶8v）.

67 *Republique* 1579, sig. á5; McRae, p. A71. もっとも、この書簡はラテン語版には付されていない。

68 *Republique* 1579, p. 213; McRae, pp. 224-5. ラテン語版の『国家論』では、似た指摘を行う側注を加えている（*Republica*, p. 212）。元のテキストについては *Republique* 1576, p. 259 およびジュネーヴ版 p. 389 を参照（ジュネーヴ版の余白には「緒言を参照」、つまり、グラールの序文を参照するように記されている）。

69 *Acte pacificationi quae coram Sac. Caesaceae Maiest. Commissariies, inter Seren. Regis Hispaniarum … Ordinumque Belgii legatos, Coloniae habita*

sunt（Leiden, 1580）, pp. 53 and 283 on intervention, pp. 97 and 99 on contracts. フランス語版『国家論』の引用頁から見ると、アルバダはジュネーヴ版でそれを読んだことは明らかであるし、カルヴァン派によって承認された一群の著作の一つとして読んだことも疑いない。このことは、パリ版初版の入手が難しかったというグラールの言をも裏づけている。ボダンの著作のオランダでの利用方法については、Jan Machielsen, 'Bodin in the Netherlands', in Howell, A. Lloyd（ed.）, *The Reception of Bodin*（Leiden: Brill, 2013）, pp. 157-92 に議論がある。ただし、マヒールセンはアルバダには言及していない。

70　このことをいうことで、ボダンは、急進的なプロテスタンティズムの主流派と一致している。私の 'Alliances with infidels in the European imperial expansion', in Sankar Muthu（ed.）, *Empire and Modern Political Thought*（Cambridge University Press, 2012）, pp. 61-83 を参照。

71　*Opuscules politiques*（Paris, 1580）, pp. 6 r and v における、公正状（*lettres de justice*）と命令（*commandements*）の区別についてのグリモーデ〔François Grimaudet〕の議論および、より顕著なものとして、ちょうどボダンが公に旧教同盟側に立った 1589 年の時点で、*De iusta abdicatione Henrici III* という著作においてボダンを引いて暴君放伐を擁護した「モナルコマキ」の旧教同盟派ブシェ〔Jean Boucher〕を参照。ブシェはこの主題でブキャナン〔George Buchanan〕を引き、その後に、軍隊（*praesidia, arces,* etc.）を有する暴君は公の敵とみなしうると述べる（sig. Y1V）際に「しかし、ボダンの見解は大きく異なる（*nec longe discrepat Bodini opinio*）」という（II.5）。バークレイ〔William Barclay〕は、*De regno et regali potestate*（1600）という著作で、ボダン（「疑いもなく政治について鋭い者（*viri certe in Politicis acuti*）」、p. 359）のこのような読み方が誤りだと指摘した。両側がボダンの権威を利用しようとしている興味深い例である。バークレイやグレゴワール〔Pierre Gregoire〕のような 16 世紀後半や 17 世紀初めのフランスの君主政の擁護者がボダンの追随者であったということはよくいわれてきた（私自身も、*Philosophy and Government 1572-1651*（Cambrige University Press, 1993）, p. 28 ではそうであった）けれども、驚くべきことに、彼らがボダンを実際に参照することはほとんどない。もっとも、グレゴワールは、混合政体の可能性を否定するという非常にボダン的な議論において、主権・統治の区別を実際に使っているが。グレゴワールの *De Republica Libri Sex et Viginti*（Lyons, 1596）I, p. 236 を参照。プロテスタントのラ・ポプリニエール〔La Popelinière〕の同時代的なフランス宗教戦争史が全身分会議における「法律家ボダン」の立場を記録しているのも、特筆に値する（*L'histoire de France enrichie des plus notables occurrances*（La Rochelle, 1581）II, pp.

341, 351)。17世紀のイングランドでのボダンの読まれ方については、第2章を参照。

72 9-10頁及び注15を参照。

73 幾人かの公会議主義者によって示された似た考え方も参照。A. J. Black, *Monarchy and Community: Political Ideas in the Later Conciliar Controversy 1430–1450* (Cambridge University Press, 1970), p. 17に引用がある。「普遍教会の権力は、万国公会議の存在を通して行使される。種が草に存在し、ワインがぶどうに存在するように、こうした権力は各地の教会に存在する。しかし、権力は、正式の、完全な本質として、万国公会議にこそ存在する」。アリストテレス主義者の用語では、ぶどうはワインの質料因であった。

74 スアレス〔Francisco de Suarez〕は、1612年に書いたにもかかわらずボダンの業績にはほとんど関心をもっていないが、『法律論』において、次のようにボダンとよく似たことを述べた。「個人としての人間は、部分的には（いわば）完全な共同体を設立し創造する能力を有している。人間が共同体を設立するというわけなので、この能力は、共同体全体において実際に存在することになる。しかしながら、自然法は、この能力が共同体全体によって直接に行使されるべきだ、または、この能力は常にそこに存在するべきだ、とは要求しない。むしろ、実践的に考えれば、そのような要求をしても満たすことは非常に困難であろう。というのも、各人の投票によって法律が制定されるということになったら、混乱や紛争が生じるであろうから。それゆえに、人間は、上述の権力をすでに述べた統治形態の一つ［すなわち、標準的な諸体制のこと。やや一貫していないが、スアレスによれば、民主政も含まれる］に委ねることで、この権力をすぐに規定するべきである。他の形態は考えられないのだから」(*De Legibus*, Book III, Chapter 4.1. in James Scott Brown (ed.), *Selections from Three Works of Francisco Suárez, S. J.* (Oxford University Press, 1944 for the Carnegie Endowment Classics of International Law), vol. I, p. 206 of the reproduction; II (translation), p. 383)。スアレスは、何の気兼ねも感じることなく、世俗的支配者、たとえば国王やさらには指揮官たち (*duces*) さえも、最高の権力 (*supremam potestatem*) を有するとしている (*De Triplici Virtute Theologica, Selections from Three Works* I, p. 800 of the reproduction, II [translation], p. 808)。

75 Jean Gerson, *Opera Omnia*, Louis Ellies Dupin (ed.), (Antwerp, 1706) vol. II, col. 950; Antony Black, *Council and Commune: The Conciliar Movement and the Fifteenth-Century Heritage* (London: Burns & Oates, 1979), p. 23.

76 Black, *Monarchy and Community*, pp. 25, 143, 148.

77 Paul E. Sigmund (ed. and trans.), *The Catholic Concordance* (Cambrige

University Press, 1991), pp. 98-9.

78 「この［代表制の］体制は、近代人の発明である。……古代における人類の状況からして、このような制度を導入し設立することはできなかった。……彼らは、その社会的組織ゆえに、我々がこの体制によって認められている自由とは大きく異なる自由を求めたのである」(Benjamin Constant, *Political Writings*, Biencamaria Fontana（ed.），(Cambridge University Press, 1988), p. 310（*The Liberty of the Ancients Compared with that of the Moderns*, 1819))。ルソーについては『社会契約論』第3巻第15章を参照（*Social Contract and Discourses*, p. 240; Launay（ed.），*Oeuvres completes*, p. 558)。代表の近代的性格についてシィエスが最も明確に述べているのは、その草稿においてであるが（Pasquale Pasquino, *Sieyès et l'invention de la constitution en France*（Paris: Edition Odile Jacob, 1998), p. 163を参照)、この主題についての彼の発言は全体としてこの方向を向いている（本書122頁以下を参照)。

79 Black, *Monarchy and Community*, pp. 27, 143.

80 Miglietti, p. 448; 1566 edition, p. 239; 1572 edition, p. 314. Reynolds（p. 204）はこれを 'law peculiar to the whole kingdom' と訳す。もっとも、『国家論』ではこうした法律を表現するのに *leges imperii* という語が用いられていることからすると、我々は、これらの法律が（特定地域ではなく）フランス全体に適用されるという以上のものであると考えるべきであろう。

81 これらは Franklin, *Jean Bodin and the Rise of Absolutist Theory* から引いたものである。

82 *Republique* 1576, pp. 135-6; 1579, pp. 94-5; *Republica*, p. 88; McRae, p. 94. Miglietti, p. 448; 1566 ed., p. 239; 1572 edition, p. 314; Reynolds, p. 204.

83 '[Q]uand au fond et propriété dudit [sic] Domaine, q'il appartenoit au peuple, et par conséquent pourroit bien consentir l'aliénation perpétuelle dudit Domaine, si les Provinces avoient baillé procuration expresse á cette fin: et non autrement'. *Recueil de pièces originales et authentiques, concernant la tenue des ... Etats-généraux d'Orléan en 1560*（Paris, 1789), vol. III, p. 347.

84 これは、『方法』において高貴な議論（*honesta oratio*）として描写されている（Miglietti, p. 444; 1566 edition, p. 237; 1572 edition, p. 311)。これをレイノルズは、やや誤導的に（甘いという不適切な含意を込めて）「美しい感傷（a fine sentiment)」と訳している（p. 203)。

85 *Republique* 1576, p. 134; 1579, p. 93; *Republica*, p. 87; McRae, p. 93.

86 *Republique* 1576, p. 136; 1579, p. 95; *Republica*, p. 88; McRae, p. 95.

87　*Republica*, p. 303; McRae, p. 330; *Republique* 1576, p. 354; 1579, p. 303.

88　*Republique* 1576, pp. 238–9; 1579, p. 194; *Republica*, pp. 193–4; McRae, p. 204.

89　この点については『方法』も参照。Miglietti, p. 448; 1566 edition, p. 240; 1572 edition, p. 315; Reynolds, p. 205.

90　*Republique* 1576, pp. 618–9; 1579, p. 597; McRae, p. 651. ラテン語版は異なる。ボダンは、領土が譲渡不可能性なのは、「国家［*publica res*］が依拠しうる基礎として働くことのできる何か確かなものがなければならない」ためである、とだけ述べていた（*Republica*, p. 639）。

91　*Methodus*, Miglietti, pp. 536–8; 1566 edition, pp. 301–2, 1572 edition, p. 387; Reynolds, p. 253 の指摘を参照。『国家論』については、とりわけ *Republique* 1576, pp. 718ff; 1578 edition, pp. 698ff; *Republica*, pp. 738ff; McRae, pp. 746ff with notes pp. A168-A169（注では女性の場合のルールについてのボダンの指摘を上手に丸め込んだ Knoll の翻訳を訂正している）。

92　Miglietti, p. 448; 1566 edition, p. 240; 1572 edition, p. 315; Reynolds, p. 〈205〉.

93　*Republique* 1576, p. 633; 1579 p. 611; *Republica*, p. 654; McRae, p. 663.

94　*Republique* 1576, p. 393; 1579, pp. 342–3; *Republica*, pp. 339–40; McRae, p. 376.

95　上述 p. 40〈本書本章注 60〉を参照。

第二章　グロティウス、ホッブズ、プーフェンドルフ

1　Julian Franklin, 'Sovereignty and the mixed constitution: Bodin and his critics' in J. H. Burns (ed.) with the assistance of Mark Goldie, *The Cambridge History of Political Thought 1450–1700* (Cambridge University Press, 1991), pp. 298–328 を参照。

2　Jason Maloy, *The Colonial American Origins of Modern Democratic Thought* (Cambridge University Press, 2010), pp. 100–6.

3　*A iust and necessarie apologie of certain Christians* (n.p., 1625), p. 38. ラテン語版が先に 1619 年に出版された。'Admonitio ad lectorem' in Robert Parker's *De politeia ecclesiastica Christi* (Frankfort, 1616) sig. (:) 5r:「我々の教会の国家〈基礎、主権者〉はある程度は民主政であると我々は信じるが、統治は決してそうではない。反対に、キリストの頭については君主政である。それゆえまた、統治遂行者の性質においては、まさに貴族政である」も参照。'Statum quidem Ecclesiae nos aliquatenus Democraticum esse credimus, at regimen neutiquam: sed contra, ut Christi capitis respectu, Monarchicum;

sic & administrorum ratione, prorsus Aristocraticum'.

4　注意すべきことに、独立派のうちプレスビテリアンの反対者は、必ずしも教会の統治の叙述としてこの点に同意していないわけではなかった。そうであるからこそ、プレスビテリアンであるジョージ・ギレスピー〔George Gillespie〕は、ロビンソンの『*Apologie*』第4章の匿名のリプリント版を攻撃して「国家はしばしば統治と異なることがあるということを、ボダン『国家論』の多くの箇所で読んだことを私も憶えている」と述べたのだが、それでも彼が不満を述べたのは、ロビンソンが実践においては長老の審議と会衆の面前での投票という要件によって統治のバランスを民主政に傾かせてきた、という点であった。*An Assertion of the Government of the Church of Scotland*（Edinburgh, 1641), pp. 24–5. リプリント版の表題は *The Presbyteriall Government Examined*（1641）であった。第4章のは sig. D2v までリプリントされ、その後に別のテクストが続く（この点は、文献学者に見過ごされてきたと思われる)。『*Apologie*』は1644年に全体も重版された。

5　*The soveraignes power, and the subiects duty*（Oxford, 1643), sig. C1.

6　*Jus populi, or, A discourse wherein clear satisfaction is given as well concerning the right of subjects as the right of princes*（London, 1644), sig. I3v. 次の論文に、プリンによるボダンの利用に関する議論がある。Glenn Burgess, 'Bodin in the English Revolution', in Howell A. Lloyd（ed.), *The Reception of Bodin*（Leiden: Brill, 2013), pp. 387–408.

7　*The third part of The soveraigne povver of parliaments and kingdomes*（London, 1643）sig. O3. *The fourth part*（London, 1643), sigs. Aa2v, Bb1v も参照。

8　John Spelman, *A View of a Printed Book*（1643）sigs. B2v, C4, D3, D3v; Laud in his *History* written in the Tower（1695, p. 130).

9　[Robert Filmer], *Observations upon Aristotles Politiques, touching forms of government*（London, 1652）sigs. D4, D4v; Johann Sommerville（ed.), *Patriarcha, and Other Writings*（Cambridge University Press, 1991), pp. 261–2.

10　René Pintard, *La Mothe le Vayer, Gassendi, Guy Patin: Études de bibliographie et de critique, suivies de textes inédits de Guy Patin*（Paris: Boivin, 1943), p. 81; B. L. Meulenbroek（ed.), *Briefwisseling van Hugo Grotius*（The Hague: Martinus Nijhoff, 1966), vol. v, p. 279.（Noel Malcolm, 'Jean Bodin and the authorship of the "Colloquium Heptaplomeres"', *Journal of the Warburg and Courtauld Institutes* 69（2006), p. 120 も参照。）グロティウスはボダンのギリシア語について非常にアンフェアであった。ボダンの最初の出版

物はオッピアノス〔Oppian〕の *De Venatione*（Paris, 1555）のギリシア語の校訂版であった。

11　P. C. Molhuysen (ed.), *Briefwisseling Van Hugo Grotius* (The Hague: Martinus Nijhoff, 1928), vol. i, p. 29.

12　『戦争と平和の法』からの引用にあたっての慣行では、段落番号を用いることとなっている。英語版テクストとして、私はジャン・バルベイラク版を18世紀に英訳したものについて私の版 Richard Tuck (ed.), *The Rights of War and Peace* (Indianapolis: Liberty Fund, 2005) を用いる。底本は *The Rights of War and Peace* (London, 1738) である。ラテン語版テクストとして権威ある版は、Scientia Verlag (Aalen, 1993) 社による次の版のリプリントである——the 1939 Leiden edition by B. J. A. de Kanter-van Hettinga Tromp, with additional notes by R. Feenstra, C. E. Persenaire and E. Arps-de Wilde。これは唯一の校訂版であり、初版とその後の版の偏差を示している。

13　Annabel S. Brett, *Changes of State: Nature and the Limits of the City in Early Modern Natural Law* (Princeton University Press, 2011), pp. 136–8.

14　これはグロティウス独自の翻訳である。たとえばドニ・ペト〔Denis Pétau〕〈グロティウスと同時代のイエズス会士〉の版や彼によるアキレウス・タティオス〔Achilles Tatius〕の翻訳——コノンの引用はここに由来するのだが——は、ἕξις に従来どおりのラテン語訳である *habitus* をあてていた (Dionysius Petavius (ed.), *Uranologion sive systema variorum authorum* (Paris, 1630), p. 134)。

15　ここでグロティウスが *populus* ではなくこの語を用いたのは興味深い。二節後に、彼は *multitudinis imperium* を民主政の意味で用いた。他方で、彼の聖書註解の一つにおいて、彼はむしろホッブズに近い観点で *multitudo* と *populus* を区別した。『申命記』第32章第21節について、グロティウスは次のように述べた。「人民（*populus*）でない者においても、権利の結集によって人民が生じる。その名に相応しくない群衆（*multitudo*）とは、無効な法または悪法を有する者をいう［*in eo qui non est populus, Iuris consociatio populum facit. Eo nomine indigna multitudo, quae aut nullas aut malas habet leges.*］」と。*Opera omnia theologica in tres tomos divisa* (London, 1679), vol. i, p. 102.（この点の参照についてはノア・ドーバー〔Noah Dauber〕に負う）。『申命記』についての註解は、グロティウスが『市民論』を読んだ翌年である1644年に出版された。

16　「ここにおいて我々は、最高権力をもつのは常に例外なく人民であり、権力を濫用する限りにおいて、人民が国王を制約ないし罰することができる、

とする者の意見をまず斥けなければならない。この意見が引き起こしてきた、あるいは、人々の頭がひとたびそれで満たされたならば引き起こされうる害悪は、あらゆる賢人にわかるものである」。

17 他方、テーバイは、かつてのテーバイの居住者がすべて売られて奴隷となり入れ替えられた後には負債について責任を負わなかった――同都市は同一性に必要な連続性を欠いたのである（第3巻第9章第9節）〈邦訳第3巻1055頁〉。後の代の主権者らが負った負債に関する論点およびグロティウスが導入したさまざまな制限についての彼の議論の全容については、第2巻第14章第10-12節〈邦訳第2巻578-81頁〉を参照。同論点についてのボダンの議論は『国家論』第1巻の終盤の第8章の有名なパッセージにあるが、そこで彼は、相続権ではなく法によって王座に就いた国王――つまり、私的財産として扱われる王国ではなくフランス型の君主政において――は、先行者らが負った負債によって必ずしも拘束されないと主張した。Franklin, Bodin: *On Sovereignty*, pp. 41-5; *Republique* 1576, pp. 152-3; 1579, pp. 110-11; *Republica* 1586, pp. 137-40; McRae (ed.), pp. 111-13.

18 中世および初期近代の諸国家が王家の婚姻（union）の場合にどの程度まで独立の同一性を保持しようとしたかについて、拙稿 'The making and unmaking of boundaries from a natural law perspective' in Allen Buchanan and Margaret Moore (eds.), *States, Nations, and Borders: The Ethics of Making Boundaries* (Cambridge University Press, 2003), pp. 146-8 を参照。グロティウスはまた、共有の主権者がいるとしても合一（union）は含意されない一方、原理的には独立の人民が消滅することなく統合されうると述べていた――「もし2つの国民が合一した場合、いずれの権利も失われず、共通のものとなる。ちょうど、リウィウス（第1巻）が示すように、サビーニー人が、つづいてアルバ人が、ローマに統合され、一つの国家を形成したように」（第2巻第9章第9節）〈邦訳第2巻469頁〉。（ここにおいて我々は、EUを正当化するのにしばしば用いられてきた「プールされた主権（pooled sovereignty）」を想起することができよう）。プーフェンドルフはこの論理に疑義を呈し、そうした合一によって新国家が創設されるか、一方の国家が他方に従属させられるかのいずれかであると主張した。「それぞれが独立の国制を維持し従前のままであることとなるような、独立国家の合一の仕方は、――厳密にいえば、国家ではなく体制（System）を生じさせる――狭義の同盟や連合以外に存在しない」。Basil Kennet (trans.), *The Law of Nature and Nations* (London, 1749), viii.12.6. グロティウスの『戦争と平和の法』と同様に、プーフェンドルフの『自然法と万民法』もパラグラフ番号で引用するのが慣例である。For the original text, see *De Jure Naturae et Gentium Libri*

Octo (Lund, 1672) for the first edition, ibid. (Frankfurt, 1684) for the second edition. 注は Jean Barbeyrac (trans.), *Le Droit de la Nature et des Gens* (Amsterdam, 1706) で翻訳されている。

19　同じ仕方で彼は、共同主権者らが法律の公布のために主権を交代で担いうる、あるいは彼らの間で立法を共有しうる、という意味において、分割主権 (divided sovereignty) が存在しうると主張した（第1巻第3章第17節）〈邦訳第1巻 166-67 頁〉。

20　「政治政府においては、最後の手段が必ずなければならないから [*quia progressus in infinitum non datur*]、それは一人の人格または集会において定められていなければならない。彼らには上位者がいないことから、彼の責任は、神が統括する、と神が宣明する」（第1巻第3章第8節第2項）〈邦訳第1巻 152 頁〉。

21　私がネーデルラント連邦 (United Provinces) ではなくホラント (Holland) と呼ぶのは、*De Antiquitate Reipublicae Batavicae* (Leiden, 1610) において、グロティウス自身が、当該諸地域を諸国民 (*nationes*) として言及したうえで、彼自身の *gens* ないし *natio* と、それがそのもとに入ることとなったさまざまな主権者らについての歴史を記したからである。

22　例によって、『市民論』と『法の原理』の間の関係は明瞭でない。両著作は、直近の共通の先祖に依拠するか、一方が他方の大雑把な翻訳であるかのいずれかである（ただし、『市民論』の宗教に関する諸章を除く）。〈『市民論』〉第7章と〈『法の原理』〉第2部第2章について見ると、ホッブズは『市民論』では「用益権的」君主政について論じているが、『法の原理』では（その名称としては）論じていないことが重要かもしれない。これは次のことを示唆する。すなわち、彼が『市民論』のこの部分を執筆したときにグロティウスを視界に収めており、また、グロティウスへの批判はこの分野に関する自身の思想の展開がとる自然な形式であることから、その思想は最初に『市民論』（あるいは同旨の逸書）において完全に説明され、次いで英語の簡約版として『法の原理』において示されたということが暗示される、ということを。他方で、『法の原理』は『市民論』における議論の重要な諸特徴を欠いているように思われるため、比較的大雑把な草稿にも見える（注24を参照）。

23　第7章第16節。Richard Tuck and Michael Silverthorne (eds.), *On the Citizen* (Cambridge University Press, 1998), pp. 98-100. ラテン語版テクストについては、Howard Warrender (ed.), *De Cive: The Latin Version* (Oxford University Press, 1983), pp. 156-8 を参照。

24　『法の原理』においては4事例の間の区別はそれほど明快ではない。独裁

官は選挙による君主と同一である。「この人民の権力が、彼らの終身の国王の選出の際に解体されない場合、人民は依然として主権者であり、国王はその代行者に過ぎない。この国王は、主権全体を執行に移すかぎりにおいての代行者であり、確かに偉大な代行者ではあるが、生涯を通じてローマにおける独裁官と同様であるに過ぎない」（第2部第2章第9節）〈邦訳245頁〉。また、君主または独裁官の任期中に集会するという人民の権利（『市民論』における第3の事例）は一般的権利として扱われる。「終身の国王の選出にあたって、人民は、その国王が生涯にわたり彼らの主権を執行することを委ねるが、しかし、もし彼らが原因を見出す場合、人民は任期満了前にその国王を罷免することができる。ちょうど、終身の職務を〈他者に〉委ねる国王が、それにもかかわらず、濫用の疑いがある場合には、自由に罷免することができるのと同じように」〈邦訳（トマス・ホッブズ（高野清弘訳）『法の原理』、筑摩書房、2019年）246頁〉。このことは、次のことを示唆する。すなわち、ホッブズが『法の原理』を執筆したときには、彼は、選挙王政に関する決定的な論点は民主的集会が「一定の、事前に公示された時と場所で集会する」か否かの「権利」を有するかという点（第2部第2章第10節）〈邦訳247頁〉であると確かに信じていた一方で、それを行う時の指定の仕方には、在職中の支配者が死亡しない限り民主的集会による主権的権利の行使を認めない場合をも含め、さまざまなものがありうるという点に、彼は十分に焦点を当てていなかった、ということを。

25　例によって、ホッブズは自身の典拠についてきわめて寡黙であった。しかし、彼はボダンを読んだうえで、『法の原理』第2部第8章第7節で主権について彼を（予想されるとおり）肯定的に引用している。

26　ケンブリッジ大学出版会の『市民論』の我々の版では、このパッセージの *imperium* を「統治（government）」と翻訳しているが、現在では私は、この訳は誤解を招き、この語は *gubernatio* や *administratio* といった、この伝統において主権と区別される統治を意味した他の語と対比されるべきであると考えるようになった。他のいくつかの箇所においても翻訳を多少変えてある。

27　Kinch Hoekstra, 'Early modern absolutism and constitutionalism', *Cardozo Law Review* 34 (2012–13), pp. 1095–8.

28　Richard Tuck (ed.), *Leviathan* (rev. edn, 1996) p. 154; original edn, chapter 21, pp. 114–15.

29　Ferdinand Toennies (ed.), *The Elements of Law Natural and Politic* (London: Simpkin, Marshall and Co., 1889) (reprinted with new introduction by Maurice Goldsmith, London: Frank Cass and Co., 1969), pp. 115–16.

〈邦訳 232-33 頁〉

30　少なくとも、彼は開戦と講和の形成を統治に割り当て、そして事実上、立法の大部分をそれに割り当てた。――本書 99 頁における議論を参照。

31　我々の翻訳における「大衆（crowd）」を「群衆（multitude）」と代えることで、他の場面でホッブズおよびプーフェンドルフ、さらにはおそらくはグロティウスによっても用いられた用語法との系統を明確にした（本書本章注 15 を参照）。

32　（彼に対して人民が義務を負うこととなる）は、（*cui supponitur obligari*）の翻訳である。市民が人民に対して義務を負うのであって、その逆ではないと考えた者もいるかもしれないが、*cui* は明らかに市民を指しており、その動詞の主語は人民である。この点は単にホッブズ側の不注意であった可能性がある。

33　『市民論』第 6 章第 20 節〈邦訳 152 頁〉における多数派の意見に関する彼の次の記述と比較せよ。「多数派の合意が全員の合意とみなされるべきということは自然のルールではない」、すなわち、多数派が権威をもつためには特定の制度的コンテクストが必要となる。

34　前記と同様に、「大衆（*crowd*）」を「群衆（*multitude*）」とした。

35　『人間論』（1658 年）においてホッブズは、「仮構上の人間」に関する第 15 章における議論を次のような叙述から始めた。「ギリシア人たちが προσώπον と呼ぶものを、ラテン語話者は、人の顔、あるいは顔つき［*faciem* sive *os*］と呼ぶことがあり、また人格（*person*）と呼ぶこともある。彼らが現実の人間について述べようとする場合に顔と、仮構上の人間について述べようとする場合に人格と呼ぶのである」（*Opera Philosophica, quae Latine scripsit, Omnia*（Amsterdam, 1668）, p. 84 of William Molesworth（ed.）, *De Homine*; *Opera Philosophica, quae Latine scripsit, Omnia*（London: John Bohn, 1839）, vol. ii, p. 130, my translation）〈邦訳（トマス・ホッブズ（本田裕志訳）『人間論』、京都大学学術出版会、2012 年）203 頁〉。したがって、〈本文中の〉このパッセージにおける「国家の顔」は、国家の「人格」と同じものと理解できる。

36　「なぜ、他のさまざまな学問（science）がそうしてきたように、義務、すなわち正と不正についての学問は、正しい諸原理と明白な論証に基づいて、人々に教えられないのだろうか？　説教者や民主政派ジェントルマンが反乱と反逆を教えるよりも、はるかに容易なことなのだが」Ferdinand Toennies（ed.）, *Behemoth, or, The Long Parliament*（London: Simpkin, Marshall and Co., 1889）p. 39〈邦訳（ホッブス（山田園子訳）『ビヒモス』、岩波書店、2014 年）75 頁〉。似たようなパッセージについて、ibid., pp. 20, 26-31, etc.

〈邦訳 44-46, 54-62 頁など〉をも参照（もっとも、ほとんどにおいて民主政派ジェントルマンをプレスビテリアンか内戦前の議会派と結びつけているが)。『リヴァイアサン』には「［君主政の］そうした状態に対して絶えず罵倒する民主政派の著述家たち」への似たような罵りがある（p. 226; original edn, chapter 29, p. 171）〈邦訳 248 頁〉。

37　ルソーの『政治経済論』を参照。「アテナイは実際にはけっして民主政ではなく、学者と雄弁家の支配するきわめて専制的な貴族政であった」（p. 122）〈邦訳 69 頁〉。ホッブズは『法の原理』においてまさに次のように述べていた。「民主政とは、結局のところ、雄弁家たちの貴族政にほかならず、それを時おり、一人の雄弁家の一時的な君主政が中断するのである」（第 2 部第 2 章第 5 節、pp. 120-1）〈邦訳 242-43 頁〉。

38　第 2 部第 5 章第 8 節、p. 143〈邦訳 286-87 頁〉。このパッセージでホッブズが前提としたのは、彼がすでに述べたように（本書本章注 37)、審議を行う集会においてものごとが決定される場合には、民主政は「結局のところ」貴族政である、ということであり、その後、不注意にも非審議的民主政を貴族政と表現していたが、『市民論』の対応するパッセージで訂正した。彼の民主政に関する考えについて両著作の間で重要な変更が行われたと考えるべきであるとは思われない。

39「至高の権威は一人または複数の者にあるはずである。一人にある場合、それは君主政である。したがって、残部議会は君主政ではなかった。その権威が複数の者にあった場合、その権威は全員か、または全員に満たない少数者にあったことになる。全員にあれば民主政である。なぜなら、主権的裁判所となる集会に誰もが入りうるのだから。もっとも、残部議会ではそうすることができなかった。したがって権威が少数者にあったことは明白であり、よって、その国制は寡頭政であった」*Behemoth*, p. 156〈邦訳 255 頁〉。

40『リヴァイアサン』第 18 章の冒頭で、彼は次のように述べた。「ある国家が設立されたといわれるのは、人々から成る群衆が次のように合意し、各人が各人と次のように信約する場合である。すなわち、彼ら全員の人格を現前させる（*present*）権利（つまり、彼らの代表（*Representative*）となること）が、多数派により、どの人またはどの人々の集会に与えられるとしても、それに賛成票を投じた者も反対票を投じた者も同様に全員が、その人または人々の集会のあらゆる行為および判断を、あたかも自分自身のものであるかのように権威づける、というように」（p. 121; original edn p. 88）〈邦訳 36 頁〉。この箇所は、『リヴァイアサン』のなかで、民主政のプライオリティを明示的に認めた『市民論』における理論に最も接近した箇所である。じじつ、このパッセージは、拘束力ある多数決投票の形式としての民主政が第一のも

のであるとの理解を維持しているが、それを民主政という名で呼ぶことは避けている。また、君主政への移行が潜在的にはほぼ同時に起こるとも理解している。プーフェンドルフとの相違点は、「それに賛成票を投じた者も反対票を投じた者も同様に全員が」という節に含まれている。——すなわち、各個人はまず多数決投票に拘束されることにコミットし、その後初めて君主政にコミットする。これはまさにプーフェンドルフが否定した点である。この分野におけるホッブズの思想についての指摘として、〈Ferdinand〉Toennies 版『法の原理』の復刻に寄せたモリス・ゴールドスミス〔Maurice Goldsmith〕の序文 pp. xix-xx を参照。おそらく、『リヴァイアサン』をスコットランド国王に献上するホッブズの意図を前提にすると（私の版の p. lv および Noel Malcolm 版（Oxford University Press, 2012), vol. i, pp. 51-60 を参照)、彼は自身の理論の民主主義的含意を可能な限り避けることに苦心したが、完全に排除することはできなかった。

41　代表（*representation*）という語は、ひろく知られているように、『リヴァイアサン』において初めてあらわれた（あるいは実際には、サミュエル・ソルビエール〔Samuel Sorbière〕による 1649 年の『市民論』の仏訳（*Du Citoyen* v.9 and note to vi.1, Simone Goyard-Fabre（ed.),（Paris: Flammarion, 1982), pp. 145, 150）においてであった。この点を初めに私に指摘してくれたのはリュシアン・ジョーム〔Lucien Jaume〕であった）が、『市民論』においても『人間論』においても、ホッブズは多くの箇所で主権者の意思は個々の市民らの意思と「みなされる（is taken)」——すなわち、*habenda est*、これは「考えられる（is deemed)」と訳すことができる——と述べた。彼はまた、両著作において *attribute*（*attribuere*）という語を用いた一方で、『市民論』第 7 章第 7 節で「当該市民の意思を、人民が自身の意思へと吸収する」（*populus voluntate sua voluntatem civis ... complectitur*）と述べたとき、彼は *complector*、「包含する（embrace)」ないし「吸収する（absorb)」という語を用いたが、それは（Lewis and Short が述べたように）キケロ〔Cicero〕とクィンティリアヌス〔Quintilian〕が「演説もしくは弁論書において一群の対象を把握する」という意味で用いた語であった。『人間論』（同書は『リヴァイアサン』の 7 年後に公刊された）において、彼は *repraesentare* という動詞を一人の人間による多数者の代表（ホッブズにおいて鍵となる代表関係）を記述するためにも——「したがって、時が違えば同じ役者が異なる仮面（*persona*）をつけることができるように、どんな人でも複数の人間を代表（*repraesentare*）することができる」（*ut ergo idem histrio potest diversas personas diversis tempoiribus induere, ita quilibet homo plures homines repraesentare potest*）——、また神の「代理」を記述するためにも用いた

（1668 *Opera*, pp. 84, 85; Molesworth, ed., pp. 130, 132）〈邦訳 203-04, 205-06 頁〉。他方、『市民論』において神の代理について論じたとき、彼は *vicem gerere*（第 2 章第 12 節〈邦訳 59 頁〉）、*proregia*（第 11 章第 1 節〈邦訳 219 頁〉）という語を用いた。*Repraesentare* は、古典ラテン語においては必ずしも完全に英語の意味における 'represent' を意味しなかった——とりわけその語は、誰かの代理人として行為することを意味しなかった——が、優れたラテン語使用者であったホッブズは、（クェンティン・スキナーが 'Hobbes on Representation', *European Journal of Philosophy 13*（2005）, pp. 155-84 において示したように）イングランド革命のパンフレット作者らの間でその語が普及したことにより彼もそうするよう駆り立てられるまでは、おそらく常にその使用について一定の注意を払っていたと考えられる。しかし、彼は明らかにこれらの系譜に沿った用語法を最初から模索していた。

42 Page 154; original p. 114〈邦訳（2）101-02 頁〉; *De Cive* vii.18 も参照。〈邦訳 171-73 頁〉

43 *Behemoth*, pp. 34-5.〈邦訳 68 頁〉

44 David Runciman, *Pluralism and the Personality of the State*（Cambridge University Press, 1997）; Quentin Skinner, 'From the state of princes to the person of the state' in his *Visions of Politics*（Cambridge University Press, 2002）, vol. ii, pp. 368-413, 'Hobbes and the purely artificial person of the state' in ibid., vol. iii, pp. 177-208, and 'Hobbes on representation', *European Journal of Philosophy* 13（2005）, pp. 155-84.

45 *The Law of Nature and Nations* vii.2.13-14.

46 Gottlieb Gerhard Titius, *Observationes in Samuelis L. B. de Pufendorf De Officio Hominis et Civis*（Leipzig, 1703）, Observation 557（p. 563）; Barbeyrac's note to his translation of *De Iure Naturae et Gentium* vii.2.13. ホッブズの『市民論』第 5 章第 9 節における定義の別の言い換えは、プーフェンドルフの（彼が『リヴァイアサン』を読む前に書かれた）*Elementorum Jurisprudentiae Universalis Libri II*（The Hague, 1660）, Book ii、Observation v.2（p. 355）、*De Iure Naturae et Gentium* vii.2.13、*De Officio Hominis et Civis* ii.6.10 において見られる。

47 この点は、ギールケ〔Otto von Gierke〕のホッブズおよびプーフェンドルフに関する議論において理解されていた。——たとえば、彼の *Natural Law and the Theory of Society, 1500 to 1800 trans. Ernest Barker*（Cambridge University Press, 1958）, pp. 116-17 を参照。

48 バルベイラクはこのパッセージに次の注を付した。「このことは後期の時代についてのみ当てはまり、我々がここで論じているのは、もともとの独裁

官の地位と、それに頼る必要があったいくつかの時代にわたって原型を保った独裁官の地位とについてである。グロティウスの同じ箇所について私が論じたものを見よ」。そこにおいて彼はグロティウスの見解を支持した。したがってバルベイラクは、至極まっとうにも、プーフェンドルフがグロティウスと本質的に同じことを述べていると理解し、彼は両者に同意した。

49 「主権的権威［*summum imperium*］は、共通ないし一般の担い手に属するように、個々の国家［*civitas*］に属する。したがってさらに、固有ないし個別の担い手におけるように、それが一人の人間に属するか（構成員の一部か、全員から成る）一つの集会に属するかによって、異なる国家の［*rerumpublicarum*］諸形式を生み出すのである」（第7巻第5章第1節）。〈タックの英語原文では［respublicae］となっているが、ラテン語ではいずれの版でも rerumpublicarum となっているので、こちらを採用した。〉

50 第7巻第5章第9節（分割（dismemberment）についてグロティウスの主張を繰り返している）および第7巻第12章第6節（合一について）。

51 自身が念頭に置いていた類いの議論について、プーフェンドルフが具体的に説明したのは、「ハリカルナッソスのディオニュシオスがローマにおける最初の君主政の定着について述べた説明」においてである。「なぜなら、ここにおいて、まず多くの人々が新たな国家において自身らを固着させる計画とともに集まったからである――その決議のためには、少なくとも彼らの間で暗黙の信約が承認されたことが前提されていなければならない。この後に、彼らは統治の形式について審議し、国王が選ばれたことから、ロムルスに主権的権威を与えることに同意する。そしてこのことは、国王空位期についてもあてはまる。この期間には社会が最初の信約によってのみ結びつけられるため、国家の枠組みとモデルについての議論が始まることが頻繁にある」（第7巻第2章第8節）。

52 Michael J. Seidler (ed.), *The Present State of Germany*, trans. Edmund Bohun (Indianapolis: Liberty Fund, 2007), pp. 163-4.

53 *Patriarcha non Monarcha* (London, 1681), pp. 240-1.

54 『統治二論前篇』とは異なる。そこで彼はアダムの主権という概念を批判している――しかし、そこではフィルマーにより用いられた用語法に倣っている。『統治二論』の参照はラズレット版によっている。（*Two Treatises of Government* (Cambridge University Press, 1960; new edn 1988)）。

55 もし「全個人の同意」が集団の決議に必要であるなら、「そのような国制は、かの強大なリヴァイアサンをさえも、最も弱い被造物よりも短命にし、生まれた日より長くは生き延びられなくするであろう」（§98）〈邦訳408-09頁〉。

56　Laslett's footnote, p. 366 を参照。
57　信託の要素はグロティウスにおける同様のパッセージにおいても見られる。本書 49 頁を参照。
58　'Situating Swift's politics in 1701' in Claude Rawson (ed.), *Politics and Literature in the Age of Swift* (Cambridge University Press, 2010), pp. 31–51.

第三章　一八世紀

1　Launay (ed.), the dedication to the *Discourse on the Origin of Inequality, Oeuvres complètes*, vol. II, p. 207; *The Social Contract and Discourses*, p. 34.
2　Helena Rosenblatt, *Rousseau and Geneva* (Cambridge University Press, 1997), p. 143. 1707 年の民主派のピエール・ファティオ〔Pierre Fatio〕の所見も参照。Ibid., p. 104. ミケリ・ドゥ・クレストはボダンを読んでいた。彼の思想は多くの点で、特に主権の指標についての説明と混合主権論の可能性を否定することにおいて、ボダンに従っているようである。彼の Maximes d'un Républicain sur le Gouvernement Civil, *Revue Française d'Histoire des Idées Politiques*, 15 (2002), pp. 155–82、特にパラグラフ 7、24、52 を参照。多くのジュネーヴの同時代人がミケリ・ドゥ・クレストとルソーの思想を比較して論じていた。特に *Lettre d'un citoyen de Genève à un autre citoyen* (Geneva, 1768), p. 72 の著者であり、おそらくかつてルソーの友人であったヤコブ・ヴェルネ〔Jacob Vernet〕と、トゥサン・ピエール・ルニウプ〔Toussaint Pierre Lenieps〕である。ルニウプは、1764 年 8 月の手紙のなかでルソーとミケリ・ドゥ・クレストを比較している。R. A. Leigh et al.(eds.), *Correspondance complète de Jean Jacques Rousseau* (Bambury: Voltaire Foundation, 1965–1998), p. 21. しかし、ルソーは『山からの手紙』のなかで、ミケリ・ドゥ・クレストは国際的な「調停 (Mediation)」によって確立したジュネーヴの国制の意義、とりわけ市民が統治に対する日々の緩やかなコントロールを行うのに最適な手段である請願権を見落としているとして批判している (Launay, ed., *Oeuvres complètes*, vol. III, p. 466; *Letter to Beaumont, Letters Written from the Mountain, and Related Writings*, p. 360)。実のところ、両者の相違は、ミケリ・ドゥ・クレストが——確かに主権と統治の区別を認識してはいたけれども——ルソーが受け容れようとしていたよりもさらに人民が統治に関与するよう求めた点にあった。両者の関係については Richard Whatmore, *Against War and Empire: Geneva, Britain and France in the Eighteenth Century* (Yale University Press, 2012), pp. 74–80 を参照。
3　Launay (ed.), *Oeuvres complètes*, vol. II, p. 527; *The Social Contract and Discourses*, p. 184.

4 Grotius, *The Rights of War and Peace*, 1.3.11, n. 7 におけるバルベイラクの注釈に引用されている。この論文は Jens の *Ferculum Literarium*（Leiden, 1717), pp. 89–130 に収録されており、p. 130 に 1698 年との記載がある。

5 Montesquieu, in D. Oster (ed.), *Oeuvres complètes*（Paris: Éditions du Seuil, 1964), p. 874（英訳は著者による）. モンテスキューの『ドイツ帝国国制論』への熱意については p. 211 を参照。

6 Anne M. Cohler, Basia Carolyn Miller and Harold Samuel Stone (trans. and ed.), *The Spirit of the Laws* (Cambridge University Press, 1989), p. 10 の翻訳による。

7 たとえば、英国についての彼の有名な第 11 編第 6 章の記述を参照。そこで彼は「執行権（puissance exécutrice)」を「政府（gouvernement）の一部」であるとし、執行府は立法府に従属してはならず、むしろ（たとえば）拒否権をもたなければならないと主張している。『随想録』における「君主の行為は人民の行為である」とホッブズが想定することに対する彼の批判も参照（*Oeuvres complètes*, pp. 938–9)。

8 'J'avois ainsi conçu la souveraineté & le Gouvernement, mais je n'avois rien vû qui l'eut établi avec autant de verité & de force'. *Correspondance complète* 14, pp. 57–8.

9 Paul-Louis de Bauclair's *Anti-Contrat Social*（The Hague, 1765）を参照。ここでボークレール〔Paul-Louis de Bauclair〕は、（ボダン以前のアリストテレス主義を思わせる言葉で）次のように述べた。「政府は、その最も基本的な意味において、政治体に関わる存在の態様以外の何物でもない。これは偶有性（accident）として実体（substance）からは区別されるものである。政府は管理の態様（*modus administrandi*）に過ぎない。私は統治を人格化するのにやぶさかではないが、政府は臣民と主権者とを仲介する組織ではない（『社会契約論』第 3 編第 1 章のルソーの記述への言及である）。それは国家の行政官の組織であり、その頂点に主権者が位置するのである。政府は、この意味で、もし彼が言うように下位の従属する構成員から成るのだとしても、主権者と区別できず、むしろ政治体の行政において主権者の共同執行者であり共同補助者としてみなされることになるだろう。(pp. 113–4)」

10 「なお私は、これから私が述べようとする公経済（*public economy*）――それを私は政府と呼ぶが――を私が主権と呼ぶ至上の権威からはっきりと区別するように読者にお願いしたい。その相違は、後者が立法権をもち、ある場合には国民という集団自体をも拘束するのに対して、前者は執行権しかもたず、私人を拘束しうるに過ぎない点にある」。*The Social Contract and Discourses*, p. 120; Launay (ed.), *Oeuvres complètes*, vol. II, p. 278〈邦訳（第五

巻）66 頁〉. ヌーシャテル公共大学図書館の MS R.16 で発見されたこの節の初期の草稿については ibid., p. 294 を参照。また、ベルナルディ〔Bruno Bernardi〕の編集による *Discours sur l'économie politique*（Paris: Vrin, 2002）および p. 28 のこの節についてのベルナルディの注記も参照。ルソーの著作におけるボダンへの言及のほとんどが「経済学」の中に見出されるというのは意味のあることのように思われる。

11　*Social Contract and discourses*, pp. 208-209; Launay（ed.）, *Oeuvres complètes*, vol. II, pp. 539-40.

12　*Social Contract and Discourses*, pp. 183-4; Launay（ed.）, *Oeuvres complètes*, vol. II, p. 526.

13　ライリーの見解については、彼の *The General Will Before Rousseau*（Princeton University Press, 1986）と 'Rousseau's General Will' in Patrick Riley（ed.）, *The Cambridge Companion to Rousseau*（Cambridge University Press, 2001）, pp. 124-53 を参照。

14　*Social Contract and Discourses*, pp. 120-1; Launay（ed.）, *Oeuvres complètes*, vol. II, p. 278.

15　「ラケダイモン人たちはかつて、ある法によって子どもたちに他人の財物を盗みとることを許していたが、その場合この盗んだ財物は盗みにあった他人のものではなく、盗む者の所有物になると定めていたのであり、したがってこの種の盗みは窃盗ではなかったのだからである」〈邦訳 277 頁〉。意義深いことに、プーフェンドルフはホッブズのこの一節に対して明示的に批判を加えている。彼の *Two Books of the Elements of Universal Jurisprudence*, William Abbott Oldfather（trans.）, Thomas Behme（ed.）,（Indianapolis: Liberty Fund, 2009）Definition XIII. 6-7, pp. 206-10 を参照（この文献は David Grewal の教示による）。

16　第 4 編第 2 章。*Social Contract and Discrourses*, p. 250; Launay（ed.）, *Oeuvres complètes*, vol. II, p. 565.〈邦訳 149 頁〉

17　プーフェンドルフについては、*The Law of Nature and Nations*, VII.2.9（およびバルベイラクの注記）を参照。ビュルラマキについては、Jean-Jacques Burlamaqui, *The Principles of Natural and Politic Law*, Thomas Nugent（trans.）, Peter Korkman（ed.）,（Indianapolis: Liberty Fund, 2006）p. 294 を参照。

18　*Social Contract and Discourses*, p. 243; Laynay（ed.）, *Oeuvres complètes*, vol. II, pp. 559-62.

19　'Mr. Rousseau, qui croyant avec Hobbes que les hommes sont nés ennemis les uns des autres, & croyant de plus que nous n'avons pas de

pires ennemis que nos supérieurs, y remédie comme lui par le Despotisme, mais en le plaçant differemment. Car au lieu que Hobbes donne le pouvoir arbitraire à un Prince, Mr. Rousseau qui ne connoit point les milieux, donne un semblable pouvoir à la multitude'. *Lettre d'un citoyen de Genève à un autre citoyen*（Geneva, 1768）, pp. 72-3.

20 'mais en parler comme vous faites, ce n'est pas seulement rencherir sur Hobbes, c'est passer toutes les bornes du bon sens'. *Lettre d'un anonime à Monsieur J. J. Rousseau*（Paris, 1766）, p. 70.

21 p. 183, original edn., p. 137.

22 *Social Contract and Discourses*, p. 192; Launay（ed.）, *Oeuvres complètes*, vol. II, p. 530.

23 *Social Contract and Discourses*, p. 183; Launay（ed.）, *Oeuvres complètes*, vol. II, p. 526.

24 *Social Contract and Discourses*, p. 217; Launay（ed.）, *Oeuvres complètes*, vol. II, p. 544.

25 Chapter 13, Book III, *Social Contract and Discourses*, p. 237; Launay（ed.）, *Oeuvres complètes*, vol. II, p. 556.

26 1789年9月6日のマディスン〔James Madison〕とリチャード・ジェム〔Richard Gem〕へのジェファスンの手紙を参照。Albert Ellery Bergh（ed.）, *The Writings of Thomas Jefferson*, vol. VII（Washington DC, 1907）（The 'Memorial Edition'）, pp. 454-63.

27 集会の限定的で基底的（foundational）な性質は、第3編第18章で明らかにされている。「わたしが先にのべた定期的集会は、この不幸をふせぎ、あるいはその到来をひきのばすのに適当な方法である。その集会をするのに、招集手続を必要としない場合は、特にそうである。なぜなら、そのとき統治者は、この集会をさまたげれば、法律の侵害者であり、国家の敵であることを、公然と自ら宣言することになるのだから。

社会契約の維持という他に、何の目的ももたぬこの集会は、開会にあたって、常に次の二つの議案を提出せねばならない。これは決して略することはできない。そして二つは別々に投票に付すべきである。

第一議案―「主権者は、政府の現在の形態を保持したいと思うか」

第二議案―「人民は、現に行政をまかされている人々に、今後もそれをまかせたいと思うか」」

Social Contract and Discourses, p. 246; Launay（ed.）, *Oeuvres complètes*, vol. II, p. 563.〈邦訳142頁〉

28 Michael Sonenscher（ed.）, Sieyès, *Political Writings*（Indianapolis, IN and

Cambridge, MA: Hackett Publisching, 2003), p. xlvi.

29 *Social Contract and Discourses*, p. 249; Launay (ed.), *Oeuvres complètes*, vol. II, p. 558.

30 *Social Contract and Discourses*, p. 175; Launay (ed.), *Oeuvres complètes*, vol. II, p. 522.

31 *Social Contract and Discourses*, p. 241; Launay (ed.), *Oeuvres complètes*, vol. II, p. 559.

32 *Leviathan*, p. 231, original edn., p. 175.〈邦訳（二）260 頁〉。

33 このフレーズはホッブズが『法の原理』で用いたものである。「民主政とはつまるところ、雄弁家たちの貴族政に過ぎないが、時おり、君主という一人の雄弁家によって一時的に中断されることがある」(Toennies, ed., II.2.5, pp. 120-1)。ルソーも『政治経済論』において「アテナイはじっさいにはけっして民主政ではなくて、学者と雄弁家の支配するきわめて圧制的な貴族政であった」と述べている (*Social Contract and Discourses*, p. 122; Launay (ed.), *Oeuvres complètes*, vol. II, p. 279)。〈邦訳 69 頁〉

34 『社会契約論』第 3 編第 11 章の題である。*Social Contract and Discourses*, p. 235; Launay (ed.), *Oeuvres complètes*, vol. II, p. 555 を参照。

35 Launay (ed.), *Oeuvres complètes*, vol. III, p. 483; *Letter to Beaumont, Letters Written from the Mountain, and Related Writings*, pp. 292-3. 本書 2-3 頁でも引用した。

36 1768 年 2 月にルソーが、ジュネーヴのラディカルな民主派と貴族派の中道を探ろうとする友人のジュネーヴ人であるムルトゥ〔Paul-Claude Moultou〕による憲法案について、友人のコワンデ〔François Coindet〕に宛てた手紙も参照。「ムルトゥ氏は純粋な民主政をジュネーヴに求めているわけではまったくない。それは正しい。私は常に同じことを述べ、考えてきた。民主政 (Gouvernement Démocratique) はあまりにも騒がしいものになる。とりわけジュネーヴのように、工業がなければ成り立たたず、金持ちが多く誰もが忙しい商業都市では、混乱が過ぎてしまう」(*Correspondance complète* 35, pp. 91-7)。Whatmore, *Against War and Empire*, p. 94 を参照。もっとも、ここでは手紙の日付は 1767 年とされている。ワットモアは数多くの事例をあげ、ルソーがジュネーヴのラディカルな民主派に対して、政府は民主政にすべきではないと強調して警告していたと述べている。

37 これがとくに明らかにされているのは、ジェローム・ペシオン・ド・ヴィルヌーヴによる 1791 年 8 月の国民議会での演説においてである。ここでペシオンは、イングランドの人民は主権を議会に譲り渡してしまったと論じた。なぜなら、憲法を変えるためには反乱以外に議会外の手段が残されていない

からである。*Archive Parlementaire … Première Série*（1787 à 1799, ed. M. J. Mavidal et al., Paris, 1867-2005）, vol. XXIX, p. 328.

38　ポーランドとコルシカのためのよく知られた憲法草案に加えて、コワンデに宛てたルソーの手紙における、ジュネーヴの新たな国制の新たな解決策についての簡潔な提案を見よ。本章注 36 を参照。

39　1765 年に存在していたコルシカ憲法はジェームズ・ボスウェル〔James Boswell〕のような同時代人に「ローマの民会の思想に」（*An account of Corsia* [London, 1769] p. 147）近づくものとして賞賛されている。この評価はパオリ〔Pascal Paoli〕の統治下におけるコルシカ憲法を研究していたドロシー・キャリントン〔Dorothy Carrington〕も同意している（'The Corsican Constitution of Pasquale Paoli（1755-1769）', *English Historical Review* 88（1973）, pp. 481-503）。各地区（village）が、（男性の投票による）代議員を 1 人選出し、325 名の議員から成る大きな集会である国会（Diet）に派遣するものである（Carrington, pp. 495-496）。ルソーは、そうではなくて、コルシカを 12 の裁判管区（province）に分割し、それぞれが政府に代表者を一人ずつ派遣する一方で、基本的な事柄は地域での集まりで決定するようにすべきであると提案しているようである。このことは『コルシカ憲法草案』の以下の断片的な記述が示唆しているように思われる。すなわち、人民の集会は「全体ではなく部分ごとに」〈邦訳 293 頁。ただし原文に「全体ではなく」にあたる部分はない。OCIII, p. 907 参照〉行われるべきである；12 の同程度の規模の裁判管区が政府の基礎となるべきである；「以上で述べた混合政体がうまく設立されるならば、そこからは、二つの大きな利点が生じるであろう。その一つは、行政を少数の人々だけに委託しておけるということであり、それは、開明的な人材の選任を可能ならしめるものである。もう一つの利点は、国家のすべての構成員を最高権力に参与させうるということであり、それは、各人民を完全に平等な水準に置くことによって、全人民をして、コルシカ島の全表面にわたって拡散することを可能ならしめ、その島にあまねく均等に定住することを可能ならしめるものである。この点こそが、我々の体制の設立にさいしての基本的格率である」（Rousseau, in F. M. Watkins（trans. and ed.）, *Political Writings*（London: Thomas Nelson and Sons, 1953）, p. 286; Launay（ed.）, *Oeuvres complètes*, vol. III, p. 496）〈邦訳 293-294 頁〉。コルシカの人口は 1780 年には 14 万人だったと推定されているため（Stephen Wilson, *Feuding, Conflict and Banditry in Nineteenth-Century Corsica*（Cambridge University Press, 1988）, p. 10）、ルソーは各集会を約 10000 人とみていただろう。したがって、ルソーが主権と統治の区別に与えていた重要性に鑑みれば、彼はコルシカの政府をなるべく民主的ではないものにしようとし

ており、逆に主権者にはより効果的な声を与えようとしていたのである。

40　Keith Baker, 'A classical republican in eighteenth-century Bordeaux: Guillaume-Joseph Saige' in *Inventing the French Revolution*（Cambridge University Press, 1990）, p. 149. セージュは完全に主権と統治の区別に従っていた。同上 p. 143 および（正確な表現については）1788 年版の『市民のための教理問答』p. 11 を参照。Roger Barny, *Prélude Idéologique à la Révolution Française: Le Rousseauisme avant 1789,* Annales Littéraires de l'（Université de Besançon, 2nd series 315（1985）, pp. 103ff も参照。

41　後に見るように、命令委任は 1789 年に一つの可能性として議論され続けた。一風変わったルソー主義者であるアントレーグ伯爵〔Louis-Alexandre de Launay, comte d'Antraigues〕は、1789 年の秋に、一冊丸ごと命令委任を擁護する書籍を出版しているが、これには『ポーランド統治論』からとられたエピグラフが付されている。もっとも、この時期までには人民投票による憲法の採択が議論の中心に移っていた。彼の *Mémoire sur les mandats impératifs*（Versailles n.d.）を参照。その主題は、三部会の代議員たちが彼らの委任を破棄できるかどうかという問題である。これは 1789 年の夏に議論された問いであった（see Baker, *Inventing the French Revolution,* pp. 248–249）。しかし、Mémoire が完成したのは 8 月 31 日よりも後であったに違いない。というのも、この本は 20 頁において 8 月 31 日の憲法委員会におけるムーニエの報告に言及しているからである（*Archive Parlementaires ... Première Série* VIII, p. 523）。

42　ブリソは（不正確なのだが）次のように述べている。すなわち、憲法草案は印刷され、下院（general assembly）によって承認される 6 か月前に配布されていた。そして「制憲者たちは、憲法草案を市民の判断に委ね、彼らの意見を徴し、それを比較し、最も賛成を得られた意見を選択しようとした。これが優れた法律を制定する確実な方法である。というのも、人民が自らの福利につき思い違いを犯すことなどほとんどないからである。特に、教えによってすでに啓蒙されていればなおさらである。この方法は、古代の共和国で行われていたものよりもいっそう確実である。騒がしい議場で、どうやって提案された法律を賢明に、秩序を保って議論することができるだろうか。特に、人民の多くが少数の腐敗した雄弁家に心を奪われていればなおさらである。最後に、この方法は人民の代表者の愚行や腐敗を防ぐことができるという利点をもっている。なぜなら、代表者たちに進むべき道を示すからである。この方法は、憲法の諸原理を維持し、攻撃から守るのに非常に適切なものであるから、ルールという形式で法典に採用されているのである」（J. Paul Selsam, 'Brissot de Warville on the Pennsilvania Constitution of 1776', *Penn-*

silvania Magazine of History and Biography 72（1948）, p. 33. ）。これはおそらくペンシルヴェニア邦憲法第 47 条への言及である。同条は、人民が「問題について代議員に指示を与える機会をもつために」、いかなる憲法修正も、それを審議するための特別会議（special convention）の選挙が行われる 6 か月前に布告されていなければならないと規定していた。

43 Ibid., p. 30.

44 1784 年のニュー・ハンプシャー邦憲法はデムーニエ〔Jean-Nicolas Desmeunier〕による翻訳で *Encyclopédie méthodique: Economie Politique et Diplomatique*, chapter 2, vol. II（Paris 1786）に掲載された。デムーニエはこれについて、「憲法の改正や変更について最も賢明な仕組みを打ち立てた」のがニュー・ハンプシャーであると書いている（p. 655）。マサチューセッツの人民投票の説明は、1780 年 12 月のこの話題についての彼とサミュエル・アダムス〔Samuel Adams〕との会話の記録のなかにあらわれていた。この会話はシャステルー〔François-Jean de Chastellux〕伯爵が彼の *Voyage de Mr. le chevalier de Chastellux en Amérique*（Paris, 1785）pp. 42–53 に収めており、この本は 1789 年までに三度再版された。デムーニエはこの会話を詳細に *Encyclopédie méthodique: Economie Politique et Diplomatique*, vol. III（Paris 1788）, pp. 288–289 で引用している。デムーニエのアメリカ諸邦の憲法についての非常に興味深く、重要な論説については、Robert Martucci, 'Les Article "Americains" de Jean-Nicholas Desmeunier et le Droit Public Moderne' in Claude Blanckaert and Michel Porret（eds.）, *L'Encyclopédie Méthodique（1782–1832）: Des Lumières au Positivisme*（Geneva: Droz, 2006）, pp. 241–264 を参照。

45 Vol. 1 of Philip Mazzei's *Recherches Historiques et Politiques sur les États-Unis de l'Amérique Septentrionale*（Paris, 1788）に収録され、出版された。コンドルセは 1785 年からニュー・ヘイヴンの（名誉）市民であり、マッツィも 1773 年からヴァージニアの住民であった。翻訳は Iain McLean and Fiona Hewitt（eds.）, *Condorcet: Foundations of Social Choice and Political Theory*（Aldershot: Edward Elgar, 1994）, pp. 292–334.

46 *Le Patriote François* V（1 August 1789）, p. 3.

47 出版時期は *Archives Parlementaires ... Première Série*, vol. VIII, p. 549, n. 1 による。

48 *Oeuvres*（Paris, 1847）, vol. IX, pp. 427–8. 一定期間のなかで人口の過半数に支持された法律が有効なものとなるというコンドルセの記述は、彼が真正のレフェランダムを構想していたことを示唆しているのかもしれない（この議論は本書 190 頁で後に議論する）。しかし、彼はすぐさまこの議論を次のよ

うな記述と結びつけている。「同じことは憲法制定会議によって制定される憲法にも当てはまる。なぜなら、ここでも、市民の過半数（もっと言えば全員）がその憲法を順守することに同意しているのだから」。*Oeuvres*, vol. IX, p. 415, translated in McLean and Hewitt (eds.), *Condorcet: Foundations of Social Choice and Political Theory*, p. 272.

49 こうした人民投票についてのさまざまな議論と提案の重要性は、Keith Baker, 'Fixing the French Constitution' in his *Inventing the French Revolution* (Cambridge University Press, 1990), pp. 252–306 によって初めて強調された。しかし、ベイカーはそれらをジャコバン主義の到来の前触れとみなしている。本章で後に述べるように、ジャコバン主義は確かに異なった種類の政治のあり方を示していたのであるが、これは 1789 年の人民投票の枠組みおよび 1793 年のジロンド憲法の核心にあった主権と統治の区別をまさに無視することによってであった。

50 Jean Mounier, *Considérations sur les gouvernements* (Paris, 1789), p. 6.

51 *Archives Parlementaires ... Première Série*, vol. VIII, pp. 530–1. 数行後に、サールは次のように述べる。「一般意思は誤ることはない、と現代の偉大な政論家［*publiciste*］は言った。なぜか？　それは、国民が法律を制定するとき、全員が全員のために立法する［*tous stipulent pour tous*］からである。一般的利益が必然的に唯一の支配すべきものとなる。人民が悪法を制定するなどと考えるのは、人が自分にとって良いことであると思って自らの目を抉り出すのと同様に馬鹿げている。もっとも、これは、人民が誤った判断をまったく犯さないということを意味するわけではない。ただ、繰り返しになるが、統治や裁判は立法ではないのである」(p. 531)。

52 デュポン・ドゥ・ヌムールも（この時点では急進派に近かったのだが）9 月 4 日に次のような提案をしている。「矛盾が生じたときは、人民ないしは人民のために票を投じる者が声をあげることになるだろう。もし過半数が法律あるいは法案を有用だとみなせば、国王は裁可を拒むことはできない」(*Archives Parlementaires ... Première Série*, vol. VIII, p. 573, ただし p. 735 と誤記されている)。彼が「人民」と「人民のために票を投じる者」の区別をしていないことは、真の人民投票という思想がいかにゆっくりとあらわれてきたものかを物語っている。

53 *Oeuvres* (Paris: An I), vol. II, p. 126; *Avis au François sur le salut de la Patrie* (Paris: 1788), p. 89.

54 *Oeuvres*, vol. II, p. 146; *Avis au François*, p. 111.

55 彼の演説については *Oeuvres*, vol. III, pp. 31–2. *Archives Parlementaires ... Première Série* vol. VIII, pp. 581–4 も参照。

56　ジェレミー・ベンサム（Jeremy Bentham）のフランスに関する議論はイギリスの視角から取り扱われることが多いが、彼が一般的にこうした思想を共有していたのは興味深いことである。サールとペシオンと同様に、ベンサムは国王拒否権が「国民議会の意思から国民全体への」訴えを発動させるべきだと考えていた。もっとも、サールとペシオンとは異なり、彼はこの訴えは、まずは新たな総選挙という形態をとるべきだと考えていた。しかし、新たな議会によって提出される法案が再び国王によって拒否された場合には、ベンサムが提案する地方議会ないしはその下部の議会の、その過半数によって当該法案を法律とすることができるとしていた。Philip Schofield, Catherine Pease-Watkin and Cyprian Blamires（eds.）, *Rights, Representation, and Reform. Nonsense upon Stilts and Other Writings on the French Revolution*（Oxford University Press, 2002）, pp. 230, 239. ベンサムはジロンド派との交流をもっていた。これはベンサムを国民公会に選出させようと試み、1792年にフランス名誉市民にしたブリソを通じてのことであった（Bentham, *Correspondence*, Alexander Taylor Milne, ed.,（London: The Athlone Press, 1981）vol. V, p. 254）。故J. H. Burns 'Bentham, Brissot and the challenge of revolution', *History of European Ideas* 35（2009）, pp. 217–26. 1792年11月19日および1793年2月16日の政令の要請に応じてイギリスから国民公会に送られた憲法草案についてはAlphonse Aulard, *The French Revolution, A Political History 1789–1804*, Bernard Miall（trans.）,（New York: Charles Scribner's Sons, 1910）, vol. II, p. 171を参照。

57　'Toute la nation, divisée ainsi par grandes sections, s'exprimerait sans peine. On pourrait même avoir le suffrage de chaque votant; et quelqu'immense que paraisse cette opération au premier coup-d'oeil, elle se simplifie à l'instant, lorsqu'on pense que, dans chaque assemblée élémentaire, on dresserait aisément une liste particulière, et que le dépouillement de ces listes donnerait un résultat général et certain', *Oeuvres*, vol. III, p. 34. 他の観点におけるペシオンについてはルシアン・ジョーム〔Lucien Jaume〕, *Le discours Jacobin et la démocratie*（Paris: Fayard, 1989）, pp. 287–8参照。

58　2年後、憲法改正の手段について議論している際に、ペシオンは次のように――この点で「『社会契約論』の深遠な著者」に反対することになるので、いくらか残念そうに――結論づけている。「新憲法の全体を採択のために第一次集会に送り返すことはできない。なぜなら、第一次集会がそれをばらばらにし、ある条文は採択してある条文は採択しないといったことを望むのは避けられないからである」（*Oeuvres*, vol. II, pp. 336ff; *Archives Parlementaires ... Première Série*, vol. XXX, pp. 44–54も参照）。

59　*Archives Parlementaires ... Première Série*, vol. I, II, pp. 72-3.

60　*Oeuvres*, vol. XII, p. 345.

61　ジロンド憲法草案は Condorcet, *Oeuvres*, vol. XII, pp. 423ff. 第 8 編および第 9 編は pp. 469-79 を参照。

62　あらゆる法案は立法府によって第一次集会に送付される。1793 年憲法第 59 条は、「法案の送付から 40 日の間に、過半数の県において、各県の 10 分の 1 の正式に招集された第一次集会が請求（当該法案について投票を行う意思を宣言すること）を行わなかった場合、当該法案は承認され、法律となる」と規定していた。もし請求が行われた場合、全国レベルの人民投票が行われる。オラール〔Alphonse Aulard〕は、通説となった彼のフランス革命史論において、私が述べたような意味で、いくぶん出来の悪い条文であると解釈している（*The French Revolution: A Political History*, vol. II, p. 200）。しかし、オラールは、ジロンド憲法草案も同様のものとみなし、「レフェランダム」だと書いている。もっとも、ジロンド憲法草案に関する彼の説明によれば、最終的な決定権をもっているのは立法府なのである（ibid., p. 168）。エリー〔Faustin-Adolphe Hélie〕も、第三共和制期の 1880 年という、歴史を叙述するには見通しの良い観点から書いているのだが、彼はより正確に、1793 年のジロンド憲法からジャコバン憲法への転換の意義を把握している。曰く、法案に対する人民の直接投票の規定は、「主権と、それと常に区別されなければならない権力とを混同するものである。この規定は本質的には人民投票システムとは異なる。人民投票とは、人民が、熟議なしに、憲法の基本的な土台の上に、立法のみを行うものであり、したがって、人民は権力の行使の方法を規定するが、自身ではそれを行使しないものなのである」*Les Constitutions de la France* (Paris, 1880), pp. 387-8.

63　*Examen critique de la constitution de 1793* (Paris: l'an IIIe), pp. 14-16.

64　初期のジャコバン派の見解の例として、ロベスピエールが 1791 年 8 月 10 日に国民議会で行った演説を参照。そこで彼は、あらゆる権力は人民によって保持されなければならないと主張していた。*Archives Parlementaires ... Première Série*, vol. XXIX, p. 326（本章注 37 で紹介したペシオンの演説が行われたのと同じ場面である）. ロベスピエールはすでに似たようなことを *Discours* for the Academy of Mets in 1784 で述べていた。すなわち「真の共和国」では、「各人は統治への分け前をもっており、主権の構成員である」と。(*Oeuvres complètes ... Première Partie. Robespierre à Arras*), ed. Emile Lesuer (Paris: Ernest Leroux, 1912), vol. I, p. 23.

65　もっとも、ドイツは見た目ほど例外とはいえないだろう。西ドイツの基本法（1949 年 5 月）は、ラントの境界を変更する場合を除いて、あえてレフェ

ランダム規定を置いておらず、基本法それ自体も人民投票を経て承認されたわけではない。しかし、厳密にいえば、この基本法は、西側三カ国による共同統治区域に与えられた「憲法」であり、西側諸国が連合国管理理事会（Allied Control Council）を通して制定したものであった。したがって、理論的には、1990-91年の再統合によって解散するまで、この連合国管理理事会がドイツ全体の主権的権力として存続したのである。基本法の最後の条文は次のような旨を規定している。ドイツが統一された場合には（したがって連合国の統治が終わった場合には）、基本法（*Grundgesetz*）は、「ドイツ人民の自由な決定」の結果として選択される憲法（*Verfassung*）にとってかわられる（言葉の区別は重要である。Verfassungは憲法（constitution）を、Grundgesetzは基本法（basic law）を意味する。ヴァイマール憲法はVerfassungであった）。西側連合国は、もともと1949年に西ドイツに対して、レフェランダムに基づく新憲法の制定を提案していた。しかし、おそらくドイツの政治家たちの反対によって基本法の最終案で断念された。1949年当時の基本法の意図が、ドイツ統一が実現した場合には、新憲法の制定に権威を与えるため、レフェランダムを実施することであったのは明らかである。もっとも、これは実現しなかった。東ドイツの諸ラントが西ドイツ基本法の条文に基づいて併合されたのである。結果として、現行のドイツ憲法は、単に眠れる主権者の行為というだけではなく、すでに寝室を去った主権者の行為なのである。

66 Pasquale Pasquino, *Sieyès et l'invention de la constitution en France* (Paris: Edition Odile Jacob, 1998).

67 シィエスのルソー観については、Christine Fauré, 'Sieyès, Rousseau et la théorie du contrat' in Pierre-Yves Quiviger, Vincent Denis and Jean Salem (eds.), *Figures de Sieyès* (Paris: Publications de la Sorbonne, 2008), pp. 213-26参照。ただし、彼らの間の齟齬は常に顕著であった。たとえばクラファム〔John Clapham〕による早くからの興味深い著作を参照。*The Abbé Sieyès: An Essay in the Politics of the French Revolution* (London: P. D. King, 1912), pp. 28-9. パスキーノによる記述も参照。*Sieyès et l'invention de la constitution en France*, p. 10. 興味深いことに、Louis-Sébastien Mercier in his *De J. J. Rousseau, considéré comme l'un des premiers auteurs de la Revolution* (Paris, June 1791) は、ルソーが憲法制定権力の性質を十分に理解していなかったことを批判している。曰く、「もし国民の代表者に本質が存在しないとすれば、この権力はどこにあるというのか？　つまり、厳粛に招集された人民の最初の立法府が、国民によって生み出された憲法制定権力なのである」(vol. I, pp. 58-9)。

68　Sieyès, *Political Writings*, p. 136.〈邦訳 106 頁〉
69「憲法制定権力と憲法によって設けられた権力を決して混同してはならない」(Sieyès, *Political Writings*, p. 34)。同書は 5 月に印刷されたと一般的に言われているが（e.g. Sonenscher in ibid., p. xxii）、1789 年 4 月に出版されたと表紙に記載されているブリソによる『行動計画』がすでに同書に言及している（p. 229)。
70　Sieyès, *Political Writings*, p. 136.〈邦訳 105–106 頁〉
71　Sieyès, *Political Writings*, p. 11.
72『第三身分とは何か』(Sonenscher, p. 138) と『国王拒否権の問題についてのアベ・シィエスの発言：1789 年 9 月 7 日の会議』(Paris, 1789) pp. 20–1 において、シィエスは、この二つの権力が議会のなかで混合しているとして明示的にイギリスの国制を批判している。後半の著作での議論について本書 122 頁以下も参照。
73　Sieyès, *Political Writings*, pp. 139–40.〈邦訳 113–114 頁〉。
74　Sieyès, *Political Writings*, p. 34.
75　Sieyès, *Political Writings*, p. 138, n. 30.
76　*Préliminaire de la Constitution. Reconnaissance et exposition raisonée des Droits de l'Homme et du Citoyen* (Versailles: Pierres, 1789), p. 13. 同じ部分はボードゥアン版の初版 p. 19 にある。これらの版の書誌学的詳細は本書本章注 79 を参照。
77「国民は、憲法の明示的な同意がない限り、たとえ特別代表によるとしても、代表者によっては構成されえない」。本書 109 頁を参照。
78　C. Perroud (ed.), *Mémoires* (Paris, 1902), vol. II, pp. 105–6.
79　*Préliminaire de la Constitution* (enlarged edn), p. 36. この重要な著作には決定版が存在しない。長さによって区別可能なさまざまな版が存在するのである。最初の版はボードゥアン〔François-Jean Baudouin〕による編集で、パリの国民議会印刷所によって（全32頁）、また、ピエール〔Philippe-Denys Pierres〕による編集で、ヴェルサイユの王室印刷所によって（全 21 頁）出版された。増補版がボードゥアンの別の編集によりパリで出版されており、全 51 頁である。ヴェルサイユ版はシィエスによる序文が収録されており、彼が自らの演説を出版するよう憲法委員会に要請されたことが記されている。最初のボードゥアン版にはその記述は存在しないが、増補版には存在している。ブリソはヴェルサイユ版を参照している。おそらくこちらが他のものよりも普及していたようである。ロベルト・ザッペリ〔Roberto Zapperi〕は、このうち短い方の版を彼の編集によるシィエスの *Écrits politiques* (Paris: Editions des archives contemporaines, 1985) として出版した。エベルハル

ト・シュミット〔Eberhard Schmitt〕とロルフ・ライヒャルト〔Rolf Reichardt〕も短い方の版を翻訳し、彼らの編集したシィエスの *Politische Schriften*（Munich and Vienna: R. Oldenbourg Verlag, 1982）に収録している。François Furet and Ran Halévi（eds.), *Les Orateurs de la Révolution française*, vol. I（Paris: Gallimard, 1989）に収録されているシィエスの著作で用いられている版も、短い方である。しかし、長い方の版は Pergamon Press *French Revolution Research Collection* のマイクロフィルムに収められており、これはフランス国立図書館所蔵のものの複製である。同じく写真による（そのままの）複製として Sieyès's *Oeuvres*, Marcel Dorigny（ed.), (Paris: EDHIS, 1989）vol. II, no. 9 がある。こうした版の違いについて初めて注意を向けたのはパスキーノである。*Sieyès et l'invention de la constitution en France*, p. 47, n. 52.

80 *Préliminaire de la Constitution*, p. 19.

81 「社会が交易と生産の技術においてますます発展すればするほど、より明らかになるのは、公共の職務に関連する仕事が、民間の雇用と同様に、それを専門の職業にする人々によって、より安価でより効率的に遂行されるべきだということである」(Sieyès, Political Writings, p. 48)。ソネンシャーによれば、シィエスは後に、アダム・スミスを読む前からこの分業について考え始めていたのであり、かつ、スミスは分業が代表のシステムであることに気づいていなかったと主張している（p. xxix)。

82 「ここでは停止的拒否権のみについて論じる。もう一つ〈絶対的拒否権のこと〉は真剣に否定するに値しないと言わなければならない」*Dire de l'Abbé Sieyès; sur la question du Veto Royal; A la Séance du 7 Septembre 1789*（Paris, 1789), p. 20.

83 *Dire ... sur la question du Veto Royal*, pp. 13–14.『発言』は Sieyès, *Écrits Politiques*, Roberto Zapperi（ed.), (Paris: Editions des archives contemporaines, 1985), pp. 229–44 に再録されている。1か月後のシィエスの *Observations sur le Rapport du Comité de Constitution, concernant la nouvelle Organisation de la France* も参照。そこでは、

> 「ゆったりとした余暇に優雅な生活を送るために人々は社会で協力しあっているのではない。彼らは遊びや祭り以外にもやることがある。自然は我々を労働の法のもとに置いた。自然は我々の欲望を煽り、こう言った。曰く、快楽を望むか？　働け。人間が同胞と団結するのは、より確実でより豊富に、より洗練された消費を行うためであり、その結果としてますます労働を確保し、発展させるためである。理性、あるいは少なくとも経験は次のように人間に言った。曰く、お前は自分の限界を認識

するほどに仕事において成功するだろう。お前の精神の力をすべて有用な任務のみに費やすことによって、より少ない労苦と支出でより良い生産物を得ることができるだろう。このことから、分業という、富の増加と人類の産業が向上した原因と結果が出てくる。この主題は、スミス博士の著作において十分に展開されている。分業は社会の全構成員の共通の利益に資する。分業は、あらゆる種類の生産的労働と同様に、政治的な仕事にも適用される。共通の利益、すなわち社会的に結合する国家（social State）そのものを改善するためには、統治を専門的な職業にすることが必要である。しかし、法律を制定する不可侵の権利を我々の統治者に委ねようと促すのは迷信と専制の声だけである。法に仕える者（Ministers of Law）がその権利を持つとすれば、それは彼らが法の主人（its masters）になるであろうことは明らかだ。すなわち、法は、それに従うべき人々が自由に創造するもの、彼らの意思の明白な表現であるべきであることは明らかである。

したがって、純粋に民主的な国制（Constitution）は、大きな社会においては単に不可能であるというだけでなく、最も小さな国家においてであっても、代表制の国制に比べて社会の要求を満たすのにはまったく適切ではないし、政治的結合の目的にふさわしくない。（*Observations sur le Rapport*, pp. 34–5）」

『発言』での記述が明らかにしているように、シィエスは労働者階級を選挙人団に含めたいと思っていたが、普通選挙は望んでいなかった。『憲法前文』において（p. 21）、彼は次のように論じている。「少なくとも現状においては女性、そして外国人、公的権力（public establishment）を維持するのに何の貢献もしていない人々は、国家に（*sur la chose publique*）一切の積極的な影響力ももつべきではない」。*Chose publique* とは、*respublica* を指すシィエスの用語である（Sieyès, *Political Writings*, p. xxi）。ソネンシャーは別のところで公的機能（public functions）と訳している（ibid., pp. xxviii and 48）。そしてシィエスの『所見』では、次のように述べている（p. 20）。我々は「乞食とか自発的な放浪者とかホームレス、そして仕事ではなく主人の恣意的な意思に奴隷のように依存し続けている者」を市民とみなすべきではない、と。1789 年の憲法草案において女性を選挙から除外したことは、「市民シィエス」の他の提案と同様に、特にベンサムの嘲笑を受けた。*Rights, Representation and Reform*, pp. 246–50 を参照。

84 ʻune volonté communeʼ. シィエスがこの節で一般意思（*volonté générale*）ではなく共通意思という語を用いているのは重要であるように思われる。

85 これはポール・バスティード〔Paul Bastid〕によって明らかにされた点で

ある。*Sieyès et Sa Penseé*（Paris: Hachette, 1939）, p. 579. カレ・ド・マルベール〔Carré de Malberg〕の *Contribution à la Théorie général de l'Etat*（Paris: Sirey, 1922）, vol. II, pp. 487–9, 530–4, *Considérations théoriques sur la question de la combinaison de referendum avec le parlementarisme*（*Annuaire de l'Institut International de Droit Public* 10）（1931）, pp. 271–2 も参照。

86　*Sieyès et l'invention de la constitution en France*, p. 178.

87　Ibid., p. 10.

88　*Les Discours de Sieyès dans les débats constitutionnels de l'an, vol. III*, Paul Bastid（ed.）,（Paris: Librairie Hachette, 1939）, p. 17.

89　「聞くところによると、インドの人民の間では、世界は一匹の象によって支えられており、その象は一匹の亀によって支えられていると信じられているそうだ。しかし、ではその亀は何に支えられているのかと尋ねると、彼らは何も言うことができない。これがまさにいま我々が扱っている主題にぴったり当てはまる。共和国の防波堤は権力の分立と良き組織にあり、そして権力の防波堤は憲法陪審に存するという。しかし、憲法陪審それ自体による、あるいは権力による簒奪の防波堤は何かと尋ねても、その答えは存在しないのである」（Antoine Claire Thibaudeau in the *Gazette Nationale, ou, Le Moniteur Universee l'an III*, p. 1330. シィエスの提案に関する議論は pp. 1326–36 を参照）。

90　シィエスの手稿は Christine Fauré, Jacques Guilhaumou and Jacques Valier（eds.）, *Des Manuscrits de Sieyès 1773–1799*（Paris: Honoré Champion, 1999）, pp. 519 以下に収録されている。憲法をめぐる交渉は、ブーレイ〔Boulay de la Meurthe〕の *Théorie constitutionelle de Sieyès*. Constitution de l'an VIII（Paris, 1836）に記録されている。ブーレイ自身の護憲院（*Sénat conservateur*）の権力に対する批判は p. 67 を参照。

91　フォースタン・アドルフ・エリーは、いつものように明快に、次のように書き記している。共和歴 8 年憲法は憲法制定権力の性質も、改正の方法も規定していない、と（*Les Constititutions de la France*（Paris, 1880）, p. 602）。もっとも、この点は後の注釈者はほとんど議論しなかった。

92　「我々、人民の非合法的な代表者は、時代を越えて、そして時代にかかわらず、人民を統治するだろう。我々がもはや代表者ではなくなっても、である。唯一の合法的な代表者、何よりもまず継続して国民の合法的な代表者である、人民によって一時的に任命された代議員たちは、我々のようには統治してはならないし、我々が許可しているような例外的な場合を除き、管轄権を行使することもしてはならないのである」（*The Necessity of an Omnipotent Legislature*（1791）in *Rights, Representation and Reform*, p. 272.）。ベン

サムの「市民シィエス」に対する露骨な批判は1789年から（？）の *Observations on the Declaration of Rights*, ibid., pp. 389 以下を参照。彼は、シィエスが自身のフランスにおける新たな司法組織計画の考察を妨害してしまったと考えていた。*Correspondence*, vol. VII, p. 280.

93　パスキーノの著作だけでなく、シィエスを用いた最も重要な現代のイギリス憲法理論家であるマーティン・ラフリン（Martin Loughlin）の *The Idea of Public Law*（Oxford University Press, 2003), pp. 61–71 および *Foundations of Public Law*（Oxford University Press, 2010), pp. 221–8 を参照。

第四章　アメリカ

1　植民地の独立宣言について、参照、Pauline Maier, *American Scripture: Making the Declaration of Independence*（New York: Knopf, 1997). 共同の独立宣言は、初めは各植民地の協働による行為としてなされた。また、反連邦派が後年論じたように、〈1783年にアメリカ独立などを承認した〉パリ条約第1条は「ブリテン国王は、いわゆる合衆国、すなわちニュー・ハンプシャー、マサチューセッツ・ベイ、ロード・アイランドおよびプロヴィデンス植民地、コネティカット、ニュー・ヨーク、ニュー・ジャージー、ペンシルヴェニア、デラウェア、メリーランド、ヴァージニア、ノース・キャロライナ、サウス・キャロライナ、ジョージアをそれぞれ自由で主権を有する独立国家と認める」としている。

2　残念ながら、ハーヴァード大学の「マサチューセッツ共和国において（in Republica Massachusettensium)」とのラテン語表現が大学の学位記に見られるが、革命後の表現であるように思われる。革命前のハーヴァードの標準的なラテン語の名称は、「ニュー・イングランド、ケンブリッジのハーヴァード大学（*Collegium Harvardinum in Cantabrigia Nov-Anglorum*)」であった。また、植民地としてのラテン語表記は17世紀にはマサチューセッツ植民地（*Colonia Massachusettensis*）であり、18世紀には植民地（*Provincia*）だった。

3　二つの例として、*The votes and proceedings of the Assembly of the state of New-York, at their first session, begun and holden in the Assembly chamber, at Kingston*（Kingston, NY, 1777）と *Resolves of the General Assembly of the state of Massachusetts-Bay, begun and held at Boston, in the county of Suffolk, on Wednesday the twenty-eighth day of May,*（*being the last Wednesday in said month*）*anno domini, 1777*（Boston, 1777）の批准過程におけるすべての文書を参照。マサチューセッツでは、1776年から1780年までの間邦総督が不在だったので、批准するための法は議長により審署された。

4　次の偉大な業績を参照。Oscar and Mary Handlin, *The Popular Sources of Political Authority* (Harvard University Press, 1966), and Ronald M. Peters, *The Massachusetts Constitution of 1780: A Social Compact* (University of Massachusetts Press, 1978).

5　1399年にリチャード2世を廃位した議会はときに、協議議会と呼ばれるが、この説明は1820年の「ある貴族の名誉に関わる報告」(*Report from the Lords Committees ... for all matters touching the Dignity of a Peer of the Realm* (London, 1820–23), p. 350. 議会の集会を説明するこの用語法がその書物では頻出する）よりさらに遡ることはできないように思われる。集会（convention）の語は、標準的には16世紀スコットランドにおいて諸身分の、議会ではない集まりを説明するものだった。また、スコットランド由来で17世紀イングランドの用法にもなったようである。

6　Esmond De Beer (ed.), *Correspondence* (Oxford University Press, 1979), vol. iii, pp. 545–6.

7　Sir Henry Vane, *A Healing Question* (London, 1656), sig. C2v.

8　*A letter from a person in the countrey to his friend in the city: giving his judgement upon a book entituled A healing question* (n.p., 1656) sig. C2. この著作は興味深く、軍政の擁護として書かれている。そのなかでは、自然状態が戦争状態として説明され（B3v)、ある種の人民投票により統治章典（the Instrument of Government）が同意されたことを擁護している。「我々のいまの統治形態の案は……全国のすべてのシアやカウンティに送付され、誰も（敵や資産額200ポンドに満たない人々を除いては）無視を決めこんだり、その意見や投票権が否定されることはなかった。また、そのような証拠と審理に基づいて、人民はそれを採用したばかりでなく、その代表者たる各人がそれを変更しないよう拘束しさえした。しかし、人民がそのようなことをした、という証書に署名するよう代表者に送付された、とここで著者はいうかもしれないが、私に言わせれば代表者がそれに署名した。政府は「人民がそれを受け容れた」という以外の条件を出さなかった」(C1)。ここで言及されているのは統治章典第12条である。それによれば、次の「証書」を選挙区に帰る公職者「を一方とし、選挙人をもう一方とする」ことが要求された。「そこには、次の内容が含まれていなければならない。選挙された人物は政府を変更する権力はもたない。権力はこれによってただ1人の人物と議会に据えられるからである」(S. R. Gardiner (ed.), *The Constitutional Documents of the Puritan Revolution 1625–1660* (Oxford University Press, 1906), p. 410). この証書の一例はマンチェスター（空位期に議会に一時的に代表者を出していた）からのものが残っており、29人の選挙人により署名されている（Man-

chester Archives M71/4/3/1）。しかし（その1640年の段階からは根本的に縮小したとはいえ、選挙人団のきわめて弱い性格をわきに置くとしても）新憲法に反対する投票などありえなかったのに、これが真の人民投票であったわけがない！　それはむしろ、「国王や貴族院なしに、いま樹立される、イングランド共和国に対して誠実かつ忠実である」1650年の同意のような、1640年代から1650年代までの人々への多様な宣誓に基づく行政によく似ていた。

9　ニュー・ハンプシャー、ニュー・ヨーク、ニュー・ジャージー、そしてサウス・キャロライナは「邦議会」（provincial congresses）を招集した。しかし、ニュー・ヨークおよびニュー・ジャージー議会は自ら「憲法会議」と改称した。マサチューセッツは革命前からの「植民地議会」（General Court）を再構成した。これら初期の憲法会議についての情報は John Alexander Jameson, *The Constitutional Convention: Its History, Powers, and Modes of Proceeding* (New York: Charles Scribner and Co., 1867), pp. 118-44 に由来する。各種憲法条文は Francis Newton Thorpe (ed.), *The Federal and State Constitutions* (Washington DC, 1909), vols. I-VII で参照できる。

10　1792年デラウェア憲法では、もし総選挙の前に提案される場合は、立法部の投票による憲法修正が認められた。しかし、総選挙にあたり憲法会議の招集を投票権者が求めることも認められた。

11　メリーランド憲法は、1776年以来の憲法修正手段を規定するもう一つの文書である。もっとも、その事例では、憲法修正は立法部の3分の2の多数決によらなければならないという条件しかなかった。この制度は「エントレンチメント条項」とのちに呼ばれ、他の議会主義国（著名であるのは1909年南アフリカ法のもとでの南アフリカ）が時に用いた。

12　Peters, *The Massachusetts Constitution of 1780*, p. 19（タウンの総数については Handlins, *The Popular Sources of Political Authority*, Appendix, pp. 933 ff.）

13　Handlins, *The Popular Sources of Political Authority*, pp. 90-1.

14　William Whiting, *An Address to the Inhabitants of the County of Berkshire: Respecting Their Present Opposition to Civil Government* (Hartford, CT, 1778), p. 11.

15　Ibid., p. 17.

16　L. H. Butterfield (ed.), *Diary and Autobiography of John Adams* (Harvard University Press, 1961), pp. 355-6.

17　*Philip Mazzei: Selected Writings and Correspondence*, ed. Margherita Marchione (Prato: Edizioni di Palazzo, 1983) p. 96. マッツィ、あるいは誰で

あれこの草稿を作った者は、さらに進んでジャコバン的な経路をたどった。彼は憲法だけではなく議会により発せられる通常の法律も同じ方法で承認されるべきであることを求めた（p. 94）。

18 *The Federal and State Constitutions*, vol. iv, p. 2470.

19 Ibid., vol. iii, pp. 1913, 1922.

20 憲法について人民投票が初めて行われたのは次の時期である。マサチューセッツ 1778 年、ニュー・ハンプシャー 1779 年、ミシシッピ 1817 年、コネティカット 1818 年、メイン 1819 年、ニュー・ヨーク 1821 年、ロード・アイランド 1824 年（憲法案が 3206 対 1668 で否決され、ロード・アイランドでは成文憲法が 1842 年に別の人民投票で成立するまで認められなかった。この点のさらなる議論について参照、p. 234）、アラバマ 1828 年、ヴァージニア 1830 年、テネシー 1834 年、ノース・キャロライナ 1835 年、ミシガン 1835 年、ペンシルヴェニア 1838 年、ニュー・ジャージー 1844 年、アイオワ 1844 年、ルイジアナ 1845 年、テキサス 1845 年（1836 年の独立共和政憲法も人民投票により承認されている）、ミズーリ 1845 年、ウィスコンシン 1846 年、イリノイ 1848 年、カリフォルニア 1849 年、ケンタッキー 1850 年、メリーランド 1851 年、インディアナ 1851 年、オハイオ 1851 年、カンザス 1855 年、オレゴン 1857 年、ミネソタ 1857 年、ジョージア 1861 年（非常に異例だが、ジョージアでは合衆国脱退時の憲法を承認するために人民投票が導入された）。アーカンソー、デラウェア、フロリダ、サウス・キャロライナ、そしてヴァーモントでは 1861 年までに人民投票が用いられずにきていた。アーカンソーでは 1864 年に導入され、サウス・キャロライナとフロリダでは 1868 年の再建期憲法に取り入れた。ヴァーモントでは 1870 年に導入され、デラウェアでは憲法案承認のための人民投票を用いたことがない。人民投票により承認された憲法がそれ自体すべて人民投票という憲法修正方法を規定したわけではない。マサチューセッツ、ニュー・ハンプシャー、ケンタッキー、ルイジアナ、インディアナ、ミシシッピ、アーカンソー、そしてメリーランドでは規定していなかった（マサチューセッツで 1820 年、ニュー・ハンプシャーで 1784 年、ケンタッキーで 1890 年、ルイジアナで 1845 年、インディアナで 1851 年、ミシシッピで 1832 年、アーカンソーで 1868 年、そしてメリーランドで 1864 年に規定された）。1844 年アイオワ憲法案では人民投票が規定されたが、州民により否決された。1846 年憲法では人民投票を規定しなかったが、人民投票により承認された。1857 年憲法では再度人民投票が規定された。ヴァージニアは興味深い事例である。1870 年まで憲法ではその修正方法を何ら規定しなかったが、1830 年から 1870 年までの新憲法と憲法修正はすべて人民投票により承認された。他方で、人民投票を規定する憲

法がいつでもそれ自体人民投票によって承認されるわけではなかった。アラバマでは1819年憲法で人民投票が規定されたが、1828年の最初の憲法修正まで人民投票は行われなかった（T. M. Owen, *History of Alabama and Dictionary of Alabama Biography* (Chicago, 1921), vol. I, p. 364 を参照）し、1836年テキサス独立共和政憲法はそれ自体人民投票では承認されなかった。（驚くほど入手は難しいが、）正確な情報については、see *The Federal and State Constitutions*、また、各州政府のウェブサイト情報も参照。ジャクスニアン期の憲法会議と人民投票による承認への動きについてはクリスチャン・G・フリッツ〔Christian G. Fritz〕による優れた議論がある。*American Sovereigns: The People and America's Constitutional Tradition Before the Civil War* (Cambridge University Press, 2008), pp. 235–45.

21 Eric Nelson, *The Royalist Revolution: Monarchy and the American Founding* (Harvard University Press, 2014) を参照。

22 たとえば、James Burgh, *Remarks historical and political collected from books and observations. Humbly presented to the King's most excellent majesty*, British Library King's MS 433 を参照。バー（Burgh）の1770年代までの愛国的王党派の繋がりについては後述。

23 Isaac Kramnick, 'Republican revisionism revisited', *American Historical Review* 87 (1982), pp. 629–64; Mark Goldie, 'Situating Swift's politics in 1701' in Claude Rawson (ed.), *Politics and Literature in the Age of Swift: English and Irish Perspectives* (Cambridge University Press, 2010), pp. 31–51.

24 初期の例がゴールディにより引用されている。「真の選挙人であるイングランド人民により送り込まれる議員たちは、絶対的であると装い、何ら統制なしに振る舞い、しかし同時にカウンティ、シティ、またその従事する地方公共団体の人民の代表者でもあると自認することは、一般の理解とは調和しえない、言葉の誤りである」。*The Electors right asserted* (London, 1701), pp. 1–2. このパンフレットの著者は、そのような命令委任の多くの例をそこであげている。さらに、Derek Hirst, *The Representative of the People? Voters and Voting in England under the Early Stuarts* (Cambridge University Press, 1975), pp. 161–7, 182–5 を参照。サマーズ卿（Lord Somers）の同年の『イングランド人民の法』でも命令委任を用いた、あるいは用いてきた他国の例が多く引用された。

25 *Political Disquisitions* (Philadelphia, 1775), vol. iii, pp. [1] ff. Isaac Kramnick, 'Republicanism revisited: the case of James Burgh', *Proceedings of the American Antiquarian Society* 102 (1992), pp 81–98 および Carl H. Hay, *James Burgh, Spokesman for Reform in Hanoverian England* (Washington DC:

University Press of America, 1979）を参照。

26 Handlins, *The Popular Sources of Political Authority*, p. 91.

27 *Political Disquisitions*, vol. i, p. 200.

28 つまり、比較的小さな各地方選挙区（borough）でも、一体となってウェストミンスターで下院議員の多数派を形成しようとするには、有権者の多数といっても全部で5723人さえいればよかった。*Political Disquisitions*, Book ii, chapter 4 を参照。

29 「『なぜ（たとえばイギリスでは）各カウンティの住民は議会でもいま議論されているような議題を議論するために一緒に集まり、その後大国民会議への諮問の結果をやり取りしないのですか？』と言われるかもしれない。その答えはこうなる。『これはなお代表による統治だからでしょう。国民会議は人民から選出された代表者であるはずだからです』」。*Political Disquisitions*, vol. I, pp. 5–6.

30 Ibid., vol. i, pp. 74–5.

31 Ibid., vol. iii, pp. 432 and 429.

32 多くの18世紀の思想家たちと同様、バーは既存の公債に関する制度が、憲法の変更に対する恒常的な障壁として機能する、と考えた。変化を伴う提案をすれば公債の価値が破壊されるためであった。*Political Disquisitions*, vol. iii, pp. 328–30, and Istvan Hont, ‘The rhapsody of public debt: David Hume and voluntary state bankruptcy’, *Jealousy of Trade: International Competition and the Nation-State in Historical Perspective*（Harvard University Press, 2005）, pp. 325–53 を参照。

33 *Result of the convention of delegates holden at Ipswich in the county of Essex, who were deputed to take into consideration the constitution and form of government, proposed by the Convention of the state of Massachusetts-Bay*（Newbury-port, MA, 1778）, pp. 10, 14–15 を参照。以下のことは省察する価値がある。ルソー自身、1776年にイングランド人の訪問者とアメリカ革命を議論して、アメリカ人を全面的に支持した。きっと早晩廃止されるという推定に基づいて、奴隷制が続いているのさえ黙認しようとした。Thomas Bentley, *Journal of a Visit to Paris 1776*, ed. Peter France（Brighton: University of Sussex Library, 1977）, p. 60.

34 George Chalmers, *Political Annals of the Present United Colonies*（London, 1780）, p. 169. See also p. 8（プリマス植民地について）, and p. 645（代表制を選択したペンシルヴェニア植民地人たちの「屈辱（すなわち穏健）」について）. The eighteenth-century translation of the *Social Contract* entitled it *A treatise on the social compact*（London, 1764）.

35 *A treatise concerning civil government, in three parts. Part i. The notions of Mr Locke and his followers, concerning the origin, extent, and end of civil government, examined and confuted* ... (London, 1781), pp. 39-40. *A letter to Edmund Burke, Esq*（'Glocester', 1775）, p. 13 において、タッカーは、植民地人の思想を表現したものとしてルソーの『山からの手紙』のルソーの言説をすでに引用していた。

36 サウス・キャロライナのチャールズ・ピンクニー〔Charles Pinckney〕は、6月5日、憲法修正の手段を条文で法定するという考えに反対した。Max Farrand (ed.), *The Records of the Federal Convention of 1787* (New Haven: Yale University Press, 1911), vol. i. p. 121.

37 7月23日、*The Records of the Federal Convention of 1787*, vol. ii, pp. 92-3.

38 7月23日および6月5日、*The Records of the Federal Convention of 1787*, vol. ii, p. 93 and vol. i, p. 126. 引用の後者はマディスン自身のメモには由来しておらず、不正確であるかもしれない――「少なくとも優越する」というのは、おかしな表現の仕方である。

39 6月5日、ibid., vol. i, p. 127.

40 7月23日、ibid., vol. ii, p. 88.

41 連邦は「連合共和国で、いくつかの独立した、主権を有する民主的諸州からなり、その共同の防衛と外国に対する安全保障のために結合し、調和とお互いの相互交通を目的とする。各州は、憲法に言及されていないその主権のすべての部分を、適切と考えるところにより、行使する自由を完全なかたちで保有している」。St George Tucker, *Blackstone's Commentaries: With Notes of Reference to the Constitution and Laws of the Federal Government of the United States and of the Commonwealth of Virginia* (Philadelphia, 1803) vol. i, note D.I.8, appendix p. 171 を参照。私はタッカーの一般的な見解を本書156頁で論じている。別のヴァージニアの州権の擁護者、「キャロライナの」ジョン・テイラー〔John Taylor〕は州議会と憲法会議の間の違いに関心を示さなかった。（彼にとっては）どちらも州の人民を代表するからだった。「州議会あるいは憲法会議のどちらを支持するか排除するかは、その代表者を通じた州の人民の主権に基づく行為と考えられた」。*New Views of the Constitution of the United States* (Washington DC, 1823), p. 8.

42 シャーマンについて、6月5日、*The Records of the Federal Convention of 1787*, vol. i, p. 122; エルズワースについて、6月20日、*The Records of the Federal Convention of 1787*, vol. i, p. 335.

43 また、メリーランド憲法では州議会だけが憲法を修正できると規定した事実を、「メリーランド」方式に対する反対者たちが、憲法会議を支持するに

あたっての障害としてあげた。

44　6月5日、*The Records of the Federal Convention of 1787*, vol. i, p. 123.

45　命令委任や人民投票の事例について、Pauline Maier, *Ratification: The People Debate the Constitution 1787-1788* (New York: Simon and Schuster, 2010): pp. 106 (Pennsylvania), 135 (Connecticut), 141-53 (Massachusetts), 218-19 (New Hampshire), 223 (Rhode Island), 235 (Virginia), 406 (North Carolina) を参照。

46　*The Records of the Federal Convention of 1787*, vol. ii, p. 559. 同時に、12年間は奴隷制に関する条文に対する憲法修正をすべて禁止する憲法修正も成立した。

47　*The Records of the Federal Convention of 1787*, vol. ii, pp. 629-30.

48　Joseph Gales (ed.), *The Debates and Proceedings in the Congress of the United States* (Washington DC, 1834), vol. i, coll. 742. 彼の主張については、coll. 734-5 を参照。ニュー・ハンプシャー選出のサミュエル・リヴァーモア〔Samuel Livermore〕も同じことを述べた。「この議会ばかりではなくアメリカのいかなる議会も、憲法を無効にする権限はない。それは委員会により提案される方法で憲法を修正する［つまり元々の憲法条文を修正する］、という試みにあたって避けられない帰結であるはずである」。また、ジョージア選出のジェームス・ジャクスン〔James Jackson〕は、それぞれは素朴に成功しているような、憲法上重要な位置を担う議会の諸立法と興味深く対照させた。「［イングランド］憲法は多くの別個の立法から成り立っているが、このために自らの特権、あるいは政府の権威を確認できないとなっては、イングランド人は恥いるだろう」、ibid., coll. 741-2.

49　Ibid., col. 744.

50　Ibid., p. 795（8月19日）。動議はまずは8月13日に否決されてしまっていた（p. 744）。

51　Akhil Reed Amar, 'Philadelphia revisited: amending the Constitution outside Article v', *The University of Chicago Law Review* 55 (1988), pp. 1043-104; Sanford Levinson (ed.), 'Popular sovereignty and Constitutional amendment' in *Responding to Imperfection. The Theory and Practice of Constitutional Amendment* (Princeton University Press, 1995) pp. 89-116; *America's Constitution. A Biography* (New York: Random House, 2005), pp. 298-9 を参照。

52　ただ、ジェムスンが『憲法会議』のなかで憲法第5条が排他的ではないという考えをとろうとしたことは、省察に値する（pp. 530-1）。これは、修正第14条の成立までの間に（明白な理由で）議論された問題だった。ジェム

スンの全般的な見解（他の点ではアマールの主張には反する）については、本書 174 頁。

53　Bruce Ackerman, *We The People* (Harvard University Press, 1991, 1998).

54　実際、ライサンダー・スプーナー〔Lysander Spooner〕は、いくつかの理由でこの条項（「ある州で、その法律のもとで役務や労働に従事する者が、別の州に逃亡した場合、その別の州の法律や規制があるとしても、もといた州での役務や労働から免れることはできない。逆に、その役務や労働を求めることが正当である団体の請求に基づいて、送還される」）さえ、厳密には奴隷制を意味するものではなかった、と主張した。Lysander Spooner, *The Unconstitutionality of Slavery* (Boston, 1860), pp. 67ff を参照。

55　St. George Tucker, *Blackstone's Commentaries*, vol. i, note D I.5, appendix, pp. 153–4.

56　「主権は、それぞれ独立した国家あるいは州の人民に常に潜在的に存在しているが、その多くでは、統治によって強奪され、混同されている」。Ibid., note B, appendix, p. 10.

57　「それゆえ、統治する権利は同意によってのみ、始原的に獲得されうる。この同意は、少なくとも人民の多数によるものでなければならない……ルソーの社会契約論を参照」。Ibid., note B, appendix, p. 8. 彼はロックやバーも引用した。

58　Ibid., note D I.7, appendix, p. 169.

59　Ibid., note D.I.2, appendix, p. 144. これは単なる書き損じでは決してなかった。彼はのちの頁で同じことを述べたからである。憲法は「連邦の州の 4 分の 3 の政治機関、あるいは州の同じ 4 分の 3 の人民の明示の同意がなければ、統制されたり変更されたりすることはできない。後者の方式に即座に訴えかけることが憲法修正に不可欠ということにはしないようにするために、連邦議会両院の 3 分の 2 と州議会の 4 分の 3 の賛成により憲法修正が提案されて、承認されるという方法がとられているのである。ただ、もし、連邦議会がこの方法での憲法修正を提案しようとしないならば、必要と考えられるときには、州議会の 3 分の 2 の賛成により、連邦議会に憲法会議を招集させ、そこで提案された憲法修正は、州の 4 分の 3 の憲法会議により承認されたときには、憲法の一部として有効になる」。Ibid., note D.I.8, appendix, p. 171.

60　コンドルセが 1788 年に、憲法に賛成の人口が多数であるという可能性を増大させるために承認過程での州の過半数を多く超えた特別多数決を支持したアメリカの憲法案にコメントしていることは興味深い。*Oeuvres*, vol. viii, p. 104.

61　Ibid., note D I.6, appendix, pp. 168–9.

62　George W. Carey and James McClellan (ed.), *The Federalist* (Indianapolis: The Liberty Fund, 2001), pp. 196-7.

63　議論の一つとして、Gordon Wood, 'Is there a "James Madison problem"?' in David Womersley (ed.), *Liberty and American Experience in the Eighteenth Century* (Indianapolis: Liberty Fund, 2006), pp. 425-48 を参照。

64　1798 年 12 月 29 日のジェファスンに宛てた手紙のマディスンによる興味深い意見を参照。「あなたは、連邦憲法に関する問題で州の権限と連邦議会の権限との区別を徹底的に考えたことがありますか？　前者が明らかに法違反についての究極の裁判官であるとの前提をとるならば、後者は、特に憲法会議が連邦憲法を作った機関であったようには、正統な機関であるということにはなりません」。Julian P. Boyd et al. (ed.), *The Papers of Thomas Jefferson* (Princeton University Press, 1950-), vol. xxx, p. 606.

65　これは実のところ正しくない。デラウェア選出のフィラデルフィア憲法会議代表者の一人、ジョージ・リード〔George Read〕は、「邦の政府は廃止されるべきであ」り（*The Records of the Federal Convention of 1787*, vol. i, p. 143)、「この害悪を治癒するには、邦を完全に廃止しそれらすべてを（一つの）大きな社会に結合する（他ない)」(vol. i, p. 202). vol. i, pp. 206, 463, 471 も参照。彼はどうやら、フィラデルフィア憲法会議ではこの主張に対して支持をまったく得られなかったようである。メイン州のタウンからの同様の請願については、Maier, *Ratification*, p. 142 を参照。

66　US Reports 17 (4 Wheaton) (1819), p. 403. また、マーシャルの最も有名な判決で、彼が裁判所による違憲審査制を擁護したマーベリー対マディスン判決において、彼がはっきり、連邦憲法には人民の主権に基づく立法権が表明されており、それが常に統治に関わる行為を統制するよう意図されている、という主張に依拠していることに注意すべきである。US Reports 5 (1 Cranch) (1803), pp. 176-7. また、ハミルトンの『ザ・フェデラリスト』第 78 篇も参照。「その立法において宣言された立法部の意思が、憲法において宣言された人民の意思とは反対に位置する場合は、裁判官は、前者ではなく、後者によって支配されるべきである」。(*The Federalist*, p. 404).

67　*General Abridgement and Digest of American Law*, vol. ix (1829), appendix, pp. 37-8.

68　Ibid., appendix, p. 38.

69　*Commentaries on the Constitution of the United States*, vol. i (Boston, 1833), p. 299. また、1831 年の連邦最高裁判事ヘンリー・ボールドウィン（Henry Baldwin）によるはっきりとした意見も参照。「外国の思想家、仮説的な理由づけ、あるいは『ザ・フェデラリスト』中の論文が州や国家をどう

定義しようと、それとは関係なしに憲法を解釈することはできる。このような定義を用いることは、成文の基本法という、連邦の主権的権力により宣言された意思に代えて、個人的な権威を置き換えるものだろう。成文の基本法が人民に由来するのか州に由来するのかというのは、問題としては実践的な価値はない。適切な淵源から主権的権力により我々に正当に課されている最高法規の最高性とは何ら関係がないからである……」。*The Cherokee Nation v. The State of Georgia*（30 US（5 Peters）131）pp. 40-1.

70　Ibid., p. 332. ストーリーのタッカーへの論駁は Book iii, chapter 2, pp. 279-343 の全体から見られる。ストーリーにより引用されるかたちとなった、ウェブスターの演説については、Jonathan Elliot（ed.）, *The Debates in the Several State Conventions on the Adoption of the Federal Constitution* [etc], 2nd ed.（Washington DC, 1836）vol. iv, p. 518 を参照。

71　特に、Amar, 'Popular sovereignty and constitutional amendment'. を参照。

72　*The Records of the Federal Convention of 1787*, vol. i, p. 318; vol. i, p. 605; vol. ii, p. 451; and vol. ii, p. 439 を参照。ウィルスンは彼の 1790 年のよく知られている法学の講義のなかでも同じ原理を主張した。「多数者の声が全体の意思とみなされなければならない」Kermit L. Hall and Mark David Hall（ed.）, Collected Works of James Wilson（Indianapolis: Liberty Fund 2007）, vol. i, p. 639; 憲法は変更されうるし「社会の多数であることはこの目的のために十分である。またもし、元々のフィラデルフィア憲法会議の行為、あるいはそのもとで結合した者たちの意図に反するとみなされうるものがないなら、その変更はそのようなものではない。すべては、フィラデルフィア憲法会議の多数者の決定に従うように拘束される。もし元々のフィラデルフィア憲法会議の行為が侵され、あるいはそのもとで結合した者たちの意図が害されるならば、少数者はなお多数者が適切と考えるところを許さなければならないが、新政府に屈服する義務はない。彼らは、退出する権利も、その土地を売る権利も、自らの動産を運び去る権利もある」（Ibid., p. 712）.

73　*The Records of the Federal Convention of 1787*, vol. i, pp. 135-6. vol. ii, pp. 273-4 も参照。

74　*The Papers of Thomas Jefferson*, vol. xxx, p. 149.

75　Ibid., vol. xvii, p. 195（'Opinion on the constitutionality of the Residence Bill', 15 July 1790）. こういった多数決主義への一般的なコミットメントの著名な例外は、ジョン・アダムズであった。「人民は、抑制がなされなかったときには、不当で、暴虐で、冷酷で、野蛮で、無慈悲だった。それは、国王や元老院が制御の効かない権力をもったときのようだった。多数者は、永続的に、また何ら例外なく、少数者の権利を奪ってきた」。（*A Defence of the*

Constitutions of Government of the United States of America [London, 1788], vol. iii, p. 218).

76　いかに1830年代後期から1840年代初頭にかけての禁酒運動がその目的を手にいれるために地方での直接民主主義を用いようとしたか、そして、いかに「少数者の権利」と「代表」の主張にぶつかったか、という興味深い議論として、Kyle G. Volk, 'The perils of 'pure democracy': minority rights, liquor politics, and popular sovereignty in antebellum America', *Journal of the Early Republic* 29 (2009), pp 641-79を参照。

77　*Manual of Political Ethics* (London, 1839), p. 349.

78　Ibid., pp. 238-9.

79　彼は、トクヴィルとボーモン〔Beaumont〕がその訪問中に情報を収集するのを助け、その業績を翻訳し注釈した。彼はトクヴィルと非常に近しくあり続けた。

80　この反乱に関わる政治思想の優れた議論として、Christian G. Fritz, *American Sovereigns: The People and America's Constitutional Tradition Before the Civil War* (Cambridge University Press, 2008), pp. 246-76を参照。

81　ドアは、どうやら元々はアフリカ系アメリカ人を含めたいと思っていたが、ドアの支持者たちはその提案を削除させた。ジャクスニアン・デモクラシーの特徴的な逸話である。

82　特に、彼は連邦憲法第4条が各州に対して「共和政体」であることを求めており、それは州憲法が人民投票に依拠しなければならないことを示唆する、と主張した。裁判所の判断によれば、この条項は裁判規範ではないとされた。なおこの判断はいまなお維持されている。*Luther v. Borden, US Reports* 48 (7 Howard) (1849), pp. 1-88.

83　*The Right of the People to Establish Forms of Government. Mr Hallett's Argument in the Rhode Island Causes, before the Supreme Court of the United States* (Boston, 1848), pp. 40-1.

84　Ibid., p. 41. 彼はpp. 51-2で、自由州の女性と子ども、非自由州の女性、子どもと奴隷が、投票権者にまったく含まれない事実を扱おうとして、このような事態が「すべての統治における人々の共通の同意に基づいて」なされてしまっていたと述べたが、「仮にここに疑いが提起されるとしても、全成人男性より少数に主権を限定することに賛成しているのであり、議論は生まれない」と述べた。常のように、この時代のアメリカの民主主義者は女性や奴隷に自らの原理を拡張することに困難を感じていた。

85　Ibid., p. 47.

86　この主張に関する真実については、クリスチャン・G・フリッツの議論を

参照、本書本章注 20。

87 *The Rhode Island Question. Mr Webster's Argument in the Supreme Court of the United States, in the Case of Martin Luther v. Luther M. Borden and others* (Washington DC, 1848), pp. 6-7.

88 Ibid., p. 8.

89 Ibid., p. 9.

90 彼の『代議政体論』でミルが、カルフーンを「『ザ・フェデラリスト』の執筆者以来のアメリカ政治に登場した誰よりも優れた思索的な政治思想家として力を示した者」と叙述したことは有名である。Mill in *Collected Works*, John M. Robson (ed.), (University of Toronto Press, 1977), vol. xix, p. 558.

91 William Lowndes Yancey in *The History and the Debates of the Convention of the People of Alabama*, William R. Smith (ed.), (Montgomery, AL, 1861), pp. 114-15. 彼は続けて、「アラバマ州憲法はいまだかつて人民投票による承認にかけられたことはなかった」と主張したが、これは私が p. 198, n. 20 で見たように、1819 年アラバマ憲法はそれ自体人民投票により承認されてはいないが、憲法修正のための人民投票を規定しており、1861 年まで憲法修正はその手続にのっとって正当に成立したものだったので、誤解を招く言説である。

92 特に良く、また（ジェムスンの投票権に関する見解を前提にすると）驚くべき例がある。ジョン・デューイ〔John Dewey〕はその主権についての初期の論説のなかでジェムスンを権威として引用し、連邦憲法についての彼の説明に従っている。'Austin's theory of sovereignty', *Political Science Quarterly* 9 (1894), pp. 31-52.

93 Jameson, *The Constitutional Convention*, p. 227.

94 Ibid., p. 232.

95 Ibid., p. 3.

96 Ibid., pp. 314-15. 彼がこの立場をその後も（リーバーをさらに称賛して）信奉したものとして、John Jameson, 'National sovereignty', *Political Science Quarterly* 5 (1890), pp. 193-213 を参照。彼が普通選挙を非実践的と攻撃した－「『選挙権』はそれゆえ、実践的には、多くの他の人々を代表する一人の人間の権利であるに過ぎない」ということについて *The Constitutional Convention*, pp. 317-18 を参照。それゆえ、憲法会議は（彼が考えるには）既存の選挙人団の投票権を奪うことができる。

97 Ibid., p. 526.

98 *Chicago Legal News*, vol. iv, no. 14 (13 January 1872).「ここでの趣意としては、最も重要なことは……我々の政府は代表制的なものである代表される

権利は、代表者となる権利ではない」。

99　アメリカの政治制度がその奥深いところで反多数決主義的である、という思想として、たとえば、Thomas Cooley, *The General Principles of Constitutional Law in the United States of America* (Boston: Little, Brown and Company, 1880), pp. 40–1 を参照。「国王による統治のもとで、統治者の権力が暴虐的にならないよう挿入されたすべての条項が、アメリカ憲法では、少数者、そして市民各個人の自由、財産、特権、そして免除の保護のために多数者の権力に課される究極の制限規範として、その権利章典に組み込まれている。また、司法部は、これら制限規範を、立法部の意思や統制に関係なく、実効化するという、他の国ではいまだかつてないような権限を授権されている。そのため、統治とは多数者への掛け値なしの信頼を基礎とするものではまったくなく、多数者による支配の裁量、公平性、そして正義についての根深い不信が多くの権利侵害の予防や権力抑制のための条項において明らかとなっている。また、多数者には事実上、共和政体が機能するのにきわめて重要なものである場合のみ、権力が信託される」。

100　アメリカの好例を紹介するものとして、Charles Beard and Birl E. Schultz, *Documents on the State-Wide Initiative, Referendum and Recall* (New York: The Macmillan Company, 1912)（ビアード〔Charles Beard〕は有名な革新主義の歴史家である）.「人民が各人として承認しなかったいかなる法も無効である。それは法ではない」という、ルソー由来の標語に共鳴するものとして、Charles Sumner Lobingier, *The People's Law or Popular Participation in Law-making from Ancient Folk-Moot to Modern Referendum: A Study in the Evolution of Democracy and Direct Legislation* (New York: The Macmillan Company, 1909）も参照。ジェムスンに特に反論するものとして、Walter Fairleigh Dodd, *The Revision and Amendment of State Constitutions* (Baltimore: The Johns Hopkins Press, 1910)（pp. 73–9, and p. vi:「ジェムスン判事の業績では、憲法会議に関して、多かれ少なかれ事実にほぼ従ったものだが、事実が理論に屈服するような、そういう理論が構築された」）. 革新主義政治のこういった側面についての現代の議論はまったく十分ではないように思える（ただし、Thomas Goebel, *A Government by the People: Direct Democracy in America, 1890–1940*, (University of North Carolina Press, 2002）を参照）. イングランドについては簡便な調査として、J. Meadowcroft and M. W. Taylor, 'Liberalism and the referendum in British political thought 1890–1914', *Twentieth-Century British History* 1 (1990), pp. 35–57. この年間のイングランドとアメリカの議論の興味深いつながりをもたらしたアメリカ人の著作、Samuel Robertson Honey, *The Referendum*

Among the English: A Manual of 'Submissions to the People' in the American States (London: Macmillan and Co. Ltd, 1912) では、ジョン・セント・ロー・ストラチー〔John St. Loe Strachey〕による、イングランドでの憲法に関する人民投票使用の擁護を紹介している。

101　ヴァイマールにおける人民投票の採用に関する最も十分な研究として、Reinhard Schiffers, *Elemente direkter Demokratie im Weimarer Regierungssystem* (Dusseldorf: Droste Verlag, 1971). シッファース〔Reinhard Schiffers〕はドイツの人民投票の物語を、1840年代のある種の空想的社会主義者、モリッツ・リッティングハウゼン〔Moritz Rittinghausen〕から始める（驚くべきことではないが1897年にアメリカで出版された彼の主要著作の英訳として、Martin [sic] Rittinghausen, *Direct Legislation by the People,* trans. Alexander Harvey を参照）(New York: The Humboldt Library, 1897). しかし、リッティングハウゼンは本当にある種のジャコバンであって、すべての政策課題を人民投票にかけることを志向した。マルクス〔Karl Marx〕とエンゲルス〔Friedrich Engels〕は（彼を知っていた）、ある種の嫌悪感をもって彼を扱い、カール・カウツキー〔Karl Kautsky〕は彼の思想を攻撃した。それは、（少なくともカウツキーの場合は）人民投票による民主主義に対する左派の敵愾心の興味深いさらなる例であった。ヴァイマールにおける人民投票の起源はなお説明が必要であり、特に、当時のアメリカの実践が憲法にどの程度役割を果たしたかについてある程度理解することは有益である。マックス・ヴェーバー〔Max Weber〕は確かにアメリカの事例を用いて、ドイツの人民投票による大統領制を支持した。その継承者であるリヒャルト・トーマ〔Richard Thoma〕も、ヴァイマール憲法の人民投票の要素を分析するにあたって、英語のリコールの用語を使っており、アメリカの革新主義による実践を心に留めていたことが示唆されている（Arthur J. Jacobson and Bernhard Schlink (ed.), *Weimar: A Jurisprudence of Crisis* (University of California Press, 2000), p. 161).

102　イングランドの左派について、Meadowcroft and Taylor, pp. 56-7 を参照。

103　*The Ideological Origins of the American Revolution* (Harvard University Press, 1967), p. 228.

104　Edmund S. Morgan, *Inventing the People: The Rise of Popular Sovereignty in England and America* (New York: W. W. Norton and Company, 1988). 彼の憲法制定権力をめぐる議論については pp. 80-1 を参照。総じて、彼にあった支配的な考えは広くシィエスと同じである。

105　Bruce Ackerman, *We the People* (Harvard University Press, 1991, 1998). このニュー・ディールの側面について、特に、vol. ii, pp. 342-50 を参照。ま

た、修正第13条と修正第14条（オリジナルの憲法典の条文を無視したように見える改造の重要な事例）の法的地位の厄介さについてのアッカマンの議論として、vol. ii, pp. 100-16を参照。

結論

1 この状況は、二つの意味で変わりつつある。第一に、一部の法学者は、憲法上の行為は表面的には通常のものとは異なる見方をされるかもしれないと考え始めている。たとえば、*Thoburn v. Sunderland City Council*（2003, QB 151）――欧州共同体法の影響を扱った有名な事件、いわゆるメートル法殉教者事件（Metric Martyrs Case）――において、ローズ判事は、これらの憲法的行為には黙示的廃止が適用されないことを示唆した。つまり、通常、議会制定法は、以前の制定法や抵触する制定法の条項を暗黙的に廃止すると考えられてきたが、ローズは、明示的に廃止または改正される憲法的制定法にはこの原則が適用されない可能性があると主張した。この見解はいまのところ推測にとどまっており、英国法学におけるスタンダードの一部とはなっていない。第二に、「諮問的」国民投票（'consultative' referendum）を背景として、憲法上重要な法律が可決される（あるいは可決が必要であると考えられる）ケースがますます増えており、このことがイギリスを近代国家の既定の憲法構造へと向かわせつつあるのである。

2 Leslie Green and Brian Leiter (eds), 'Can there be a written constitution?' in *Oxford Studies in Philosophy of Law*, vol. i (Oxford Univ ersity Press, 2011), pp. 162-94.

3 彼らが、全人民による小規模な統治集会を通じて可能となるタイプの民主政の理論について悩まされることは、それほどなかった。というのも、そのような制度のもとで暮らす近代ヨーロッパ人はほとんど存在しなかったからである。

4 本書126頁における記述を参照。Paul Bastid (ed.), *Les Discours de Sieyès dans les dèbats constitutionnels de l'an iii* (Paris: Librairie Hachette, 1939), p. 17も参照。

5 ここでホッブズは、主権者が（純粋に個々人を代表するという訳ではなく）国家を代表するということを信じる者として解釈される。この問題についての議論は、本書76頁を参照。

6 *Foundations of Public Law*, pp. 232-3.

7 これについての顕著な例はフィヒテによって示される。彼は1796年の『自然法の基礎』において、「監督官（ephorate）」と呼ばれる公的な憲法装置についての広く知られた説明を行った。この装置は憲法を作り直し、政府を統

制（control）するために人民を招集できるものであった（以下を参照。Frederick Neuhouser (ed.), *Foundations of Natural Right* (Cambridge University Press, 2000), pp. 151-61.)。その概略において、明らかにこの構想はルソーに多くを拠っている。しかし、1812年にフィヒテが『法論の体系』で再びこの主題に取り組んだとき、彼は秩序ある政府に対してあまりにも破壊的であるとして以前の考えを否認した。そして、「文明化された」人民における監督官の役割は、公的な制度によってではなく、世論と（極限的状況においては）革命の可能性によって果たされると主張した。J. G. Fichte (ed.), *Nachgelassene Werke* (Bonn, 1834), vol. ii, pp. 632-4. この箇所の翻訳については、*The Science of Rights*, A. E. Kroeger (trans.), (Philadelphia: J. P. Lippincott & Co., 1869), pp. 284-5を参照。ここでの私のフィヒテに関する考察はアイザック・ナキモフスキー〔Isaac Nakhimovsky〕に負うものである。

8　たとえば、1861年にアメリカの分離主義者たちが、自らの計画を各州住民の多数決にかけることを恐れていたことについて、私が第4章で述べた内容を参照。これらの州では選挙権が制限されていたにもかかわらず、分離主義者たちはこのような恐れを抱いていたのである。また、我々は次のことも思い起こすべきである。すなわち、戦後ドイツにおける国民投票に対する恐怖にもかかわらず、ヒトラー政権が成立するまでのヴァイマール共和国は、国民投票を二回しか実施しておらず、いずれも政府ではなく市民団体によって提起され、いずれも否決されたことである（国民投票の一つは新共和国〈＝ヴァイマール共和国〉における諸侯の地位に関するものであり、もう一つは賠償金の支払いを保留するという提案であった）。ヒトラーによる独裁の法的基盤は1933年3月23日に成立した全権委任法であり、これは議会による制定法であった。〈たしかに、〉独裁体制が確立した後、ヒトラーが以下の三つの処置について〈国民による〉一般投票を行ったということは認識されるべきである。すなわち、国際連盟からの脱退、首相職と大統領職の統合、そしてアンシュルス〈オーストリア併合〉である。これらはすべて（当然ながら）可決された。しかしこれだけをもって、議会による制定法とは異なる国民投票に対する一般的不信を基礎づけるのに十分であることが明らかである、とはいえない。

9　これは通例ルソーに帰される見解であるが、第3章で見たように、その文献的証拠は実際にはほとんど存在しない。

10　彼の著書 *Law and Disagreement* (Oxford University Press, 1999)、とりわけ101-118頁を参照。

11　ウォルドロンの主要な主張は、「多数決は、集団における特定の個人がある見解を有しているという事実に、決定についての積極的な重みを与えると

いう点で、コイントスという方法とは異なる」というものである（同書 113 頁）。

12 ウォルドロンが、大規模な集団のなかで投じられた〈個人の〉一票は「まったく重みをもたないと言われるかもしれない」（同書 114 頁）ということを認めている点は重要であるかもしれない。〈もっとも、〉彼は、このことが多数決主義に与える影響について頭を悩ませているわけだが。

13 現在では一般的に理解されていると思われるが、ロックにおける「明示的同意」と「黙示的同意」との有名な区別は、前者のみが市民権を意味するとされる。この区別は、主に公人としての生活からカトリック教徒を排除することを正当化するために意図されたものであった。1606 年の導入以来、〈国王に対する〉忠誠宣誓は〈人々に〉ローマ教皇の権威を否認することを求める形式となっており、カトリック教徒はこれを受け入れることができなかったからである。

14 たとえば、イギリスの有権者数は 4500 万人であり、成人人口の死亡者数は年間約 54 万人である。このため、現在の有権者の半数は約 42.5 年後に死亡している、という計算になる。

15 オリジナルの出典は以下のとおり。Condorcet, Oeuvres, vol. ix（Paris, 1847）p. 415. 英訳版は、*Condorcet: Foundations of Social Choice and Political Theory,* Iain McLean and Fiona Hewitt（trans. and ed.),（Aldershot: Edward Elgar, 1994), p. 272 を参照。彼はまた、「即座に廃止可能な」法律をもつべきではないとも述べているが、この点については問題を認識していた。すなわち、生まれるのが遅すぎて法律の制定に参加できなかった市民が、なぜその法律に従うことを義務づけられているのか、という問題である。トマス・ジェファスンも、1789 年 9 月 6 日付のパリからジェームス・マディスンとリチャード・ジェムに宛てた有名な手紙の中で、コンドルセとまったく同じことを述べており、19 年が適切な期間であると結論づけていた（*The Papers of Thomas Jefferson,* vol. xv, pp. 379–99)。彼はおそらくコンドルセのパンフレットを読んだばかりだったのだろう。27 年後の 1816 年になっても、ジェファスンは同じ考えを述べていた。同年に彼がサミュエル・カーチェヴァル〔Samuel Kercheval〕に宛てた手紙を見てみよう。「いまや、ヴァージニア憲法が制定されてから 40 年が経過した。[ヨーロッパの死亡表（tables of mortality)] によれば、その間に、憲法制定当時生きていた成人の 3 分の 2 が死亡している。では、残る 3 分の 1 の人々には、たとえその意思があったとしても、自分たちの意思やこれまでに彼ら自身が制定した法律に、現在の成人集団を構成する他の 3 分の 2 を従わせる権利があるのだろうか？ もし彼らにその権利がないとすれば、誰にあるのか？ 死者にか？ しかし、

死者は権利をもたない……この物質的な地球と地球上すべてのものは、その世代の間は、現在の物質的な住民に帰属している。彼らだけが、自分たちに関係する事柄を監督する権利を有し、その監督の法則を宣言する権利をもつ。そして、この監督は彼らの多数派によってのみ可能なのである。」

16　翻訳元は以下のとおりである。Franklin, *Bodin On Sovereignty*, p. 12. Republique 1576, p. 132; 1579, pp. 91-2; *Republica* 1586, p. 85; McRae, p. 91.

17　*Leviathan*, pp. 185-6, original ed., p. 139.〔加藤節訳『リヴァイアサン（上・下）』筑摩書房、2022年〕

18　Ibid., p. 196（オリジナル版では147頁）.

19　Book iii, chapter 11; Launay (ed.), *Oeuvres complètes*, vol. ii, p. 555; *The Social Contract and Discourses*, p. 235.〔作田啓一訳『社会契約論』白水社、2010年〕

20　Tucker, *Blackstone's Commentaries*, vol. i, note D i. 8, appendix pp. 172-3. ペイン〔Thomas Paine〕の見解は『人間の権利』に詳述されており、その中で彼は1688年の和解がすべての後世の人々を拘束すると主張したとされるバークを激しく批判している。ペインは次のように述べている。「ほんの少し考えれば、ある世代に制定された法が、しばしば、後続する数世代にわたって効力を持ち続けるとしても、その効力は生きている人々の同意に由来し続けている、ということがわかるだろう。廃止されていない法律が効力を持ち続けるのは、それが廃止できないからではなく、廃止されていないからである。そして、廃止しないという行為が同意とみなされるのである。」(Eric Foner (ed.), *Rights of Man* (Penguin Books, 1984), p. 44)〈西川正身訳『人間の権利』岩波書店、1971年〉

21　ベンサムについては、たとえば以下における「感受（susception）」に関する彼の言及を参照。J. H. Burns (ed.), *Of Laws in General* (London: The Athlone Press, 1970), p. 21. オースティンについては、H. L. A. Hart (ed.), *The Province of Jurisprudence Determined* (London: Weidenfeld and Nicholson, 1954), chapter 6, p. 347を参照。（また、慣習法に関する第1章30-32頁の記述も参照。）

22　繰り返しになるが、アマールは尊敬すべき例外である。彼の 'Philadelphia revisited: amending the Constitution outside Article v', p. 1074. を参照。

23　*The Concept of Law* (Oxford University Press, 1961), pp. 60-4（一般原則について）, pp. 44-8（慣習法について）を参照。〈長谷部恭男訳『法の概念　第3版』筑摩書房、2014年〉

24　シィエスが『法の概念』には登場しない、ということは〈ここで〉言っておくべきだろう。ハートは、これらの〈立法に関する複数の〉独立した場に

ついて秩序付けが可能であるかもしれないと認めている――たとえば、イギリスにおいて制定法はコモンローに優越するとされる――が、ハートが正しく指摘しているように、以上のことが、（この説明における）各々〈の立法に関する独立した場〉が互いに対して派生的である、という結論を必然的に導くというわけではない。

25 この問題に関するハートの議論については、〈『法の概念』）原典の〉205-206 頁を参照。ここで彼は自身の「実証主義」を明確にしている。この用語は厄介なものであり、通常、法律の基盤にあるべきとされる道徳的諸原理に関する慣習的解釈（conventional account）との対比を通じて意味を獲得する。こうした理論家たちの場合、法の唯一の源泉は人間の意思であるが、それは特定の環境における意思、あるいは特定の手続きにしたがった意思でなければならない。

26 *The Concept of Law*, p. 63.

27 *Leviathan*, p. 184, original ed., p. 138.

28 Ibid., p. 46.

29 セルデンは、『十分の一税の歴史』においてこの点を指摘し、議会制定法であってもコモンローの一部として適切にカウントするのが相応しいと述べた。彼の『名誉の称号』では、失われた制定法へと遡ることができるコモンロー上の諸原理についての数多くの例を挙げた。David Wilkins（ed.）, *Opera Omnia*（London, 1726）vol. iii, coll. 742, p. 1330 を参照。ヘイルは次のように明確に述べている。「リチャード 1 世の治世が始まる前につくられ、それ以来、反対の用法やその後の議会の法律によって廃止や変更を被らなかった議会制定法ないし法律は、コモンローに編入され、コモンローの一部となったことで、いまや不文法（*Lex non Scripta*）の一部である。また疑いの余地なく、現在コモンローとされている多くの事柄は、国王、諸侯、庶民が文書で定めた議会の法律または憲法に起源をもつ。もっともそれらの法律は、いまや現存していないか、現存していたとしても記憶が残っている時代以前につくられたのかのいずれかであるのだが」。Matthew Hale, *The History of the Common Law of England*, ed. Charles M. Gray（University of Chicago Press, 1971）, p. 4.

30 コモンローの形成における立法の役割に関する最も広範な説明の一つとして、Patrick Wormald, *The Making of English Law: King Alfred to the Twelfth Century*, vol. i（Oxford: Blackwell, 1999）を参照。

31 ダイジェスト 1.3.32.1。たとえば、J. A. C. Thomas, 'Desuetudo', *Revue internationale des droits de l'antiquité* 12（1965）を参照。

32 「後発の制定法が先行する制定法を廃止または軽減することができるよう

に、後発の慣習（custom）は、たとえ先行する制定法が、それを弱める傾向のあるあらゆる慣習（usages）を禁止する条項を含んでいたとしても、先行する法令を廃止または弱めることができる。なぜなら、以上のような先行する慣習などとは違い、もはや記憶の残っていないような古の慣習（immemorial custom）は、その法のすべての条項、特に改変を防ぐ意図があった条項を含めて、その法を改変するという共同体の意思を十分に推定させるからである。そして、この推定される人々の意思は、彼らの明示的な宣言と等しいほどの強い効力をもつ。」John Erskine, *An Institute of the Law of Scotland* (Edinburgh, 1773), vol. i, p. 15 (i.1.45).

33　予想されるように、不使用原則に対する熱情は、私がこれまでにその歴史を追ってきたような種類の主権論に反対する理論家たちによって表明されている、ということを我々は見出すこととなった。バルベイラクは、リーバー（*Manual of Political Ethics* (London, 1839), p. 242）と同様に、その支持を表明している（*De Iure Belli ac Pacis* II, 4.5.2 の注を参照）。また、ハンス・ケルゼン〔Hans Kelsen〕がこれを支持したことも、驚くべきことではない（*General Theory of Law and State*, Anders Wedberg (trans.), (Harvard University Press, 1945), p. 119）。〈尾吹善人訳『法と国家の一般理論』木鐸社、1991 年〉

34　Gilbert Burnet, *The Life and Death of Sir Matthew Hale*, Kt (London, 1681) pp. 36–8.

35　Amy Gutmann (ed.), *A Matter of Interpretation. Federal Courts and the Law* (Princeton University Press, 1997), pp. 9–17.

36　Keith E. Whittington, *Constitutional Interpretation: Textual Meaning, Original Intent, and Judicial Review*, (University Press of Kansas, 1999), pp. 132–5（主権者と統治との区別）, pp. 154–5（原意主義と民主主義）.

37　彼の力強い主張は、彼の論稿 'The Intentions of the Convention' in *The Unconstitutionality of Slavery* (Boston, 1860), pp. 114–16. にて述べられている。「憲法の起草者たちの意図（憲法の文言以外から、起草者の意図について法的な知識をもつことができる可能性は（論理的には？）ありうるが、実際にはそれは不可能である）は、憲法の法的な意味を固定するうえで何の関係もない。憲法制定会議は、憲法を採択または制定する権限を委任されていなかった。ただ、検討し、立案し、提案することが委任されていただけである。この文書は彼らの手から生まれた時点では、単なる提案であり、法的な効力や権威をもつものではなかった。この文書が政府の枠組みとしてのすべての有効性と義務とを最終的に獲得したのは、それが一般の人々によって採択されたときである。もちろん、この文書の法的意味を決定する際に考慮す

べき重要なものは、一般の人々全体の意図のみである。そして、彼らの意図は、もっぱら、それを表現するために採択された文言から汲み取られるべきである……憲法を採択するにあたり、人々は立法者として行動した。この立法者という言葉が人間の法制定者に適用されうる最大限の意味で、人々は立法者であった。人々は自分たち自身と自分たちの政府の両方とを統治する法を制定していたのである……したがって、この文書は、一般の人々の意図を表現しているものとして、いまや見なされるべきである。そして、たとえ憲法制定会議が、この文書の言葉に法が与える意味とは異なる意図をもっていたとしても、この文書は、憲法制定会議の意図が表現されたものではないのである。」

38 *A Matter of Interpretation*, p. 38.

39 ウィッティントンは、「死者の手（dead hand）」説について明示的に議論したうえで、この説が、立法者意思を重要ではないと含意するに違いないとして、まさにこれを否定している（*Constitutional Interpretation*, p. 199）。また、現在の主権者による黙示的立法という考え方も否定している（pp. 129-31）。

40 これは、古い法をそのまま存続させる〈一見〉積極的に受け入れる姿勢が、現実の政治の複雑さを認識した結果として、それが議論の対象にされるべきではないと判断された可能性をまったく排除するものではない。この種の民主的立法機関の活動において、普通の立法機関と同様に、まったくもってよく知られた類の政治が役割を果たすだろう。イギリスの王位継承法を良い例として挙げることができる。誰もこの法律の現在の権威が、300年以上前のほとんど代表性のない機関に属していた半ば狂気じみたプロテスタントたちの権威に基づいているとは考えていない。この法律の現在の権威は、現代の議会が有する、この法律を包括的に見直した場合に生じる複雑な問題を議論したくないという理解可能な姿勢に基づいている。そして、そうした議会の姿勢は、〈王位継承法を〉現代の法律として正当化する根拠として十分なものである。（この例えは、私が最初の講義で取り上げた時点に比べていまでは説得力が弱くなった。というのも、この法律は現代の議会〈＝2013年の議会〉によって若干改正され、王位継承者がカトリックと結婚することを認めるようになったからである。しかし、君主がプロテスタントであることを要求する条項は2013年に廃止されなかった。そのため、いわば、この非廃止は1701年以来の非廃止よりも「積極的」であったといえる。それでも、これは結局のところ、新しい制定法を成立させたわけではなく、単なる非廃止であることには変わりなかった。）

41 この立場は、建国者たちの意図を「憲法は『生きている』ものであるべき

だ」とする見解とは区別されるべきである。そして、もし我々が建国者たちの意図を忠実に守るならば、原意主義者にはなりえないという〈建国者たちの権威を用いて原意主義者を批判する〉主張とも異なる。実際、彼らの意図が憲法を「生きているもの」とすることにあったのは事実だと思うが、それは重要ではない。憲法を「生きている」ものとするのは、〈建国者たちの意図ではなく、〉我々が民主主義者であり、我々の憲法の構造が根本的に民主的であるという事実なのである。

解　題

i　長谷部恭男「ルソーの loi は法律か？」『憲法学の虫眼鏡』第 2 部第 1 章（羽鳥書店、2019）。

ii　たとえば日本の研究者による指摘として、ボダンについて佐々木毅『主権・抵抗権・寛容』110 頁（岩波書店、1973）、ルソーについては福田歓一『政治学史』431 頁（東京大学出版会、1985）を参照。また、タックの議論なども踏まえた最新のボダンの主権論研究として秋元真吾「ジャン・ボダンの主権論とその理論的基礎」政治思想研究 23 号 202–235 頁（2023）がある。ホッブズにおける主権と統治の区別については、以前からタックによって指摘されていたが（Richard Tuck, Hobbes and democracy, in *RETHINKING THE FOUNDATIONS OF MODERN POLITICAL THOUGHT*, edited by Annabel Brett and James Tully, Cambridge University Press, 2006, pp. 171–191)、そこでは問題関心や用語（たとえば主権と統治ではなく、government と administration of government という区別として指摘されている）が異なっているようである。

iii　Kinch Hoekstra, Early Modern Absolutism and Constitutionalism, 34 Cardozo Law Review, 1079（2013); Daniel Lee, *Popular Sovereignty In Early Modern Constitutional Thought*, Oxford University Press, 2016; Bryan Garsten, Representative Government and Popular Sovereignty, in I. Shapiro et al.（eds.), *POLITICAL REPRESENTATION*, Cambridge University Press, 2009, pp. 90–110. また、本書とほぼ同趣旨の Richard Tuck, Democratic sovereign and democratic government, in Richard Bourke and Quentin Skinner（eds.), *Popular Sovereignty in Historical Perspective*, Cambridge University Press, 2016, pp. 115–141 も参照。

iv　Robin Douglass, Tuck, Rousseau and the Sovereignty of the People, History of European Ideas, vol. 42, n. 8, pp. 1111–1114, 2016; タックがルソーと

ホッブズを混同しているとして批判する Martin Laughlin, Active, Passive or Dead?, London Review of Books, vol. 38, n. 12, 16 June 2016, pp. 43-44 も参照。なお、ラフリンは本書のなかでシィエスの側に位置する論者として評価されている（本書 184 頁）。

v Richard Tuck, Rousseau and Hobbes: The Hobbesianism of Rousseau, in *THINKING WITH ROUSSEAU*, edited by Helena Rosenblatt and Paul Schweigert, Cambridge University Press, pp. 37-62, 2017.

vi 他、ルソーに重点を置いた書評として David Ragazzoni, Constellations 24 (4), pp, 650-652, 2017.

vii Paul Sager, Of the people, for the people: How democracy is possible in the modern age, TLS, June 17, 2016, No. 5907, p. 12.

viii ただしセーガー自身およびラフリンは、ブレグジットの国民投票について、人民の意思に基づくものではなく保守党の党利党略の産物であるとして、主権者人民の顕現とみなすことに否定的である。

ix Sanford Levinson, Wrestling with popular sovereignty, The Montréal Review, April 2017.

x Aziz Huq, The People Reconsidered, The New Rambler, posted on October 2016. https://newramblerreview.com/book-reviews/political-science/the-people-reconsidered; 似た趣旨のものとして Michael Mosher, The Review of Politics, Volume 79, Issue 4, pp. 719-723, Fall 2017.

xi Mark Philp, The English Historical Review, Volume 134, Issue 567, April 2019, pp. 469-472.

xii 山本龍彦「主権者なき憲法変動」論究ジュリスト 25 号（2018）148 頁以下、同「国民主権」山本龍彦・横大道聡編著『憲法学の現在地』第 1 章（弘文堂、2020）、長谷部恭男「国の政治のあり方を最終的に決定する力――リチャード・タックの『眠れる主権者』について」『憲法の階梯』第 5 章（有斐閣、2021）、春山習「主権と統治（1）・（2・完）」早稲田法学 94 巻 1 号 61 頁以下（2018）、2 号 89 頁以下（2019）。

xiii 芦部信喜（高橋和之補訂）『憲法［第 8 版］』第三章二（岩波書店、2023）。

xiv 詳しくは、タックの議論を紹介したうえで、アメリカにおける立憲主義と民主主義の問題を分析する David Singh Grewal & Jedediah Purdy, The Original Theory of Constitutionalism, The Yale Law Journal 127(3), pp. 664-705, 2017 を参照。

xv アメリカの議論を紹介しつつ立憲主義と民主主義という問題を検討した憲法学者による代表的な著作として阪口正二郎『立憲主義と民主主義』（日本評論社、2001）がある。この問題について本書でも取り上げられているアキ

—ル・リード・アマールの議論については、さしあたり松井茂記「ポピュリストの憲法理論—アキル・アマー教授の見解を契機にして—」比較法学 45 巻 2 号（2011）19-55 頁、川鍋健「人民の、人民による、人民のための憲法」一橋法学 17 巻 2 号 227-272 頁（2018）を、ブルース・アッカマンの議論については、川岸令和ほか監訳『アメリカ憲法理論史；その基底にあるもの』（北大路書房、2020）を参照されたい。

xvi 小嶋和司『憲法と政治機構』49 頁（木鐸社、1988)。

xvii 高見勝利「主権論—その魔力からの解放—」法学教室 69 号 18 頁以下（1986)。

xviii Richard Tuck, *The Left Case for Brexit: Reflections on the Current Crisis*, Polity, 2020.

xix 近年の重要な研究として、ヤニヴ・ロズナイ著、山元一・横大道聡監訳『憲法改正が「違憲」になるとき』（弘文堂、2021）がある。